Apocalypses

d'Esdras

INSTITUT DE RECHERCHE SCRIPTURAL

Publié par Digital Ink Productions, 2024

Droits d'auteur

Bien que toutes les précautions aient été prises dans la préparation de ce livre, l'éditeur n'assume aucune responsabilité pour les erreurs ou les omissions, ou pour les dommages résultant de l'utilisation des informations contenues dans ce document.

Apocalypses d'Esdras

Première édition. 21 octobre 2024

Copyright © 2024 Institut de recherche scripturale

ISBN: 978-1-998636-00-6

Ces traductions françaises ont été réalisées par l'Institut de recherche scripturale en 2024.

L'image utilisée pour la couverture est une réinterprétation artistique du « Jugement dernier » de Jan van Eyck, peint entre 1430 et 1440. Le tableau original se trouve au Metropolitan Museum of Art, à New York.

Table des matières

TABLE OF CONTENTS

TABLE OF CONTENTS

Introduction à l'Apocalypse judaïque d'Esdras

Au cours des premiers siècles de l'ère chrétienne, un certain nombre de textes appelés Apocalypse d'Esdras circulaient parmi les juifs, les chrétiens, les gnostiques et d'autres groupes religieux apparentés. L'original aurait été rédigé en judaïsme ou en araméen et est communément appelé Apocalypse juive d'Esdras, car on pense qu'Esdras était un ancien judaïste. Cette traduction est appelée Apocalypse judaïque d'Esdras, car le livre n'a rien à voir avec le judaïsme moderne. Cette version de l'Apocalypse a été traduite en grec quelque temps avant l'an 200 de notre ère et a été largement diffusée au sein des premières églises chrétiennes. Dans ce livre, il est affirmé que le prophète Esdras a écrit 904 livres, et sa popularité semble avoir inspiré de nombreuses Apocalypses d'Esdras de l'ère chrétienne, à commencer vraisemblablement par l'Apocalypse « latine » d'Esdras qui prétendait être le « deuxième livre du prophète Esdras. » Ce prophète Esdras n'est pas le scribe Esdras des livres d'Esdras, mais un prophète nommé Salathiel qui a vécu quelques siècles plus tôt. Dans l'apocalypse, il est appelé Esdras par l'ange Uriel, ce qui se traduit par « aide » ou « assistant. »

L'Apocalypse judaïque d'Esdras a été adoptée sous divers noms dans les bibles de la plupart des anciennes églises avant la Réforme protestante. Au 4ᵉ siècle, elle a été appelée 3ᵉ Esdras par l'archevêque Ambroise (Aurelius Ambrosius) de Milan, qui l'a numérotée dans l'ordre après les 1ᵉʳ et 2ᵉ Esdras de la Septante. Ce nom continue d'être utilisé dans les bibles orthodoxes orientales slaves, arméniennes et géorgiennes, mais Jérôme (Eusebius Sophronius Hieronymus) a rejeté la majorité des livres attribués à Esdras lorsqu'il a traduit la Bible latine originale, la Vulgate. À l'époque, un grand nombre d'Apocalypses d'Esdras circulaient, dont la plupart avaient été écrites récemment, et en raison de cette confusion, Jérôme a rejeté tous les livres autres que le 2ᵉ Esdras de la Septante, pour lequel il existait une traduction hébraïque qui pouvait être utilisée à des fins de comparaison. Ce livre a ensuite été divisé en deux livres, Esdras et Néhémie, sur la base de la division interne du texte.

En 1592, la création d'une Bible catholique par le pape Clément VIII a ajouté le 1ᵉʳ et le 3ᵉ Esdras à la Bible catholique sous les noms de 3ᵉ et 4ᵉ Esdras. Lors de la Réforme protestante, les livres du 3ᵉ et du 4ᵉ Esdras ont été renommés 1ᵉʳ et 2ᵉ Esdras, comme ils continuent d'être répertoriés dans les Bibles protestantes qui les incluent.

Malheureusement, la traduction latine de l'Apocalypse d'Esdras que Clément a ajoutée à la Vulgate catholique incluait l'Apocalypse latine d'Esdras, plus courte, ce qui fait que les Bibles catholiques et protestantes ont des versions plus longues et contradictoires de l'Apocalypse par rapport aux Bibles orthodoxes. La traduction latine de l'Apocalypse judaïque d'Esdras a circulé pendant des siècles sans l'ajout de l'Apocalypse latine d'Esdras, plus courte, comme en témoigne la traduction slave, dont on pense qu'elle a été traduite à partir du latin et non du grec.

La plus ancienne copie complète de l'Apocalypse judaïque est un manuscrit syriaque daté du 6ᵉ ou 7ᵉ siècle, connu sous le nom de Manuscrit B.21 Inf. (fols. 267a-276b) à la Biblioteca Ambrosiana de Milan, en Italie. Le manuscrit contient de nombreux écarts par rapport à la majorité des manuscrits. Il est composé dans un mélange de deux écritures syriaques, l'introduction est écrite dans l'écriture serto, qui est entrée en usage au 1ᵉʳ siècle après JC, tandis que la majeure partie du corps du texte est composée dans l'écriture serto qui s'est développée au 6ᵉ siècle. Le corps principal comporte également des mots quelque peu aléatoires écrits dans l'ancienne écriture serto, qui, associés aux différences significatives du texte, sont généralement considérés comme des signes d'une rédaction majeure lors de la préparation de la version serto. serto était la principale écriture utilisée par l'Église syriaque jacobite de l'Inde, ce qui suggère que le manuscrit B.21 était une version syriaque jacobite de l'Apocalypse. Les anciennes églises de Thomas en Inde étaient entrées en communion avec l'Église d'Orient en 500 après JC et sont restées en communion avec les églises syriennes jusqu'au schisme de 1653. C'est pourquoi les éditions serto de l'Apocalypse sont aussi parfois appelées éditions jacobites.

Les lectionnaires jacobites des 12e au 15e siècles comprennent également quelques citations de l'Apocalypse, ce qui indique qu'il s'agissait d'un texte chrétien accepté en Inde à l'époque. Malheureusement, les autres manuscrits présentent un certain nombre de divergences quant aux termes les plus contestés, par exemple en ne faisant pas référence à Hénoch et au Léviathan. Cela limite la valeur de l'analyse comparative entre les manuscrits, mais il y a aussi des endroits où cela éclaire l'origine de certains termes étranges de l'Apocalypse.

La version éthiopienne utilise un autre nom pour l'Apocalypse : Ôizira Sutuåeli (ዐዝራ ሱቱኤል), qui provient du fait que le texte prétend avoir été écrit par « Sutuåeli, qui est également appelé Ôizira. » Sutuåeli est la traduction Guèze de She'alti'el (שְׁאַלְתִּיאֵל), le nom d'un des fils du roi Joachin. Joachin fut l'avant-dernier roi de Juda avant sa conquête par les Babyloniens, et fut considéré comme le premier « roi des exilés » (ראש גלות) à Babylone. Son fils Salathiel fut le deuxième, « roi des exilés, » ce qui correspond au contexte de l'Apocalypse judaïque d'Esdras. Cette référence à « Salathiel, qui est aussi appelé Esdras, » se retrouve dans la plupart des traductions de l'apocalypse, à l'exception de la version catholique, plus longue, où elle est à la fois redondante et contradictoire, puisque l'auteur est identifié au début du texte plus long. L'introduction de la version catholique est l'introduction de l'Apocalypse latine d'Esdras, plus courte, qui identifie l'auteur comme Esdras le Scribe et fournit sa généalogie. Esdras le Scribe était un lévite, et sa généalogie n'a donc rien à voir avec la lignée de David, un roi judéen.

Salathiel est généralement considéré comme le deuxième exilarque de Juda, après son père Joachin, qui fut emmené en captivité par les Babyloniens. Joachin figure sur la liste des rations du roi à Babylone vers 592 avant JC sous le nom de Iaăúkinu (𒅀𒀪𒌑𒆠𒉡), ainsi que ses cinq fils, bien qu'ils ne soient pas nommés. Dans le texte massorétique, les sept fils de Joachin sont Salathiel, Melchiram, Phadaïa, Sermeser, Jérémie, Sama et Nadabia.

Selon le 4ᵉ Roi des Septante et les Rois massorètes, Joachin a été libéré de prison en 562 avant JC, lorsque Amel-Marduk est devenu roi de Babylone, et il est ensuite devenu un haut fonctionnaire de la cour babylonienne. Amel-Marduk était le fils de Nabuchodonosor II, le roi qui avait détruit Jérusalem. Cependant, d'après les archives babyloniennes, les deux hommes étaient brouillés à cause d'accusations de destruction de sanctuaires religieux. Il est généralement admis qu'Amel-Marduk s'appelait à l'origine Nabû-shuma-ukin, le fils aîné de Nabuchodonosor, que ce dernier avait emprisonné, et qu'il a changé de nom après avoir été libéré pour « louer Marduk, » le dieu dominant de la Babylonie. Les deux noms, Nabû-shuma-ukin et Amel-Marduk, ne sont jamais associés, Nabû-shuma-ukin apparaissant principalement dans les textes antérieurs et Amel-Marduk dans les textes postérieurs. Toutefois, Nabû-shuma-ukin a été retrouvé jusqu'en 563 avant JC, l'année précédant l'accession au trône d'Amel-Marduk.

Le Lévitique Rabba, un texte rabbinique datant du 6ᵉ au 8ᵉ siècle après JC, affirme qu'Amel-Marduk a été emprisonné par son père Nabuchodonosor aux côtés de l'exilarque Joachin, parce que certains fonctionnaires babyloniens l'avaient proclamé roi alors que Nabuchodonosor était encore en vie, ce qui laissait supposer qu'un coup d'État avait échoué. Selon le Targum Sheni, un texte rabbinique datant du 4ᵉ au 10ᵉ siècle après JC, Amel-Marduk a également libéré les Judéens captifs à Babylone, mais les livres d'Esdras affirment que c'est le roi Cyrus qui les a libérés lorsqu'il s'est emparé de Babylone quelques décennies plus tard.

Les Voyages de Benjamin, publiés à l'origine vers 1170 après JC, rapportent que la tombe d'Ézéchiel à Al

Kifl, en Irak, aurait été construite par le roi Joachin. La tombe n'a pas été répertoriée avant l'ère islamique, mais il est possible qu'elle ait existé. Le texte rabbinique Pirkei De-Rabbi Eliezer, datant du 8ᵉ siècle après JC, rapporte qu'Ézéchiel a été enterré en Babylonie. Cela se passait moins d'un siècle après l'époque de Mahomet, et comme Ezéchiel n'est pas mentionné dans le Coran, il est très peu probable que la tombe d'Ezéchiel ait été construite par les musulmans et acceptée par les juifs au cours de ce siècle. Il est également peu probable que quelqu'un ait su où Ezéchiel était enterré s'il n'y avait pas une pierre tombale assez grande pour survivre pendant plus de 1200 ans entre sa mort et l'époque de Rabbi Eliezer, ce qui suggère que quelqu'un lui a construit un tombeau dans l'ancienne Babylone. Ezéchiel serait mort vers 570 avant JC, alors que Joachin était encore emprisonné à Babylone, ce qui laisse supposer que la tombe a été construite peu après sa libération en 562 avant JC. Si tel est le cas, la théorie de certains historiens, selon laquelle Amel-Marduk était impopulaire en Babylonie parce qu'il avait renversé les politiques religieuses de Nabuchodonosor, semble vraisemblable.

Amel-Marduk a régné moins de deux ans avant le coup d'État de Nériglissar. Il est considéré comme faible et incompétent dans les documents qui subsistent du règne de Nériglissar et, d'après tous les récits autres que celui du Judéen, il était méprisé par les Babyloniens. Nériglissar est considéré comme un riche homme d'affaires sous le règne de Nabuchodonosor, et l'on suppose qu'une grande partie de sa fortune provient de la destruction de Jérusalem. Cette théorie est basée sur le rapport du livre de Jérémie, qui était présent lors du pillage de Jérusalem, selon lequel un fonctionnaire du gouvernement nommé Nrgl Shr-tzôr (נרגל שר־אצר) était présent lorsque le temple et le palais ont été mis à sac. S'il s'agit du même Nériglissar, il aurait eu un grand nombre d'esclaves judéens, qu'Amel-Marduk aurait libérés.

Cela suggère que son coup d'État réussi, moins de deux ans après le début du règne d'Amel-Marduk et la diffamation de ce dernier en Babylonie, était motivé par des raisons économiques, et Nériglissar a probablement inversé les politiques d'Amel-Marduk en ré-esclavagisant les Judéens et d'autres, qui n'ont pas été libérés avant la conquête de Babylone par Cyrus, comme le rapportent les livres d'Esdras. L'exilarque judéen Joachin disparaît de tous les documents vers cette époque, ce qui laisse supposer qu'il a été tué. D'après l'Apocalypse judéenne d'Esdras, Salathiel semble avoir été l'exilarque en 557 avant JC, soit 30 ans après la destruction de Jérusalem.

Dans le 2ᵉ Esdras (Massorétique Esdras-Néhémie) et le 1ᵉʳ Paralipomènes de la Septante, après la conquête de Babylone par Cyrus II de Perse, ce dernier libéra les

Judéens qui y étaient retenus et ils furent ramenés à Jérusalem par Zorobabel, fils de Salathiel. Zorobabel est également confirmé comme fils de Salathiel, dans les écrits d'Aggée, tant dans les traductions hébraïques que grecques. Cependant, la version massorétique du Divrei-hayyamim s'en écarte et désigne Zorobabel comme le fils de Phadaïa, ce qui suggère que le Zorobabel en question n'a peut-être pas été considéré comme le même Zorobabel par l'auteur. Cela est probablement dû à un différend sur la légitimité de la revendication de Zorobabel au trône de Juda, car les Édomites avaient occupé Juda, et le Divrei-hayyamim semble avoir été rédigé en Édomite, probablement par l'un des prêtres israélites qui furent plus tard expulsés du temple par Esdras le scribe.

Salathiel et Zorobabel ont continué à être considérés comme faisant partie de la dynastie légitime de Juda jusqu'à l'époque du Second Temple, puisque la lignée de Jésus dans l'Évangile de Matthieu retrace la descendance de Jésus de Salomon à travers Joachin, Salathiel et Zorobabel. L'Évangile de Matthieu est le seul évangile accepté par l'Église orthodoxe byzantine qui est également accepté par les chercheurs modernes comme étant originaire de Judée avant la destruction du Second Temple, et selon les documents de l'Église, il a été écrit à l'origine en araméen, ce qui soutient l'idée qu'au moins certains

Judéens ont considéré que la lignée de Salomon s'est poursuivie après le retour de Zorobabel de Babylone.

L'Apocalypse latine d'Esdras, plus courte, a été fusionnée avec l'Apocalypse judaïque d'Esdras dans la plupart des traductions catholiques et protestantes. Cependant, les spécialistes divisent les versions catholiques du 4e Esdras (2e Esdras protestant) en trois sections, seuls les douze chapitres principaux qui correspondent aux versions orthodoxes et éthiopiennes du livre étant étiquetés comme 4e Esdras. Les deux premiers chapitres, qui ne figurent que dans la version catholique, sont appelés 5e Esdras, tandis que les deux derniers chapitres figurant dans la version catholique, ainsi que des fragments d'une ancienne traduction grecque, sont appelés 6e Esdras. L'un des fragments grecs, le papyrus d'Oxyrhynque 1010, est le plus ancien fragment des diverses Apocalypses d'Esdras, daté du 4e siècle après JC. Malheureusement, seuls deux paragraphes subsistent. Le 5e Ezra et le 6e Ezra semblent avoir constitué à l'origine un seul document, communément appelé l'Apocalypse latine d'Ezra, bien qu'il ne soit pas certain qu'il ait été écrit en latin.

Il n'y a pas de consensus sur la date de rédaction de l'apocalypse judaïque, et la datation traditionnelle, basée sur l'apocalypse catholique, situe son origine au 1er ou au 2e siècle de l'ère chrétienne, l'apocalypse latine étant très pro-chrétienne et anti-juive. Toutefois, cette datation est invalidée par le fait que l'apocalypse latine ne faisait pas partie, à l'origine, de l'apocalypse judaïque. Si on la considère indépendamment de l'influence de l'Apocalypse latine d'Esdras, l'Apocalypse judaïque d'Esdras semble avoir été écrite par quelqu'un qui suivait une religion israélite archaïque ou par quelqu'un qui ignorait tout de ce qui est devenu plus tard le judaïsme et le christianisme. Elle contredit la Torah de manière significative et évidente, ce qui signifie que l'auteur n'a pas pu avoir accès à la Torah lorsqu'il a écrit l'Apocalypse.

L'apocalypse reprend et mentionne certains récits de la Torah et d'autres livres antérieurs à la chute de Juda, de sorte que l'auteur devait en connaître le contenu, mais travaillait de mémoire. Cela ressemble à l'histoire du Talmud selon laquelle Esdras aurait réécrit la Torah de mémoire après qu'elle ait été perdue lors de la destruction de Jérusalem. Si cette histoire est vraie, il ne peut s'agir de l'Esdras de la fin de l'ère perse, car cet Esdras n'aurait jamais vu la Torah de l'ère pré-babylonienne. Il aurait fallu qu'il s'agisse d'un Esdras antérieur, suffisamment âgé pour avoir été à Jérusalem avant qu'elle ne tombe aux mains des Babyloniens, ce qui confirme au moins l'idée que quelqu'un s'appelait Esdras au début de l'ère de la captivité babylonienne.

Introduction à l'Apocalypse judaïque d'Esdras

Les traductions de l'Apocalypse judaïque d'Esdras comportent toutes des erreurs spécifiques qui indiquent que l'œuvre a été rédigée dans une langue sémitique et une erreur qui suggère fortement que la langue était judaïque. L'une des erreurs les mieux établies concerne l'apocalypse qui mentionne qu'Hénoch a été créé en même temps que le Léviathan, avant que Dieu n'ait créé Adam, l'ancêtre de tous ceux qui sont connus sous le nom d'Hénoch dans la Torah. Cette erreur est considérée comme tellement évidente que certaines traductions, comme la Revised Standard Version de la Bible chrétienne, substituent le nom de Béhémoth à celui d'Hénoch.

D'après le contexte et la phonétique, il est probable que le mot mal traduit par Enoch (Ενωχ) était ånq (𐤐𐤉𐤕), qui signifie « lézard » ou « reptile » dans les anciens dialectes cananéens et araméens. Il semble s'agir d'une interprétation ou d'une lecture alternative du terme remes (רֶמֶשׂ), signifiant « insectes, » que l'on trouve dans le premier récit de la création de Bereshit. La traduction grecque de Genèse cosmique a utilisé le terme herpetà (ἑρπετὰ), qui se traduit par « reptiles, » ce qui suggère que la version araméenne de Bereshit que les Grecs ont traduite faisait référence à des « reptiles » et non à des « insectes. » Cette erreur de traduction dans l'apocalypse n'a pas pu se produire plus tard que la traduction grecque, car le traducteur latin n'a pas pu mal interpréter le mot grec herpetà (ἑρπετὰ) comme Enôch (Ενωχ). Cette erreur a probablement été commise lors de la traduction grecque, car le mot se trouve à la fois dans les dialectes cananéens et araméens, et il est donc peu probable qu'un traducteur sémite l'ait commise.

Le plus ancien manuscrit Guèze, Manuscrit Add. 1570, conservé à l'université de Cambridge en Angleterre, utilise le nom alternatif Åimiṧiḋilit̄i (አምሽድሊት) au lieu d'Hénoch, ce qui confirme indirectement que l'Apocalypse originale se lit « reptile. » Åimiṧiḋilit̄i n'a pas de signification inhérente en Guèze, cependant, pourrait être le résultat d'une erreur de scribe qui a échangé un NI (ን) avec un MI (ም) et un LA (ላ) avec un DI (ድ), ce qui signifie que le mot éthiopien antérieur était åiniṧilalit̄i (እንሽላሊት), ce qui signifie « lézard. »

Une autre erreur évidente est la référence à la mer de Sodome qui contient des poissons. Le terme « mer de Sodome » est unique, mais il pourrait être interprété comme une référence à la mer Morte, qui est l'endroit où Sodome était censée se trouver autrefois. Cette localisation n'est pas certaine, car la mer n'a jamais été décrite comme recouvrant les ruines de la ville, mais elle reste la mer la plus susceptible d'être identifiée comme la mer de Sodome. Dans la Torah et le Tanakh, la mer Morte est appelée soit mer de Sel, soit mer d'Arabie, mais jamais mer de Sodome. Cette erreur provient très certainement d'un scribe qui a mal interprété la mer d'Édom comme étant la mer de Sodome. Le terme était l'ancien nom du golfe d'Aqaba, enregistré en égyptien comme ym Ỉdǔmô (𓇋𓇋𓃀𓈖𓏏𓏤 𓄿𓂧𓍿𓅓𓀀) au début de l'âge du fer. Écrit en judaïsme, il s'agirait de ym hådm (𐤉𐤌 𐤄𐤃𐤌), signifiant la mer d'Édom, qui a ensuite été réinterprétée comme la mer Rouge après que les Édomites ont été repoussés vers le nord par les Arabes nabatéens. Les Édomites ont été repoussés de leur terre natale vers le nord au début de l'ère perse, ce qui indique que l'erreur de scribe a probablement eu lieu après cette époque et que le texte original date de l'ère néo-babylonienne. Si le nom provient d'une erreur de scribe, il s'agit probablement d'un texte judaïque qui a été copié, car le H (𐤄) de l'écriture cananéenne ressemble à son Ś (𐤔), tandis que le H (𐡇) araméen ne ressemble pas au Ś (𐡔).

Les traductions syriaque et guèze soutiennent toutes deux cette interprétation, mais seulement de manière indirecte. Le manuscrit syriaque utilise la traduction de ymmå ůSbtå (ܝܡܐ ܣܘܡܩܐ),ont été répertoriés dans les documents grecs comme vivant dans le sud de l'Arabie et, dans le contexte de l'Apocalypse, semblent être une référence à la côte yéménite moderne. D'après les documents grecs du 1ᵉʳ siècle avant JC, la capitale du royaume d'Adramitae (Αδραμιταε), le pays qui contrôlait la côte sud de l'Arabie, était connue sous le nom de

Sabbatha (Σαββαθα). On sait qu'Adramitae est le royaume de Hadramaout (𐩢𐩳𐩧𐩣𐩩), et que Sabbatha est aujourd'hui les ruines de Chabwa (𐩴𐩨𐩥). Ce nom semble être une réinterprétation de ce qui aurait déjà été la mer de Sodome dans la traduction hébraïque de l'Apocalypse, cependant, la traduction de Guèze soutient également qu'un autre nom a été utilisé dans certaines copies syriaques, probablement plus tôt que les éditions jacobites.

Les manuscrits éthiopiens utilisent le nom hayɨmanoɨ (ሃይማኖት), qui n'est pas proprement guèze, mais une translittération du syriaque hymynå (ܗܝܡܢܐ), signifiant généralement « la droite, » mais aussi « le sud » s'il est écrit par un Judéen. Le terme guèze pour « droit » était yäman (የማን), qui partage la même racine, mais n'est pas le même mot, dérivé indépendamment de l'ancien arabe du sud ymn (𐩺𐩣𐩬). La définition du « sud » est propre aux Judéens, car le dieu originel de Jérusalem était le dieu du soleil Shalim, et la gauche et la droite désignaient également le nord et le sud en fonction du lever du soleil. Cet usage se retrouve fréquemment dans les textes massorètes, même après que les Judéens eurent cessé d'adorer le soleil. L'expression « mer du Sud » semble être une autre référence, plus tardive, au golfe d'Aqaba et à la mer Rouge, ce qui corrobore l'interprétation selon laquelle « Sodome » est une erreur de traduction de « Édom. »

INTRODUCTION À L'APOCALYPSE JUDAÏQUE D'ESDRAS

Le nom du dieu est également une curiosité dans cette Apocalypse, car il n'est pas cohérent avec les références du Second Temple à Yahw ou au Seigneur Sabaoth, se référant plutôt à Domine Dominator, une traduction latine du grec Κύριε Κύριε trouvé dans d'autres textes israélites anciens, tels qu'Ézéchiel. L'original hébreu ou araméen n'est pas clair, mais il est probablement basé sur le terme Ba'al Ba'al, qui signifie Seigneur Ba'al, que les Juifs appelaient encore leur dieu à l'époque du prophète Osée, environ un siècle avant que Juda ne tombe aux mains de Babylone. Cela confirme l'origine ancienne de l'Apocalypse d'Esdras, ou du moins de certaines de ses parties. Seules des copies chrétiennes de l'Apocalypse judaïque d'Esdras ont survécu, et l'on ne sait donc pas exactement dans quelle mesure le texte a été modifié au cours des premiers siècles de l'ère chrétienne. Il est fait référence soit au « fils Jésus » de l'ange Uriel, le « Christ, » soit au « descendant de Salathiel, Josué, » le « messie, » selon la manière dont le verset est interprété. Bien que l'on considère souvent qu'il s'agit d'une prophétie de Jésus ben Joseph, « Dieu » n'est pas identifié comme parlant dans le verset, et la prophétie est très différente de la vie de Jésus rapportée dans l'Évangile. Ce messie devait régner pendant quatre cents ans, avant de mourir pendant sept jours, puis de revenir avec les morts au début de l'âge immortel. Rien de tout cela ne correspond à la vie de Jésus dans les évangiles.

S'il est possible que la référence spécifique au nom
« Jésus » soit un ajout chrétien au texte, il convient également de noter que lorsque Zorobabel a ramené les
Judéens à Jérusalem après leur libération par Cyrus, il
était accompagné d'un grand prêtre nommé Jésus ou
Josué, selon la source. Yeshu' (יֵשׁוּעַ) et Yehoshua' sont
deux variantes du même nom, l'une d'origine
araméenne et l'autre d'origine judaïque, mais toutes deux
ont été traduites par Jésus (Ἰησοῦς) en grec. La version
massorétique d'Esdras-Néhémie indique que son nom est
Yeshua' (יֵשׁוּעַ), ce qui indique que le texte a été écrit en
araméen, tandis que le livre de Zacharie rapporte que
son nom était Yehoshua' (יְהוֹשֻׁעַ), et que Zacharie était un
Judéen qui vivait à Jérusalem lorsque les événements
ont eu lieu.

La prophétie selon laquelle Jésus vivra quatre cents
ans avant de mourir semble être une chose étrange
qu'un chrétien écrirait après sa mort. L'auteur semble en
savoir aussi peu sur le christianisme que sur le judaïsme.
Tout comme la prophétie du messie dans le livre d'Isaïe,
la prophétie elle-même, indépendamment des tentatives
ultérieures de christianisation, semble avoir existé dans la
version préchrétienne et indique un lien étroit avec le
judaïsme messianique des époques babylonienne, perse et
grecque.

INTRODUCTION À L'APOCALYPSE JUDAÏQUE D'ESDRAS

Compte tenu de l'attitude dépressive de l'auteur, Salathiel, et de sa demande permanente de réponses à Dieu, la plupart des spécialistes pensent qu'il a dû assister à la destruction du second Temple, ce qui situerait sa vie vers 70 JC. Cette datation repose toutefois sur la fausse datation tardive de la version catholique du 4ᵉ Esdras. Toutefois, cette datation est basée sur la fausse datation tardive de la version catholique du 4ᵉ Esdras, qui ne peut s'appliquer au texte principal de l'apocalypse judaïque lui-même. L'état d'esprit de Salathiel serait tout aussi découragé s'il avait survécu à la chute initiale de Jérusalem aux mains des Babyloniens, que s'il avait été témoin de la destruction romaine bien plus tardive de Jérusalem.

Le texte lui-même n'a jamais été utilisé par les juifs rabbiniques, et il n'y a aucune preuve que les Massorites s'y soient intéressés, ce qui soulève la question de savoir pourquoi les premiers chrétiens se seraient intéressés à un texte qui venait d'être écrit et qui contenait des prophéties inexactes au sujet de Jésus. Les premières Églises considéraient clairement ce texte comme très ancien, et plusieurs grandes confessions continuent à le considérer comme un document authentique de la captivité babylonienne, comme l'Église orthodoxe éthiopienne, qui enseigne qu'il a été écrit par le roi Salathiel en exil à Babylone, vers 557 avant JC.

INTRODUCTION À L'APOCALYPSE JUDAÏQUE D'ESDRAS

Les demandes de Salathiel pour des réponses à la question « Pourquoi les mauvaises choses arrivent-elles aux bonnes personnes ? » semblent avoir trouvé un écho dans l'église chrétienne primitive, qui, comme Salathiel, semble ne pas avoir voulu accepter la réponse « Je suis Dieu, et je n'ai pas à répondre à vos questions. » Cette attitude cavalière est l'une des raisons pour lesquelles de nombreux premiers chrétiens ont cessé d'adorer les anciens dieux et ont cherché un Dieu plus raisonnable qui aiderait réellement les gens. Le motif selon lequel Esdras exige des réponses de Dieu se répète dans les autres Apocalypses d'Esdras, dont certaines semblent antithéistes. C'est probablement la raison pour laquelle l'Église orthodoxe byzantine n'a finalement pas inclus l'Apocalypse judaïque d'Esdras dans les Bibles orthodoxes grecques ou latines.

Apocalypse judaïque d'Esdras : Chapitre 1

La trentième année après la destruction de la ville,[1] moi, Salathiel,[2] (appelé aussi Esdras),[3] j'étais à Babylone, couché sur mon lit, et mes pensées s'élevaient dans mon coeur, quand je voyais la désolation de Sion et les richesses des habitants de Babylone. Mon esprit fut très troublé, et je me mis à prononcer des paroles pleines de crainte devant le Très-Haut,[4] et je dis : « Seigneur dominant,[5] tu as parlé au commencement, quand tu as planté la terre, et que toi seul as commandé au peuple ; tu as donné un corps à Adam sans esprit, qui était la création de tes mains, et tu as insufflé en lui le souffle de vie, et il a été rendu vivant devant toi. »

« Vous l'avez conduit au paradis, que votre main droite avait planté avant que la terre n'existe. Tu lui as donné le commandement d'aimer ta voie, qu'il a transgressé, et tu as aussitôt établi la mort en lui et dans ses descendants, d'où sont sortis des nations, des tribus, des peuples, des familles, sans qu'on puisse les compter. Chaque peuple a suivi sa propre volonté, a fait des choses horribles devant toi et a méprisé tes commandements. Avec le temps, tu as fait venir le déluge sur les habitants du monde et tu les as détruits. Il arriva à tous que, comme la mort fut pour Adam, le déluge fut pour eux. »

« Cependant, vous avez laissé l'un d'entre eux, à savoir Noé et sa famille, d'où sont sortis tous les justes. Or, comme ils vivaient sur la terre, qu'ils commençaient à se multiplier, à avoir beaucoup d'enfants et à former un peuple nombreux, ils recommencèrent à être plus impies que les premiers. Comme ils vivaient si mal devant toi, tu as choisi parmi eux un homme qui s'appelait Abraham. »

« Tu l'as aimé, et c'est à lui seul que tu as manifesté ta volonté ; tu as conclu avec lui une alliance éternelle, lui promettant de ne jamais abandonner sa descendance. Tu lui as donné Isaac, et à Isaac, tu as donné Jacob et Ésaü. Quant à Jacob, tu l'as choisi et tu as écarté Ésaü, et c'est ainsi que Jacob est devenu une grande multitude. »

« Il arriva qu'après avoir fait sortir ses descendants d'Égypte, tu les fis monter sur le mont Sinaï. Abaissant le ciel, tu saisis la terre, tu bouleversas le monde entier, tu fis trembler les abîmes et tu troublas les hommes de ce temps. Ta gloire a franchi les quatre portes du feu, du tremblement de terre, du vent et du froid,[6] pour donner la loi à la descendance de Jacob, et la diligence à la génération d'Israël. Mais tu n'as pas ôté d'eux le coeur méchant, afin que ta loi produisît du fruit en eux. »

« En effet, le premier homme,[7] qui avait un coeur mauvais, a péché et a été vaincu, et il en est de même pour tous ceux qui sont nés de lui. C'est ainsi que l'infirmité est devenue permanente, et la loi dans le coeur du peuple avec la malignité de la racine, de sorte que le bien s'est éteint et que le mal a vécu. Les temps s'écoulèrent, et les années se terminèrent. Vous avez suscité un serviteur appelé David, à qui vous avez ordonné de bâtir une ville à votre nom, et de vous y offrir des parfums et des offrandes. »

« Après cela, au bout de plusieurs années, les habitants de la ville t'oublièrent et firent tout ce qu'avaient fait Adam et tous ses descendants, car eux aussi avaient un cœur méchant. Vous avez donc livré votre ville aux mains de vos ennemis. Les habitants de Babylone ont-ils donc mieux agi, en dominant au lieu de Sion ? Quand j'y suis allé et que j'ai vu des impiétés sans nombre, mon esprit a vu beaucoup de méchants en cette trentième année, si bien que mon coeur a défailli. J'ai vu que vous laissiez pécher, que vous épargniez les méchants, que vous détruisiez votre peuple, que vous préserviez vos ennemis, et que vous ne le disiez pas.

« Je ne comprends pas comment on peut permettre que cela continue. Les habitants de Babylone sont-ils donc meilleurs que ceux de Sion ? Y a-t-il d'autres peuples qui te connaissent qu'Israël ? Quelle génération a cru à vos alliances comme Jacob ? Mais leur récompense n'apparaît pas, et leur travail ne porte pas de fruit ; car j'ai parcouru çà et là les nations, et j'ai vu qu'elles s'enrichissaient, et qu'elles ne s'occupaient pas de tes commandements. Pèse

donc dans la balance notre méchanceté et celle des habitants du monde. Est-ce que votre nom ne se trouvera
nulle part ailleurs qu'en Israël ? Depuis quand les habitants de la terre n'ont-ils pas péché devant toi ? Quel est
le peuple qui a le mieux respecté vos commandements ?
Vous verrez qu'Israël a gardé vos commandements, mais
pas les païens. »

Apocalypse judaïque d'Esdras : Chapitre 1 Notes

1 La ville de Jérusalem a été détruite par l'Empire néo-
babylonien en 587 avant JC, ce qui situerait l'origine du texte
en 557 avant JC. À l'époque, Nériglissar était le roi de
Babylone, qui n'était pas un membre de la famille royale,
mais un noble qui avait usurpé le trône en 560 avant JC. En
557 avant JC, Nériglissar a mené une campagne en Anatolie
pour tenter de conquérir une partie de la Lydie. Il mourut
l'année suivant l'histoire, après quoi son fils Labashi-Marduk
fut tué et un autre noble nommé Nabonide s'empara du trône.

2 Codex Sangermanensis : Salathihel
* Manuscrit B.21 : šltåyl (ℵ𐎛𐎀𐎟)
* Manuscrit Add. 1570 : sutuåeli (ሱተኄል)

Le nom latin Salathiel est une translittération directe du
nom Salathiêl ($\Sigma\alpha\lambda\alpha\theta\iota\eta\lambda$), que l'on trouve dans le 1er
Paralipomènes de la Septante comme nom d'un des fils du roi
Joachin. L'orthographe du nom latin prouve que la traduction
latine a été faite à partir d'une traduction grecque, et non

directement à partir d'un texte sémitique. La traduction hébraïque du nom dans le texte massorétique est She'alti'el (שְׁאַלְתִּיאֵל), qui est également cité comme le nom d'un fils du roi Joachin dans Divrei-hayyamim. Salathiel est généralement considéré comme le deuxième exilarque de Juda, après son père Joachin, qui fut emmené en captivité par les Babyloniens. Joachin figure sur la liste des rations du roi à Babylone vers 592 avant JC sous le nom de Iaåúkinu (𒅀𒀪𒌑𒆠𒉡), ainsi que ses cinq fils, bien qu'ils ne soient pas nommés. Dans la Septante et le texte massorétique, les sept fils de Joachin sont Salathiel, Melchiram, Phadaïa, Sermeser, Jérémie, Sama et Nadabia.

Selon le 4e Rois des Septante et les rois massorètes, Joachin a été libéré de prison en 562 avant JC, lorsque Amel-Marduk est devenu roi de Babylone, et il est ensuite devenu un haut fonctionnaire de la cour babylonienne. Amel-Marduk était le fils de Nabuchodonosor II, le roi qui avait détruit Jérusalem. Cependant, d'après les archives babyloniennes, les deux hommes étaient brouillés à cause d'accusations de destruction de sanctuaires religieux. Il est généralement admis qu'Amel-Marduk s'appelait à l'origine Nabû-shuma-ukin, le fils aîné de Nabuchodonosor, que ce dernier avait emprisonné, et qu'il avait changé de nom après sa libération pour louer Mardouk, le dieu dominant de la Babylonie. Les deux noms, Nabû-shuma-ukin et Amel-Marduk, ne sont jamais associés, Nabû-shuma-ukin apparaissant principalement dans les textes antérieurs et Amel-Marduk dans les textes postérieurs. Cependant, Nabû-shuma-ukin a été retrouvé jusqu'en 563 avant JC, l'année précédant l'accession au trône d'Amel-Marduk.

Le Lévitique Rabba, un texte rabbinique datant du 6e au 8e siècle après JC, affirme qu'Amel-Marduk a été emprisonné par son père Nabuchodonosor aux côtés du roi Joachin, parce que certains fonctionnaires babyloniens l'avaient proclamé roi alors que Nabuchodonosor était encore en vie, ce qui laissait supposer qu'un coup d'État manqué avait eu lieu. Selon le Targum Sheni, un texte rabbinique datant du 4e au 10e siècle après JC, Amel-Marduk a également libéré les Judéens captifs à Babylone, mais le livre d'Esdras affirme que c'est le roi Cyrus qui s'est emparé de Babylone quelques décennies plus tard. Les Voyages de Benjamin, publiés à l'origine vers 1170 après JC, rapportent que la tombe d'Ézéchiel à Al Kifl, en Irak, aurait été construite par le roi Joachin. La tombe n'a pas été répertoriée avant l'ère islamique, mais il est possible qu'elle ait existé. Le texte rabbinique Pirkei De-Rabbi Eliezer, datant du 8e siècle après JC, rapporte qu'Ézéchiel a été enterré en Babylonie. Cela se passait moins d'un siècle après l'époque de Mahomet, et comme Ezéchiel n'est pas mentionné dans le Coran, il est très peu probable que la tombe d'Ezéchiel ait été construite par les musulmans et acceptée par les juifs au cours de ce siècle.

Il est également peu probable que quelqu'un ait su où Ezéchiel était enterré s'il n'y avait pas une pierre tombale assez grande pour survivre pendant plus de 1200 ans entre sa mort et l'époque de Rabbi Eliezer, ce qui suggère que quelqu'un lui a construit un tombeau dans l'ancienne Babylone. Ezéchiel serait mort vers 570 avant JC, alors que

Joachin était encore emprisonné à Babylone, ce qui laisse supposer que la tombe a été construite peu après sa libération en 562 avant JC. Si tel est le cas, la théorie de certains historiens, selon laquelle Amel-Marduk était impopulaire en Babylonie parce qu'il avait renversé les politiques religieuses de Nabuchodonosor, semble vraisemblable.

Amel-Marduk a régné moins de deux ans avant le coup d'État de Nériglissar. Il est considéré comme faible et incompétent dans les documents qui subsistent du règne de Nériglissar et, d'après tous les récits autres que ceux des Judéens, il était méprisé par les Babyloniens.

Nériglissar est considéré comme un riche homme d'affaires sous le règne de Nabuchodonosor, et l'on suppose qu'une grande partie de sa fortune provient du sac de Jérusalem. Cette théorie est basée sur le rapport du livre de Jérémie, qui était présent lors du sac de Jérusalem, selon lequel un fonctionnaire du gouvernement nommé Nrgl Shr-tzôr (נרגל שר־אצר) était présent lorsque le temple et le palais ont été mis à sac. S'il s'agit du même Nériglissar, il devait avoir un grand nombre d'esclaves judéens, qu'Amel-Marduk aurait libérés. Cela suggère que son coup d'État réussi moins de deux ans après le début du règne d'Amel-Marduk, et la diffamation de ce dernier en Babylonie, étaient motivés par des raisons économiques, et que Nériglissar a probablement inversé les politiques d'Amel-Marduk, en ré-esclavagisant les Judéens et d'autres, qui n'ont pas été libérés avant la conquête de Babylone par Cyrus, comme l'indique Esdras.

Dans le 2ᵉ Esdras (Masoretic Esdras-Néhémie) et le 1ᵉʳ Paralipomènes de la Septante, après que Cyrus II de Perse eut conquis Babylone, il libéra les Judéens qui y étaient retenus et ils furent ramenés à Jérusalem par Zorobabel, fils de Salathiel. Zorobabel est également confirmé comme fils de Salathiel, dans les écrits d'Aggée, tant dans les traductions hébraïques que grecques. Cependant, la version massorétique du Divrei-hayyamim s'en écarte et désigne Zorobabel comme le neveu de Salathiel. Cela est probablement dû à un différend sur la légitimité de la revendication de Zorobabel au trône de Juda, étant donné que les Édomites avaient occupé Juda, et que la Divrei-hayyamim semble avoir été créée en Édomite, probablement par l'un des prêtres israélites qui furent plus tard expulsés du temple par Esdras le scribe. Salathiel et Zorobabel ont continué à être considérés comme faisant partie de la dynastie légitime de Juda jusqu'à l'époque du Second Temple, puisque la lignée de Jésus dans l'Évangile de Matthieu retrace la descendance de Jésus de Salomon à travers Joachin, Salathiel et Zorobabel. L'Évangile de Matthieu est le seul évangile accepté par l'Église orthodoxe byzantine dont on admet qu'il est né en Judée avant la destruction du second Temple et, selon les documents de l'Église, il a été écrit à l'origine en araméen, ce qui prouve qu'au moins certains Judéens considéraient que la lignée de Salomon s'était poursuivie après le retour de Zorobabel de Babylone.

3 Codex Sangermanensis : Ezras
- Manuscrit B.21 : ôzra (ﻋﺰﺭﺍ)
- Manuscrit Add. 1570 : ôîzîra (ⴱⵀⴻ)

Le nom latin Ezras et le nom arménien ancien Ezras (Եզրաս) ne sont pas des translittérations directes du nom grec Esdras (Εσδρας) que l'on trouve dans les livres d'Esdras de la Septante, mais des translittérations du grec Ezras (Εζρας). Cela indique que la traduction grecque de l'apocalypse ne dépendait pas de la Septante et qu'elle a été traduite par quelqu'un qui ne croyait pas qu'Esdras le scribe et Salathiel (cet Esdras) étaient la même personne. Le guèze Ôizira (ዖዚራ) et le vieux géorgien Ezra (ჱზრა) semblent tous deux être basés sur le syriaque Ôzra (ܥܙܪܐ), ce qui suggère qu'ils ont pu être traduits directement à partir d'un manuscrit syriaque. La traduction grecque semble également avoir été basée sur un manuscrit syriaque, mais la plupart des universitaires pensent que l'apocalypse a été écrite en hébreu et non en syriaque. Les preuves linguistiques de l'origine hébraïque plutôt que syriaque seraient tout aussi valables si l'apocalypse originale avait été écrite en judaïsme avant le développement de l'hébreu.

Dans l'Apocalypse arabe de Daniel, qui est une apocalypse distincte se déroulant à la même époque, le nom est translittéré en Ôzrh (عزره) au lieu de l'arabe habituel Ôzrô (عزرا), suggérant que le mot traduit en arabe était le mot judaïque ôzrh (𐤀𐤆𐤓𐤏) ou araméen ôzrh (עזרה), et non le nom hébreu Erza (עֶזְרָא).

Il existe plusieurs théories sur l'origine du nom, la plus simple étant que le messager Uriel appelait Salathiel son assistant. La référence ultérieure à Phalthihel (ou Felekatyal), qui est généralement acceptée comme une erreur de transcription de Salathiel, en particulier dans la traduction de

Guèze, suggère qu'il pourrait s'agir d'un titre politique, essentiellement un précurseur du concept d'exilarque. La troisième interprétation courante est que le nom original était Azarias, l'un des étudiants de Daniel dans certaines versions du Livre de Daniel.

Cette interprétation exige que les apocalypses originales mentionnant Azarias aient été écrites en néo-babylonien, comme Eziraia (𒐕𒄫𒌋𒂍𒅀), mais cela inclurait le nom du dieu Ea (𒂍𒅀), le nom du « dieu terrible » des inondations, dont le nom n'était généralement pas mentionné en public. Les trois jeunes gens ont reçu d'autres noms dans le livre de Daniel, dont aucun ne semble être babylonien. Le substitut logique de Ea (𒂍𒅀) aurait été Ilu (𒀭), qui signifie « dieu, » ce qui rend l'orthographe néo-babylonienne Ezirailu (𒐕𒄫𒌋𒀭). La simplification du nom dans la traduction judaïque ou hébraïque est probablement due au fait que le scribe a reconnu qu'il ne pouvait pas s'agir à l'origine d'Azraël (עֲזַרְאֵל) ou d'Ôzryål (עזריאל), le nom du psychopompe judaïque classique, dont le nom a également été évité. Azraël continue d'être l'ange de la mort dans plusieurs religions, dont l'islam, sous le nom d'Ôzrāåīl (عزرائيل), et le sikhisme sous le nom d'Ajaraila (ਅਜਰੈਲ). Azraël, sous la forme d'Ezrael (Εζραελ), était un ange qui punissait les morts dans l'Apocalypse de Pierre du début du christianisme, mais il a été remplacé par Thanatos (Θάνατος) en tant qu'ange de la mort dans les textes chrétiens grecs ultérieurs.

La partie du texte traduite par « Salathiel, qui est aussi appelé Esdras » ne se trouve pas dans toutes les traductions de l'apocalypse, et elle est généralement absente des manuscrits latins plus tardifs. Dans la version latine plus longue de l'apocalypse, qui combine l'apocalypse latine plus courte avec l'apocalypse judaïque, il s'agit d'une ligne redondante, puisque l'auteur est présenté plus tôt dans le texte.

Il y avait probablement quelqu'un d'identifié dans la version originale de l'apocalypse, mais il n'est pas possible de savoir à ce stade si c'est Salathiel, Esdras ou les deux qui ont été identifiés à l'origine. Il y a un conflit au chapitre 3, lorsque Phalthihel (ou Felekatyal) rend visite à l'auteur, car ces noms sont acceptés comme des erreurs de scribe de Salathiel. Même dans une apocalypse où l'auteur a reçu des visions d'un extraterrestre dont le nom change constamment, sa visite à lui-même semble improbable. Ce conflit est probablement la raison pour laquelle la version catholique a été créée, qui a remplacé Salathiel par Ezra le scribe afin que la visite de Salathiel à Ezra ne soit pas aussi confuse. Cependant, l'interprétation de Phalthihel comme une erreur de scribe de Salathiel n'est pas nécessairement correcte, et il pourrait simplement s'agir d'une personne différente. Si Phalthihel était Salathiel, cela suggère que l'auteur original de l'apocalypse était quelqu'un d'autre qui vivait à l'époque de Salathiel, comme Azarias.

4 Codex Sangermanensis : Altissimum. Traduction : Très-Haut
- Manuscrit B.21 : mrymå (ܡܪܝܡܐ)
- Manuscrit Add. 1570 : girumä (ግሩም). Traduction : merveilleux

Le mot syriaque mrymå (ܡܪܝܡܐ) semble être une orthographe alternative de mrômå (ܡܪܘܡܐ), qui signifie « hauteurs, » ce qui expliquerait la traduction latine. L'origine de l'étrange orthographe syriaque est très probablement une mauvaise translittération du mot hébreu mrûm (מרום), qui signifie « hauteur, » en interprétant mal le Ů (ו) comme un Y (י). Cette erreur de lecture n'aurait pas pu se produire en judaïsme, en araméen impérial, en syriaque ou en grec, car ces écritures n'avaient pas de Ů et de Y d'aspect similaire. Cela signifie presque certainement que l'Apocalypse a été soit écrite en hébreu, soit traduite en hébreu avant d'être traduite en syriaque.

Le Très-Haut est une référence à Dieu, ou à un dieu, que l'on retrouve dans de nombreuses religions anciennes de la région. Selon la Torah, l'ancien peuple de Jérusalem adorait El elyovn (אֵל עֶלְיוֹן), que les Grecs ont traduit par theô tô ypsistô (Θεω τω υψιστω), tous deux traduits par « Dieu Très-Haut, » lors du passage d'Abraham dans la région. La traduction grecque des écrits de Sanchuniathon datant de l'âge du bronze qui ont survécu jusqu'à aujourd'hui fait référence au dieu créateur primordial des Cananéens sous le nom d'Elioun (Ελιουν), qui semble être le même dieu. Selon Très-Haut, Elioun était le dieu « le plus élevé » (υψιστος), qui a fait le ciel et la terre, et ils ont fait le reste des dieux.

Le terme grec « dieu le plus élevé » (θεω τω υψιστω) apparaît dans plusieurs textes judéens de l'ère du Second Temple, dont 1er Ezra, Judith, 3e Maccabées, les Psaumes et la Sagesse de Josué ben Sira. La plupart de ces textes n'ont pas été expurgés pendant la période hasmonéenne et n'ont pas été copiés par les Massorites. Cependant, les Psaumes semblent avoir été expurgés, car la version massorétique contient le terme Yehvah Elyom, ce qui confirme fortement que les rédacteurs hasmonéens ont remplacé El par Yehvah. Le terme El Elyon est connu pour avoir été un dieu majeur des Cananéens appelé ảl ůảlyn (𐤀𐤋 𐤏𐤋𐤉𐤍) dans le traité de Séfire datant d'environ 750 avant JC.

5 Codex Sangermanensis : Domine Dominator. Traduction : monsieur seigneur (ou seigneur seigneur, seigneur dominateur)

• Manuscrit B.21 : mryả mrh (ܡܪܝܐ ܡܪܗ). Traduction : seigneur pour finir (ou pour lisser)

• Manuscrit Add. 1570 : ảỉbỉlỉ ảỉgỉziảä (ኡብል:ኡግዚኡ). Traduction : seigneur des chacals (ou des lions)

Il s'agit d'une traduction latine du grec Cyrie Cyrie (Κύριε Κύριε) que l'on retrouve dans d'autres traductions d'anciens textes judéens. L'original hébreu ou araméen n'est pas clair, et le terme est probablement basé sur le terme Ba'al Ba'al (𐤁𐤏𐤋 𐤁𐤏𐤋), comme le prophète Osée a affirmé que les Juifs appelaient leur dieu Ba'al à son époque, environ un siècle plus tôt. Ba'al signifie à la fois les mots « le seigneur » et le titre du dieu : «Le Seigneur.» Cela ne prouve pas de manière concluante que le texte soit aussi ancien, un terme similaire apparaît dans la prière du grand prêtre Simon dans 3e Maccabées, cependant, toute prière d'un grand prêtre citerait probablement le nom ou le titre de Dieu trouvé dans les écritures disponibles à l'époque, qui auraient pu inclure l'Apocalypse d'Esdras. La traduction Seigneur dominant est utilisée ici, car elle est la plus proche du texte latin qui nous est parvenu.

6 Les portes qui libèrent les éléments sont également décrites dans le Livre Astronomique (3ᵉ Hénoch), qui date probablement de la même époque. On croyait qu'il s'agissait de portes physiques dans le ciel métallique par lesquelles les éléments étaient poussés dans le monde par la puissance de Dieu.

Le contexte des éléments est nettement différent de celui de l'hymne des trois jeunes dans certaines versions du livre de Daniel, dans lequel les jeunes traitent les éléments comme des divinités inférieures, à l'instar de l'ancienne religion cananéenne. Daniel et les trois jeunes gens étaient censés se trouver à Babylone en même temps que Salathiel, mais il existe 14 versions différentes du livre de Daniel, et on pense qu'elles ont toutes été fortement remaniées à l'époque perse et grecque, car les Judéens considéraient Daniel comme un astrologue et non comme un prophète. L'auteur du 4ᵉ Maccabée place les trois jeunes gens en Assyrie au lieu de Babylone, ce qui suggère qu'ils ont été ajoutés au récit de Daniel à un moment donné. L'histoire de Daniel et des trois jeunes gens est en contradiction directe avec le début alternatif du livre de Daniel, que l'on trouve dans le chapitre généralement intitulé Susanna, qui soutient l'idée que les trois jeunes gens ont été ajoutés plus tard à Daniel et que les jeunes gens d'origine étaient des Samaritains qui ont été faits prisonniers en Assyrie.

Le ciel métallique au-dessus de la Terre plate correspond à la cosmologie néo-assyrienne et néo-babylonienne, ce qui confirme l'origine de cette apocalypse et du livre astronomique à cette époque. À l'époque, les Égyptiens étaient apparemment passés au modèle de la Terre ronde selon les philosophes grecs, ce qui signifie que ces livres n'ont pas pu être écrits par les Israélites dans le sud de l'Égypte. Le sud de l'Égypte comptait alors une importante population judéenne et samaritaine, car les Égyptiens y avaient installé des réfugiés des guerres d'Assyrie et de Babylone. Jérémie et les autres survivants qui ont échappé aux Babyloniens se sont installés dans cette région après la destruction de Jérusalem, et on pense que c'est là que les Lamentations ont été écrites.

7 Codex Sangermanensis : adam

D'après le contexte, il s'agit d'une mauvaise traduction du mot hébreu adam (אָדָם), du mot araméen ådm (𐡀𐡃𐡌), ou du mot judaïque ådm (𐤀𐤃𐤌), qui se traduisent tous par « homme » ou « humain. » Le mot indique que le texte original a été écrit en judaïsme ou en araméen, car adamu (𒀀𒁕𒈬) ne signifiait pas « homme » en néo-babylonien, mais « rouge, » « sang » ou « noble. » L'erreur de traduction « d'Adam » s'est probablement produite dans la traduction grecque, car toutes les langues sémitiques centrales, y compris l'araméen, l'arabe et les dialectes cananéens, utilisent le mot ådm de la même manière.

Apocalypse judaïque d'Esdras : Chapitre 2

Le messager[1] qui m'a été envoyé, dont le nom était Uriel,[2] m'a répondu en disant : « Ton cœur est allé trop loin dans ce monde, et tu penses pouvoir comprendre la voie du Très-Haut. »

J'ai répondu : « Oui, mon seigneur. »

Il répondit : « Je suis envoyé pour vous montrer trois voies et pour vous présenter trois énigmes. Si tu peux m'en expliquer une, je te montrerai aussi ce que tu veux voir, et je te montrerai d'où vient le cœur méchant. »

J'ai dit : « Continuez, mon seigneur. »

Il me dit alors : « Poursuis ton chemin, et pèse-moi le poids d'un feu, ou mesure pour moi le souffle du vent, ou rappelle-moi à un jour passé. »

Je lui répondis : « Quel est l'homme qui peut faire cela, pour me demander de telles choses ? »

Il me répondit : « Si je vous demandais combien il y a d'habitations sous la mer, combien il y a de fontaines dans les profondeurs, combien il y a de fontaines au-dessus du ciel, ou qui coulent du paradis, me diriez-vous : Je ne suis jamais descendu dans l'abîme ? Ni dans les profondeurs de la terre ? Et je ne suis jamais monté au ciel.[3] Or, je ne t'ai interrogé que sur le feu, le vent, les jours que tu as traversés, les choses dont tu ne peux être séparé, et tu ne peux pas me donner de réponse à leur sujet. »

Il m'a aussi dit : « Tu ne peux pas connaître ce qui t'est propre, ni ceux qui ont grandi avec toi ; comment donc ton corps pourrait-il comprendre la voie du Très-Haut, et, le monde étant maintenant corrompu extérieurement, comprendre la corruption qui est évidente à mes yeux ? »

Je lui répondis : « Il vaudrait mieux que nous n'existions pas du tout, que nous vivions encore dans la méchanceté, que nous la permettions et que nous ne sachions pas pourquoi. »

Il me répondit : « Je suis entré dans une forêt, sur une plaine, et les arbres discutaient et disaient : ‹ Venez, allons faire la guerre à la mer, afin qu'elle se retire devant nous et que nous fassions d'autres forêts. › Les eaux de la mer discutèrent aussi et dirent : ‹ Venez, allons conquérir les forêts de la plaine, afin de nous y créer un autre pays. › Les pensées de la forêt furent vaines, car le feu vint et la consuma. La pensée des eaux de la mer fut également vaine, car le sable s'éleva et les arrêta. Si vous deviez juger maintenant entre ces deux-là, qui prendriez-vous parti ? Qui condamnerait-on ? »

Je répondis : « Il est évident que c'est une idée insensée qu'ils ont tous deux conçue, car le sol est donné à la forêt, et la mer a aussi sa place pour transporter ses eaux. »

Il me répondit alors : « Vous avez bien jugé, mais pourquoi ne pas vous juger vous-même ? Car, de même que le sol est donné à la forêt et la mer à son eau, de même ceux qui vivent sur la terre ne peuvent comprendre que ce qui est sur la terre, et ceux qui habitent au-dessus du ciel ne peuvent comprendre que les choses qui sont au-dessus de la hauteur du ciel. »

Je répondis alors : « Je vous en prie, Seigneur, expliquez-moi cela. Je n'avais pas l'intention de m'enquérir des choses élevées, mais de celles qui passent chaque jour près de nous, à savoir qu'Israël est livré comme une insulte aux païens. Pourquoi le peuple que vous avez aimé est-il livré à des nations impies, pourquoi la loi de nos ancêtres est-elle réduite à néant, et les alliances écrites n'ont-elles aucun effet ? Nous disparaissons du monde comme des sauterelles, et notre vie n'est qu'étonnement et crainte, et nous ne sommes pas dignes de miséricorde. Que fera-t-il alors, alors que nous nous appelons de son nom ? » C'est ce que j'ai demandé.

Il me répondit : « Plus vous chercherez, plus vous vous étonnerez, car le monde passera bientôt et ne peut comprendre les choses promises aux justes dans le temps à venir, car ce monde est plein d'injustice et d'imperfections. Mais pour ce qui est des choses que vous me demandez, je vous dirai que, si le mal a été semé, sa destruction n'est pas encore arrivée. Si donc ce qui est semé n'est pas renversé, et si le lieu où le mal est semé n'a pas disparu, ce qui est semé en bien ne peut venir. En effet, le mauvais grain a été semé dans le coeur d'Adam dès le commencement, et combien d'impiétés a-t-il produites jusqu'à présent ? Combien d'impiétés a-t-il produites jusqu'à présent ? Combien en produira-t-il encore jusqu'à ce que vienne le temps du battage ? Considérez maintenant combien de fruits de méchanceté le grain de la mauvaise semence a produit. Quand le grain sera coupé, ce qui ne se compte plus, quelle grande surface il couvrira ? »

Je répondis : « Comment et quand ces choses arriveront-elles ? Pourquoi nos années sont-elles rares et mauvaises ? »

Il me répondit : « Ne précipite pas le Très-Haut, car ta hâte est vaine, et tu ne peux pas l'accélérer, puisque tu te devances toi-même. L'esprit des justes n'a-t-il pas aussi interrogé ces choses dans leur chambre, en disant : Jusqu'à quand espérerai-je de cette manière ? Quand le fruit de notre récompense commencera-t-il à naître ? »

À ces questions, Jérémiel, le grand messager (et le commandant des gardiens)[4] a répondu : « Lorsque le nombre de semences aura été rempli parmi vous, car il a pesé le monde dans la balance. Il a mesuré le temps par la mesure, et il a compté le temps par le nombre, et il ne les déplace ni ne les change jusqu'à ce que la mesure soit accomplie. »

Je répondis alors : « Seigneur dominant, nous sommes tous pleins d'impiété. Pour nous, faites en sorte que les étages des justes ne soient pas remplis, à cause des péchés de ceux qui vivent sur la Terre. »

Il me répondit : « Va trouver une femme qui a un enfant, et demande-lui, lorsqu'elle aura accompli ses neuf mois, si son utérus peut encore garder l'enfant en lui. »

Je lui dis : « Non, Seigneur, elle ne le peut pas. »

Il me dit : « Dans la tombe, les chambres de l'esprit sont comme le ventre d'une femme. Comme une femme en travail se précipite pour échapper à la nécessité du travail, de même, ces lieux se précipitent pour délivrer les choses qui leur sont confiées. Cherchez dès le début ce que vous désirez voir, et cela vous sera montré. »

Je répondis : « Si j'ai trouvé grâce à tes yeux, et si cela est possible, et si je peux le savoir, montre-moi s'il y a plus à venir que ce qui est passé, ou plus de passé que ce qui est à venir. Je sais ce qui est passé, mais je ne sais pas ce qui est à venir. »

Il me dit : « Mets-toi à droite et je t'expliquerai l'énigme. »

Je me suis donc levé et j'ai vu, et j'ai vu, un four brûlant passer devant moi, et il se trouve que lorsque la flamme a disparu, j'ai regardé, et j'ai vu qu'il ne restait que de la fumée. Après cela, un nuage aqueux passa devant moi et fit tomber une pluie abondante avec un orage, et quand la pluie orageuse fut passée, il resta encore des gouttes. Il me dit alors : « Réfléchissez. La pluie est plus grande que les gouttes, comme le feu est plus grand que la fumée, mais les gouttes et la fumée restent en arrière. Le temps qui s'est écoulé était donc beaucoup plus long. »

Je priai, et je dis : « Vivrai-je, pensez-vous, jusqu'à ce temps-là ? Que se passera-t-il en ces jours-là ? »

Il me répondit : « Pour ce qui est des signes que vous me demandez, je peux vous en dire une partie. Mais pour ce qui est de votre vie, je ne suis pas envoyé pour vous le dire, car je ne la connais pas. »

Apocalypse judaïque d'Esdras : Chapitre 2 Notes

1 Codex Sangermanensis : angelus. Traduction : ange
• Manuscrit B.21 : mlåkå (ܡܠܐܟܐ). Traduction : messager
• Manuscrit Add. 1570 : mäliääki (ⵎⴷⵍⵆ). Traduction : règle
Le latin angelus, le vieux slave angelu (ⰰⰐⰥⰅⰎⱆ), et le vieux géorgien angelozi (ანგელოზი) dérivent du mot grec angelos (ἄγγελος), qui signifie « messager. » Ce terme est utilisé dans la Septante en parallèle avec mal'ach (מַלְאָךְ), du

texte massorétique, qui signifie également « messager. » La translittération latine « d'angelus » dans la vulgate orthodoxe ne faisait pas référence à des « messagers » au sens humain, où le terme était traduit par « nuntius » ou « legatus, » mais à des messagers extraterrestres. Cette notion a ensuite été intégrée dans le christianisme latin comme une espèce de sous-dieux surnaturels, qui sont devenus les anges du christianisme catholique et protestant moderne. Le mot arménien ancien hreštak (Հրեշտակ), qui signifie « envoyé, » semble être une traduction directe du mot syriaque mlåkå (ܡܠܐܟܐ) signifie « envoyé, » tous deux signifiant « messager, » tandis que le terme guèze semble être une translittération du même terme.

2 Codex Sangermanensis : Urihel
- Manuscrit B.21 : åûråyl (ܐܘܪܐܝܠ)
- Manuscrit Add. 1570 : ôuraåel (ⵀⵓⵔⴰⴻⵍ)

Uriel est la translittération latine du grec Oyriêl (Οὐριήλ) et de l'hébreu Uri'el (אוּרִיאֵל), qui signifie « dieu de la lumière. » On trouve généralement Uriel dans la littérature qui fut plus tard considérée comme hérétique au sein du judaïsme, notamment le Livre des Veilleurs (1er Hénoch), les deux versions du Livre de Tobie, le Testament de Salomon et la Vie d'Adam et d'Ève. La plupart de ces livres ont été acceptés par les premiers chrétiens et les gnostiques, ainsi que d'autres livres qui incluent Uriel, tels que l'Apocalypse de Pierre et le Livre secret de Jean, il continue d'être considéré comme un messager par la plupart des confessions chrétiennes. Dans ses premières représentations textuelles, il était l'un des quatre anges représentant les quatre vents, tandis qu'à l'époque grecque, il était considéré comme le messager gouvernant (planète) de l'un des sept cieux (sphères de cristal) au-dessus de la Terre plate.

3 Codex Sangermanensis : caelis
Caelis était à la fois le dieu personnifiant le ciel et le mot latin signifiant « ciel. » L'équivalent grec de Caelis était Uranus (Οὐρανός), utilisé dans la Septante pour traduire le terme hébreu Shamayim (שָׁמַיִם).

4 Codex Sangermanensis : Hieremihel archangelus.
Traduction : Jeremiel archange
• Manuscrit B.21 : rmzyl mlåkå ůåmr ôryn (ܪܡܙܝܠ ܡܠܐܟܐ ܘܐܡܪ ܥܘܪܝܢ). Traduction : Remashel messager et observateur du commandement (ou de l'ordre)
• Manuscrit Add. 1570 : åiyamiåel mäliåäk (ኢያሚኤል መልአክ). Traduction : Yomiel commandant (ou ange)
Le latin archangelus et le vieux slave arxangɛlıu (ⰀⰓⰘⰀⰐⰃⰅⰎⰖ) sont tous deux des translittérations du terme grec archangelos (ἀρχάγγελος), qui signifie « messager dominant. » Le terme géorgien mtavarangelozi (მთავარანგელოზი), qui signifie « ange en chef, » est également basé sur la traduction grecque perdue, le terme angelozi (ანგელოზი) étant translittéré du grec angelos (ἄγγελος) et mtavar (მთავარ) étant traduit du grec arch- (ἀρχ-). De même, le vieil arménien hreštakapet (Հրեշտակապետ), qui signifie « commandant messager, » est

probablement une traduction directe d'un manuscrit grec ou syriaque.

Les traductions latine, syriaque et guèze ne s'accordent pas sur le nom de l'archange, et ce nom est souvent remplacé par celui d'Uriel dans les traductions anglaises. Jeremiel, Remashel et Yomiel sont les noms de trois des commandants des gardiens qui se sont rebellés avec Shemyaza dans les Livres des gardiens (1er Hénoch). Jérémiel était également un messager dans l'Apocalypse de Sophonie, qui ne subsiste qu'en copte et qui est universellement rejetée par les juifs et les chrétiens. Le manuscrit syriaque confirme la désignation originale de l'être en question comme un veilleur, ce qui suggère que l'Apocalypse a pu être conservée en judaïsme, puis traduite en hébreu, par l'un des mouvements hérétiques judéens qui utilisaient la littérature énochienne. Cette traduction utilise Jeremiel, mais il n'est pas clair lequel des gardiens-commandants était visé à l'origine.

Apocalypse judaïque d'Esdras : Chapitre 3

« Cependant, en ce qui concerne les signes à venir, voici, les jours viendront où les habitants de la terre seront enlevés en grand nombre, où le chemin de la vérité sera caché, et où la terre sera stérile de foi. Mais l'iniquité sera plus grande que ce que vous voyez aujourd'hui, ou que ce dont vous avez entendu parler depuis longtemps. La terre que vous voyez maintenant avec des racines, vous l'observerez devenir soudainement un désert. Si le Très-Haut vous laisse vivre, vous verrez, après la troisième trompette, que le soleil se lèvera soudain dans la nuit, et la lune trois fois par jour. Le sang tombera du bois, la pierre parlera, et le peuple sera troublé. »

« Il régnera, que les habitants de la terre n'élisent pas. Les oiseaux s'envoleront ensemble. La mer d'Édom[1] rejettera des poissons, et elle parlera pendant la nuit, sans que beaucoup l'aient entendue, mais tous entendront sa voix. Il y aura de la confusion en beaucoup d'endroits, et le feu repartira souvent, les bêtes sauvages changeront de place, et les femmes en couches donneront naissance à des monstres. Les eaux salées se trouveront douces, et tous les amis se détruiront les uns les autres. Alors le sens se cachera, et l'intelligence se retirera dans son lieu secret ; elle sera recherchée par beaucoup, et cependant on ne la trouvera pas. Alors l'iniquité et l'incontinence se multiplieront sur la terre. »

Un pays demandera à un autre : « La Justice, qui rend l'homme juste, est-elle allée chez vous ? » et il répondra : « Non. »

« En même temps, les hommes espéreront, mais ils n'obtiendront rien. Ils travailleront, mais ils ne réussiront pas. J'ai la permission de vous montrer ces signes, et si vous priez encore, si vous criez comme maintenant, et si vous jeûnez pendant des jours, vous entendrez des choses encore plus grandes.

Je me suis alors réveillé, et une peur extrême a envahi mon corps, et mon esprit était si troublé qu'il s'est évanoui. Le messager qui était venu me parler me prit dans ses bras, me réconforta et me releva.

La seconde nuit, (Phalthihel), le commandant des Israélites (et non des Araméens),[2] vint me trouver et me demanda : « Où étiez-vous ? Pourquoi êtes-vous si déprimé ? Ne sais-tu pas qu'Israël s'est engagé auprès de toi dans le pays de sa captivité ? Lève-toi et mange du pain, et ne nous oublie pas, comme un berger qui aban- donne son troupeau aux mains de loups cruels. »

Je lui ai dit : « Laisse-moi et ne reviens pas. »

Il entendit ce que je disais et me quitta. Je jeûnai pendant sept jours, me lamentant et pleurant comme le messager Uriel me l'avait ordonné. Au bout de sept jours, les pensées de mon cœur redevinrent très terribles en moi, et mon psychisme[3] retrouva l'esprit de compréhension. Je recommençai à parler avec le Très-Haut et je lui dis : «Seigneur dominant, de toutes les forêts de la Terre et de tous les arbres, tu n'as choisi qu'une seule vigne pour toi-même. De toutes les terres du monde entier, vous n'avez choisi qu'un seul lieu, et de toutes les fleurs, un seul lys. De toutes les profondeurs de la mer, vous avez rempli un seul fleuve, et de toutes les villes bâties, vous vous êtes réservé Sion. De tous les oiseaux créés, tu t'es donné le nom d'une colombe, et de tous les animaux nés, tu as choisi une brebis. Parmi toutes les multitudes de peuples, tu as engendré un seul peuple, et à ce peuple, que tu as aimé, tu as donné une loi qui est approuvée par tous.»

«Maintenant, Seigneur, pourquoi avez-vous donné ce peuple unique à un grand nombre ? Cette racine unique, tu l'as choisie parmi d'autres, et pourquoi as-tu dispersé ton seul peuple au milieu de la multitude ? Ceux qui ont douté de tes promesses, qui n'ont pas cru à tes alliances, les ont foulés aux pieds. Si tu as tant haï ton peuple, tu devrais le punir de tes propres mains.»

Lorsque j'eus prononcé ces paroles, le messager qui m'était apparu la veille fut envoyé de nouveau vers moi et me dit : «Écoute-moi, et je t'instruirai. Écoute ce que je vais dire, et je t'en dirai davantage.»

Je répondis : « Parle, mon seigneur. »

Il me dit alors : « Tu as l'esprit troublé par l'amour d'Israël. Aimez-vous ce peuple plus que celui qui l'a créé ? »

Je répondis : « Non, mon seigneur, mais c'est avec un grand chagrin que j'ai parlé, car mes devoirs me font souffrir à chaque heure, tandis que je m'efforce de comprendre la voie du Très-Haut et de rechercher une partie de son jugement. »

Il me dit : « Vous ne pouvez pas. »

J'ai demandé : « Pourquoi, Seigneur ? Pourquoi suis-je né à ce moment-là ? Pourquoi le sein de ma mère n'a-t-il pas été mon tombeau, pour que je n'aie pas vu la lutte de Jacob et le terrible combat de la race d'Israël ? »

Il me répondit : « Comptez pour moi ce qui n'est pas encore arrivé, rassemblez pour moi les ordures qui ont été jetées, et faites reverdir les fleurs qui se sont fanées. Ouvrez-moi les lieux fermés, et faites sortir vers moi les vents qui y sont enfermés. Montre-moi l'image d'une voix, et alors je t'expliquerai les choses que tu as du mal à connaître. »

J'ai demandé : « Seigneur dominant, qui peut connaître ces choses, si ce n'est celui qui ne vit pas parmi les hommes ? Quant à moi, je suis un ignorant. Comment pourrais-je donc parler de ces choses que vous me demandez ?»

Il me dit alors : «Comme tu ne peux faire aucune de ces choses que j'ai mentionnées, de même tu ne peux apprendre mon jugement, ni finalement l'amour que j'ai promis à mon peuple.»

Je lui répondis : «Regarde, Seigneur ! Êtes-vous près de ceux qui sont réservés jusqu'à la fin ? Que feront-ils, ceux qui ont été avant moi, ou nous maintenant, ou ceux qui viendront après nous ?»

Il me répondit : «Je comparerai mon jugement à un anneau. Comme il n'y a pas de relâchement à la fin, il n'y a pas de rapidité au début.»

J'ai demandé : «Ne pourriez-vous pas faire en sorte que ceux qui ont été créés soient à nouveau maintenant, et que ceux qui sont encore à venir viennent immédiatement, afin que vous puissiez manifester votre jugement plus tôt ?»

Il me répondit : «Le corps ne peut se hâter au-dessus de celui qui l'a créé, et le monde ne peut contenir à la fois tous ceux qui y seront créés.»

Je lui répondis : «Comme vous avez dit à votre serviteur que vous, qui donnez la vie à tous, avez donné la vie en une seule fois au corps que vous avez créé, et que le corps l'a porté, de même pourrait-il porter ceux qui sont maintenant présents en une seule fois ? »

Il me dit : « Interroge le ventre d'une femme et dis-lui : ‹ Si tu fais naître des enfants, pourquoi pas tous ensemble, mais plutôt l'un après l'autre ? › Priez-la donc de mettre au monde dix enfants à la fois. »

J'ai dit : « Elle ne le peut pas, elle doit le faire dans la durée. »

Il me répondit alors : « De même, j'ai donné les entrailles de la terre à ceux qui y sont semés, en leur temps. De même qu'un jeune enfant ne peut faire sortir les choses qui appartiennent aux vieillards, de même ai-je prévu le monde que j'ai créé. »

Je lui demandai : « Puisque tu m'as donné la réponse, je vais parler devant toi de notre mère, dont tu m'as dit qu'elle était jeune et qu'elle commençait à vieillir. »

Il me répondit : « Interrogez une femme qui porte des enfants, et elle vous le dira. Dis-lui : ‹ Pourquoi ceux que tu as fait naître ressemblent-ils à ceux d'autrefois, mais ils sont plus petits ? › Elle vous répondra : ‹ Ceux qui sont nés dans la force de la jeunesse sont d'une même espèce, et ceux qui sont nés dans la force de l'âge, quand la matrice est défaillante, sont d'une autre espèce. › Considère donc que tu es moins grand que ceux qui t'ont précédé. De même, ceux qui viendront après vous seront moins grands que vous, comme les corps qui commencent à vieillir et qui ont perdu la force de la jeunesse. »

Je dis alors : « Seigneur, je te prie, si j'ai trouvé grâce à tes yeux, de révéler ton corps à ton serviteur que tu visites. »

Apocalypse judaïque d'Esdras : Chapitre 3 Notes

1 Codex Sangermanensis : mare Sodomitum. Traduction : mer Sodomites

• Manuscrit B.21 : ymmå ůšbtå (ܚܡܨܐ ܣܒܚܝ). Traduction : mer des Sabéens (ou bâton, lance, météore, tribu)

• Manuscrit Add. 1570 : bihirä hayɨmanoɨ (ባሕረ ሃይማኖት). Traduction : mer hayemanoe

L'expression « mer de Sodome » est une façon très inhabituelle de désigner la mer Morte, où Sodome existait autrefois selon la Torah. La mer Morte était généralement appelée mer d'Araba (יָם עֲרָבָה) dans le Tanakh (Ancien Testament), ce qui semble avoir été le nom utilisé tout au long de l'ère du Second Temple. La référence à la mer de Sodome rejetant des poissons est également curieuse, car la mer Morte ne contient pas de poissons.

Il est probable qu'il s'agisse d'une mauvaise traduction du terme judéen ym hådm (𐤉𐤌 𐤀𐤃𐤌), signifiant la mer d'Édom, qui a ensuite été réinterprétée comme étant la mer Rouge. La mer d'Édom était l'ancien nom du golfe d'Aqaba, enregistré en égyptien sous le nom de ym ɨdůmô (𓇋𓐫𓈖𓇋𓂧𓍯𓅓𓈖𓊖) au début de l'âge du fer. Si le nom provient d'une erreur de traduction, il s'agit probablement d'un texte judaïque traduit en araméen, car le H (𐤄) de l'écriture cananéenne ressemble à son Ś (𐤙), tandis que le H (𐤄) aramée ne ressemble pas au Ś (𐤔). S'il s'agit d'une erreur de traduction du judaïsme, cela confirmerait que le texte original a été écrit par un judaïsant qui a survécu à la destruction de Jérusalem avant que l'araméen ne supplante le judaïsant en Juda.

Le terme éthiopien hayɨmanoɨ (ሃይማኖት) n'est pas propre à Guèze et ne correspond pas au latin, mais est une translittération du syriaque hymynå (ܗܝܡܢܐ), qui signifie généralement « la droite, » mais aussi « le sud » s'il est écrit par un Judéen. Le terme guèze pour « droit » était yäman (የማን), qui partage la même racine, mais n'est pas le même mot, dérivé indépendamment de l'ancien arabe du sud ymn (𐩺𐩣𐩬). La définition du « sud » est propre aux Judéens, car le dieu originel de Jérusalem était le dieu du soleil Shalim, et la gauche et la droite désignaient également le nord et le sud en fonction du lever du soleil. Cet usage se retrouve fréquemment dans les textes massorétiques, même après que les Judéens eurent cessé d'adorer le soleil. L'expression « mer du Sud » semble être une autre référence, plus tardive, au golfe d'Aqaba et à la mer Rouge, ce qui corrobore l'interprétation selon laquelle « Sodome » est une erreur de traduction de « Édom. » Le terme syriaque peut être interprété comme la mer des Sabéens, qui était un autre nom pour le peuple vivant dans le royaume d'Hadhramaut entre les années 1300 avant JC. et les années 200 avant JC. L'Hadramaout contrôlait à l'époque la côte sud de l'Arabie, ce

qui signifie qu'il s'agissait d'une référence au golfe d'Aden et
à la mer d'Arabie.

2 Codex Sangermanensis : Phalthihel dux populi.
Traduction : Phalthihel commandant du peuple

• Manuscrit B.21 : ûlynš dåysrål puqdnå ûla arymt (ܘܠܝܢܫ
ܕܐܝܣܪܐܠ ܦܘܩܕܢܐ ܘܠܐ ܐܪܝܡܬ). Traduction : la race (ou l'espèce, le
type) d'Israël et non les Araméens

• Manuscrit Add. 1570 : fïlïkätyal liqä mälääïkïtihomu
sääïhïzäb (ፈልከጥያል፡ሊቃፇመላእክቲሆሙ፡ስእሕዘብ). Traduction :
Felekatyal porte-parole principal (ou correspondant) de la
tribu (ou du peuple, de la nation)

Le latin « dux populi » semble être une traduction de
l'araméen ryšå glûtå (ܢܡܓܠ ܐܢܬ), qui signifie « chef des
exilés » et qui a été utilisé plus tard dans les œuvres juives
pour représenter le roi exilé. La traduction plus longue de
Guèze, « porte-parole en chef de la tribu, » est essentiellement
la même et pourrait être un titre plus ancien, antérieur à
l'influence grecque.

Si l'on conclut que les titres font référence à un exilarque,
on suppose généralement que le nom est une erreur scribale
de Salathihel, car She'alti'el (שְׁאַלְתִּיאֵל) était l'exilarque des
Judéens à Babylone. En supposant que cela soit vrai, il est peu
probable que l'erreur ait été commise en latin ou en grec, car
le P^h (Φ) et le Š (Σ) latins et grecs ne se ressemblent pas. Il est
également peu probable que cette erreur se soit produite en
hébreu ou en araméen impérial, car le Š (ש / שׁ) et P (ܢ / פ)
hébreu et araméen ne se ressemblent pas. L'origine la plus
probable de l'erreur se situe lors de la traduction grecque, en

lisant un Š (ܫ) syriaque estrangelo de l'époque classique comme un P (ܦ). Estrangelo est la forme la plus ancienne du syriaque, qui s'est développée vers 100 après JC, ce qui suggère que la traduction grecque a été faite entre 100 et 200 après JC, puisque le texte a été enregistré comme étant utilisé dans les églises grecques vers 200 après JC, bien que la traduction grecque ait été perdue par la suite.

Le nom éthiopien Filikätyal (ፍልክጥያል) contient le même changement de Š à P^h que la traduction grecque, mais ajoute un son KÄ absent du grec et du syriaque. Ce son supplémentaire résulte probablement aussi d'une mauvaise lecture du nom écrit en syriaque (oriental) madnhoyo, car le Y (ܝ) et le Ḥ (ܚ) sont faciles à interpréter de façon erronée.

L'écriture syriaque Maḏnhāyā s'est développée dans l'Empire sassanide entre le 3e et le 7e siècle JC, et était l'écriture utilisée par l'Église d'Orient, ce qui suggère que la traduction de Guèze a été réalisée des centaines d'années après la traduction grecque perdue, à partir d'un texte obtenu auprès de l'Église d'Orient.

La seule copie syriaque de l'Apocalypse est le Manuscrit B.21 Inf. (fols. 267a-276b) de la Biblioteca Ambrosiana de Milan, qui contient un verset légèrement différent, concernant un « commandant d'Israélites mais pas d'Araméens. » Le Manuscrit B.21 est daté du 6e ou 7e siècle, ce qui en fait le plus ancien manuscrit complet de l'apocalypse à avoir survécu jusqu'à aujourd'hui, toutes langues confondues. Cependant, les versions latine, guèze, vieil arménien, vieux géorgien et vieux slavon de l'apocalypse confirment toutes l'existence d'une version alternative de l'apocalypse en syriaque.

Si les erreurs de scribe peuvent expliquer le changement de nom de l'exilarque, il est étrange que Salathiel se rende lui-même en visite, puisqu'il est apparemment l'auteur de l'Apocalypse. Cela suggère que la version originale de l'Apocalypse a été écrite par quelqu'un d'autre, que Salathiel connaissait, et que l'Apocalypse a ensuite été réattribuée à Salathiel. Si tel est le cas, la question de l'identité de cet Ezra se pose à nouveau. Une théorie veut que le nom d'Esdras soit dérivé du nom d'Azarias, car le nom d'Ea n'était pas prononcé en Babylonie. Ea était le nom de l'ancien dieu mésopotamien des inondations, mais on l'appelait généralement le « dieu terrible. » Azarias est le nom de l'un des trois jeunes gens qui accompagnaient Daniel en Babylonie dans certaines versions du Livre de Daniel, mais il aurait été jeté dans une fournaise lorsque Jérusalem s'est rebellée contre l'autorité de Nabuchodonosor, et il a ensuite disparu du texte de Daniel. Comme il est rapporté qu'il a été sauvé de la fournaise par un messager vêtu de blanc, il est possible qu'il soit resté à Babylone et qu'il s'agisse de son apocalypse.

Par ailleurs, si la version syriaque est plus exacte, ce passage sur la visite du commandant à l'auteur peut faire référence à un fonctionnaire babylonien ou à l'exilarque Jeconiah avant sa mort. Comme la plupart des manuscrits incluent un nom comme Phalthihel ou Filïkätyal, Phalthihel est utilisé dans cette traduction. Cependant, comme tous les manuscrits n'incluent pas un nom, celui-ci est entre parenthèses, tout comme l'ajout « et non les Araméens » que l'on trouve dans le manuscrit syriaque.

3 Codex Sangermanensis : anima. Traduction : vie

Le terme latin anima a été utilisé pour traduire le terme grec psyche (ψυχή), qui était lui-même une traduction du terme hébreu nefesh (נֶפֶשׁ) qui se traduisent tous deux par esprit, vie, âme ou personne.

Apocalypse judaïque d'Esdras : Chapitre 4

Il m'a répondu : « Au commencement, lorsque la terre a été faite, avant que les bords du monde ne se dressent, ou que les vents ne soufflent, avant qu'il n'y ait des tonnerres et des éclairs, ou que les fondements du paradis ne soient posés, avant que les belles fleurs ne soient vues, ou même que les puissances mobiles ne soient établies. Avant que la multitude innombrable des messagers ne soit rassemblée, ou que les hauteurs de l'air ne soient élevées. Avant que les mesures du firmament ne soient nommées, ou que les cheminées de Sion ne soient chaudes. Avant que les années présentes aient été planifiées, et que les inventions de ceux qui pèchent maintenant aient commencé. Avant que ne soient scellés ceux qui ont amassé la foi comme un trésor, j'ai considéré ces choses, et c'est par moi seul qu'elles ont été faites, et par nul autre. C'est par moi aussi qu'elles s'achèveront, et par nul autre. »

Je répondis : « Quand viendra la division des temps ? Quand finira le premier, et quand commencera le suivant ? »

Il me répondit : « Depuis Abraham jusqu'à Isaac, lorsque Jacob et Ésaü sont nés de lui, la main de Jacob a d'abord tenu le talon d'Ésaü. Esaü était la fin du monde, et Jacob est le commencement de ce qui suit. La main de l'homme est entre le talon et la main. Ezra, avez-vous une autre question à poser ? »

Je répondis alors et demandai : « Seigneur dominant, si j'ai trouvé grâce à tes yeux, je te prie de montrer à ton serviteur la fin de tes signes, que tu m'as montrés en partie la nuit précédente. »

Il me répondit : « Tenez-vous debout, et vous entendrez une voix puissante. Ce sera comme un grand mouvement, mais le lieu où tu te tiens ne bougera pas. Quand elle parlera, ne craignez pas, car la parole concerne la fin, et les fondements de la terre sont compris. Pourquoi ? Parce que la parole de ces choses tremble et s'émeut. Il sait que la fin de ces choses doit être changée. »

Lorsque je l'eus entendue, je me dressai sur mes pieds, j'écoutai, et voici qu'une voix s'éleva, dont le son était comme le bruit de grandes eaux. Elle disait : « Voici, les jours approchent où je commencerai à m'approcher et à visiter les habitants du pays, et où je commencerai à les interroger pour savoir qui sont ceux qui ont fait du tort à l'injustice par leur iniquité, et alors la détresse de Sion s'accomplira. Lorsque le monde commencera à disparaître et qu'il sera achevé, je donnerai ces signes : les livres seront ouverts devant la voûte céleste, et ils verront tous ensemble. Les enfants d'un an parleront avec leur voix, les femmes enceintes mettront au monde des enfants prématurés de trois ou quatre mois, et ils vivront et seront élevés. Soudain, les terres cultivées deviendront sauvages, et les greniers pleins seront trouvés vides. La trompette sonnera, et quand tous les hommes l'entendront, ils auront soudain peur. En ce temps-là, les amis se battront les uns contre les autres comme des ennemis, et la terre sera saisie d'effroi avec ceux qui l'habitent. Les sources des fontaines s'arrêteront, et pendant trois heures elles ne couleront pas. »

« Celui qui restera de tout ce que je vous ai dit échappera, verra mon salut et la fin de votre monde. Les hommes reçus le verront, eux qui n'ont pas goûté la mort dès leur naissance, et le cœur des habitants sera changé, et tourné dans un autre sens, car le mal sera mis en échec, et la tromperie s'éteindra. Quant à la foi, elle fleurira, la corruption sera vaincue, et la vérité, restée si longtemps sans fruit, sera proclamée. »

Quand il me parlait, je regardais peu à peu celui devant qui je me tenais. Il me dit alors : « Je suis venu vous montrer le temps de la nuit à venir. Si tu pries encore et si tu jeûnes encore sept jours, je te dirai ce jour-là des choses plus grandes que celles que j'ai entendues. Car votre voix se fait entendre devant le Très-Haut. Le Puissant a vu votre conduite juste, il a vu aussi votre chasteté, que vous avez eue dès votre jeunesse.

C'est pourquoi il m'a envoyé pour vous montrer toutes ces choses, et pour vous dire : Soyez rassurés, et ne craignez rien. Ne vous empressez pas d'avoir de vaines pensées sur les temps passés, afin de ne pas vous précipiter sur les derniers temps. »

Après cela, je pleurai de nouveau, et je jeûnai sept jours comme auparavant, afin d'accomplir les trois semaines qu'il m'avait dites. La huitième nuit, mon cœur se troubla de nouveau au-dedans de moi, et je me mis à parler devant le Très-Haut. Mon esprit était très enflammé, et j'étais dans l'angoisse.

Je dis : « Seigneur, tu as parlé dès le commencement de la création, dès le premier jour, et tu as dit : ‹ Que le ciel et la terre soient faits, › et ta parole a été une œuvre parfaite. Alors, l'esprit, les ténèbres et le silence étaient partout, et le son de la voix de l'homme n'était pas encore formé. Alors tu as ordonné qu'une lumière magnifique sorte de tes trésors, afin que ton œuvre apparaisse. »

« Le deuxième jour, vous avez créé l'esprit de l'étendue, et vous lui avez ordonné de se séparer et de faire une division entre les eaux, afin que l'une monte et que l'autre reste en bas. »

« Le troisième jour, vous avez ordonné que les eaux soient rassemblées dans la septième partie de la terre, dont vous avez desséché six parties, et vous les avez gardées, dans l'intention que certaines d'entre elles soient plantées par Dieu et cultivées pour vous servir. Dès que votre parole a été prononcée, l'œuvre a été accomplie. Car aussitôt il y eut des fruits abondants et innombrables, des plaisirs gustatifs nombreux et variés, des fleurs d'une couleur inaltérable, et des parfums d'une odeur merveilleuse, et cela se fit le troisième jour. »

« Le quatrième jour, vous avez ordonné au Soleil de briller, à la Lune de donner sa lumière et aux étoiles de s'organiser, et vous leur avez ordonné de servir l'homme qui restait à faire. »

« Le cinquième jour, tu as dit à la septième partie, où se trouvaient les eaux, de faire sortir des êtres vivants, des oiseaux et des poissons, et c'est ce qui est arrivé. Car l'eau sans vie a produit des êtres vivants sur l'ordre de Dieu, afin que tous les peuples célèbrent tes merveilles. Puis tu as créé deux espèces d'êtres vivants : l'une que tu as appelée lézard,[1] et l'autre léviathan.[2] Tu les séparas l'un de l'autre, car la septième partie, celle où s'amassent les eaux, ne pouvait les contenir tous les deux. Au lézard, vous avez donné une partie, qui a séché le troisième jour, pour qu'il vive dans la région où il y a mille collines, mais au Léviathan vous avez donné la septième partie, c'est-à-dire l'eau, et vous l'avez gardé pour qu'il dévore qui vous voulez. »

« Le sixième jour, tu as donné à la terre l'ordre de produire des bêtes, du bétail et des reptiles. Après cela, il y eut Adam, que vous avez établi maître de toutes vos créatures. C'est de lui que nous sommes tous issus, ainsi que les hommes que vous avez choisis. J'ai dit tout cela devant toi, Seigneur, parce que c'est pour nous que tu as créé le monde. Quant aux autres peuples, qui viennent aussi d'Adam, vous avez dit qu'ils ne sont rien, mais qu'ils sont comme du crachat, et vous avez comparé leur abondance à une goutte qui tombe d'un vase. Maintenant, Seigneur, voyez ces païens, qui ont toujours été considérés comme des riens et qui se sont mis à être nos maîtres et à nous dévorer. Nous sommes livrés entre leurs mains, nous qui sommes ton peuple, que tu as appelé ton premier-né, ton unique, et ton amour le plus fervent. Si le monde est fait pour nous, pourquoi n'avons-nous pas d'héritage dans le monde ? Combien de temps cela durera-t-il ? »

Apocalypse judaïque d'Esdras : Chapitre 4 Notes

1 Codex Sangermanensis : Enoch. Traduction : Hénoch
• Manuscrit Add. 1570 : âimišidiliti (አምሽድሊት)

Enoch est la traduction latine du grec Enôch (Ενωχ) et de l'hébreu Chanoch (חֲנוֹךְ), devenu plus tard le français Hénoch. Plusieurs personnes sont connues sous le nom d'Hénoch dans la Torah. Il n'existe aucune preuve de l'existence d'un monstre nommé Hénok et, normalement, le Léviathan est associé au Béhémoth, ce qui suggère que l'auteur a confondu les deux noms. Cette hypothèse est tellement acceptée que certaines traductions modernes, comme l'édition standard révisée de la Bible chrétienne, substituent le nom de « Béhémoth » à celui « Hénoch. »

D'après le contexte et la phonétique, il est probable que le mot mal traduit par Enoch (Ενωχ) était ånq (ϴ), qui signifie « lézard » ou « reptile » dans les anciens dialectes cananéens et araméens. Il semble s'agir d'une interprétation ou d'une lecture alternative du terme remes (רֶמֶשׂ), signifiant « insectes, » que l'on trouve dans le premier récit de la création de Bereshit. La traduction grecque de Genèse cosmique utilise le terme herpetà (ἑρπετὰ), qui se traduit par « reptiles, » ce qui suggère que la version araméenne de Bereshit que les Grecs ont traduite faisait référence à des « reptiles » et non à des « insectes. » Cette erreur de traduction n'a pas pu se produire plus tard que la traduction grecque, car le traducteur latin n'a pas pu mal interpréter le mot grec herpetà (ἑρπετὰ) comme Enôch (Ενωχ). Cette erreur a probablement été commise lors de la traduction grecque, car ce mot se retrouve à la fois dans les dialectes cananéens et araméens, et il est donc peu probable qu'un traducteur sémite l'ait commise.

Les manuscrits de Guèze utilisent le nom Åimišɨdɨlitɨ (ኣምሽድሊት) dans le Manuscrit Add. 1570, qui pourrait être le résultat d'une erreur de scribe qui a échangé un NI (ን) avec un MɨI (ም) et un LA (ላ) avec un DɨI (ድ), ce qui signifie que le mot éthiopien antérieur était åinišɨlalitɨ (ኣንሽላሊት), ce qui signifie « lézard. » Le seul manuscrit syriaque qui subsiste contient un chapitre 4 plus court, qui ne mentionne ni Hénoch, ni reptile, ni Léviathan.

2 Codex Sangermanensis : Leviathan

- Manuscrit Add. 1570 : leûiyatanı (ܠܘܝܬܢܝ)

Leviathan est la traduction latine de l'araméen Lûytn (ܠܘܝܬܢ), et de l'hébreu Livyatan (לִוְיָתָן), tous deux basés sur le monstre marin cananéen de l'âge du bronze Ltn (𐎍𐎚𐎐). L'orthographe latine indique que le texte a été traduit en grec par Lewiathan (Λευιάθαν), mais ce nom n'a pas été utilisé dans la Septante, qui l'a remplacé par le mot « dragon » (δράκων) ou le nom Cetus (Κῆτος). La translittération grecque du nom utilisée dans les bibles modernes est Lebiathan (Λεβιάθαν), mais cette translittération est assez récente. Le seul manuscrit syriaque qui subsiste comporte un chapitre 4 plus court, qui ne mentionne pas le Léviathan.

Apocalypse judaïque d'Esdras : Chapitre 5

Lorsque j'eus achevé de prononcer ces paroles, le messager qui m'avait été envoyé les nuits précédentes revint et me dit : « Lève-toi, Esdras, et écoute les paroles que je suis venu te dire. »

Je répondis : « Parle, mon dieu. »

Il me dit : « La mer est placée dans un large espace, afin qu'elle soit profonde et grande. Mais si l'entrée était étroite et semblable à un fleuve, qui pourrait aller vers la mer pour la regarder et la gouverner ? S'il n'y a pas de passage par l'étroit, comment pourrait-il entrer dans le large ? Il y a encore autre chose : une ville est bâtie, elle est située sur un vaste terrain, et elle est pleine de toutes sortes de biens ; mais son entrée est étroite, et elle est placée dans un endroit dangereux où l'on peut tomber, comme s'il y avait à droite un feu, et à gauche des eaux profondes. Entre le feu et l'eau, il n'y a qu'un seul chemin, si étroit qu'un seul homme peut y aller à la fois. Si cette ville était maintenant donnée en héritage à un homme, et s'il ne franchissait jamais le danger qui se trouve en dehors d'elle, comment recevrait-il cet héritage ? »

J'ai dit : « C'est ainsi, seigneur. »

Il me répondit : « Il en est de même pour Israël. C'est pour eux que j'ai créé le monde, et quand Adam a transgressé mes lois, j'ai décrété ce qui est arrivé jusqu'à présent. C'est alors que les entrées de ce monde ont été rendues étroites, pleines de peines et de combats. Elles sont peu nombreuses et mauvaises, pleines de périls et très pénibles. Car les entrées de l'ancien monde étaient larges et sûres, et portaient des fruits immortels. Si donc les vivants ne s'efforcent pas d'entrer dans ces choses étroites et vaines, ils ne pourront jamais recevoir ce qui leur est réservé. Pourquoi donc se troubler, puisqu'on n'est qu'un homme corruptible ? Pourquoi s'émouvoir, puisqu'on n'est qu'un mortel ? Pourquoi n'avez-vous pas pensé à ce qui est à venir, plutôt qu'à ce qui est présent ? »

Je répondis : « Seigneur dominant, tu as ordonné dans ta loi que les justes héritent de ces choses, mais que les impies périssent. Cependant, les justes permettront les choses étroites et espéreront l'étendue, car les méchants ont permis les choses droites et ne verront pas l'étendue. »

Il me répondit : « Il n'y a pas de juge au-dessus de Dieu, ni d'interprète au-dessus du Très-Haut. Car beaucoup périssent en cette vie, parce qu'ils méprisent la loi de Dieu qui leur est proposée. Dieu a donné à ceux qui sont venus des commandements sur ce qu'ils doivent faire pour vivre comme ils sont venus, et sur ce qu'ils doivent observer pour éviter le châtiment. Mais ils ne lui ont pas obéi ; ils ont parlé contre lui, ils ont eu des pensées vaines, ils se sont égarés eux-mêmes par leurs mauvaises actions, ils ont dit du Très-Haut qu'il n'existait pas, et ils n'ont pas connu ses voies. Ils ont haï sa loi et renié ses alliances. Ils n'ont pas été fidèles à ses statues, Ils n'ont pas accompli ses oeuvres. C'est pourquoi, Esdras, les choses vides sont pour les vides, et les choses pleines sont pour les pleins. Voici, le temps viendra où ces signes que je vous ai annoncés s'accompliront, et l'épouse apparaîtra, et on la verra sortir, alors qu'elle a été enlevée de la terre. Celui qui sera délivré des maux susmentionnés verra mes merveilles. »

(« Mon descendant Josué[1] sera révélé avec ceux qui sont avec lui, et ceux qui resteront se réjouiront pendant quatre cents ans. Après ces années, mon descendant[2] oint[3] mourra, ainsi que tous les hommes qui ont la vie. »)[4]

« Le monde sera ramené au silence ancien pendant sept jours, comme lors des jugements précédents, de sorte qu'il n'y aura plus d'homme. Après sept jours, le monde qui ne s'est pas encore réveillé se lèvera, et ce qui est corrompu mourra. La terre rendra à ceux qui dorment en elle, la poussière rendra à ceux qui vivent dans le silence, et les lieux secrets délivreront les esprits qui y étaient enfermés. Les plus hauts apparaîtront sur le siège du jugement, et la misère s'évanouira, car la longue patience aura pris fin. Cependant, le jugement demeurera, la vérité se maintiendra et la foi se renforcera. L'œuvre suivra, et la récompense apparaîtra, et les bonnes actions seront renforcées, et les mauvaises actions ne domineront plus. »

Je répondis : « Abraham pria d'abord pour les Sodomites, Moïse pour les pères qui avaient péché dans le désert, Josué après lui pour Israël au temps d'Acan, Samuel au temps de Saül, David pour la peste, Salomon pour ceux qui devaient venir au sanctuaire, Elie pour ceux qui recevaient la pluie et pour les morts afin qu'ils vivent, Ezéchias pour le peuple au temps de Sennachérib, et bien d'autres encore pour beaucoup d'autres. De même, maintenant que la corruption a grandi et que la méchanceté s'est accrue, et que les justes ont prié pour les impies, pourquoi n'en serait-il pas de même aujourd'hui ? »

Il me répondit : « La vie présente n'est pas le terme où demeure la gloire ; c'est pourquoi ils ont prié pour les faibles. Mais le jour du destin sera la fin de ce temps, et le commencement de l'immortalité à venir, dans laquelle la corruption a disparu. L'intempérance a pris fin, l'infidélité a disparu, la justice s'est développée et la vérité a germé. Alors nul ne pourra sauver celui qui est détruit, ni opprimer celui qui a vaincu. »

J'ai répondu : « C'était ma première et c'est ma dernière déclaration : il aurait mieux valu donner la terre à Adam, ou bien, quand elle lui a été donnée, l'empêcher de pécher. Quel avantage y a-t-il pour les hommes, en ce temps présent, à vivre dans la lutte et, après la mort, à chercher le châtiment ? Adam, qu'as-tu fait ? Même si c'est vous qui avez péché, vous n'êtes pas tombé seul, mais nous tous qui sommes issus de vous. Quel avantage y a-t-il pour nous, si l'on nous promet un temps immortel, alors que nous avons commis les œuvres qui entraînent la mort ? Ou qu'une espérance éternelle nous soit promise, mais que nous soyons nous-mêmes rendus vains par notre méchanceté ? Qu'il nous soit réservé des demeures de santé et de sécurité, mais que nous ayons mal vécu ? Que la gloire du Très-Haut soit gardée pour défendre ceux qui ont mené une vie prudente, mais nous avons suivi les voies les plus mauvaises de toutes ? Qu'on nous montre un paradis dont les fruits durent toujours, où règnent la sécurité et la santé, et que nous n'y entrions pas ? (Car nous avons marché dans des lieux désagréables.) Que le visage des abstinents brille au-dessus des étoiles, tandis que le nôtre est plus noir que les ténèbres ? Car, pendant que nous vivions et commettions l'iniquité, nous n'avons pas songé que nous devions commencer à l'attendre aussi après la mort. »

Il me répondit alors : « Tel est l'état du combat que mènera l'homme qui naît sur la terre. S'il est vaincu, il s'attendra à ce que vous avez dit, mais s'il est victorieux, il recevra ce que j'ai dit. Car telle est la vie dont Moïse a parlé au peuple de son vivant, lorsqu'il a dit : ‹ Choisissez la vie, afin que vous viviez. › Mais ils ne l'ont pas cru, ni les prophètes après lui, ni moi qui leur ai aussi parlé. Sinon, il n'y aurait pas une telle pesanteur dans leur ruine, et il y aurait de la joie pour ceux qui sont persuadés du salut. »

Je répondis alors : « Je sais, Seigneur, que le Très-Haut est appelé miséricordieux, en ce sens qu'il a pitié de ceux qui ne sont pas encore venus au monde et de ceux qui suivent sa loi. Il est patient et permet longtemps à ceux qui ont péché d'être son peuple. Il est généreux, car il est prêt à donner là où c'est nécessaire. Il est d'une grande miséricorde, car il multiplie les miséricordes envers ceux qui sont présents, ceux qui sont passés et ceux qui sont à venir. Car s'il ne multipliait pas ses miséricordes, le monde ne subsisterait pas avec ceux qui en héritent. Il pardonne, car s'il ne le faisait pas dans sa bonté, ceux qui ont commis des fautes en seraient soulagés, et un dix-millième des hommes ne resterait pas en vie. Étant juge, s'il ne pardonnait pas à ceux qui sont guéris par sa parole, et s'il n'éteignait pas la multitude des contestations, il en resterait bien peu d'une multitude innombrable. »

Apocalypse judaïque d'Esdras : Chapitre 5 Notes

1 Codex Ambianensis: Iesus

Le nom latin Iesus est une translittération du nom grec Iēsoũs (Ἰησοῦς), qui est généralement considéré comme un ajout chrétien à l'Apocalypse et parfois supprimé des traductions. Néanmoins, le nom est utilisé dans la Septante et aurait donc pu figurer dans la version préchrétienne de l'Apocalypse. Selon les livres d'Esdras, l'un de ces Jésus était Jésus ben Jehozadak, qui accompagna Zorobabel à Jérusalem et fut le premier grand prêtre du second temple que Zorobabel construisit selon les écrits de Zacharie. La traduction hébraïque du nom était Yeshua' (יֵשׁוּעַ) dans Esdras-Néhémie et Yehoshua' (יְהוֹשֻׁעַ) dans Zacharie. Ces deux noms semblent être des noms judaïques populaires, bien qu'il n'y ait aucune référence spécifique à un descendant de Salathiel portant l'un de ces noms jusqu'à Jésus ben Joseph. Comme le texte original semble avoir été écrit en judaïsme, le nom de Josué est utilisé, car il s'agit de la traduction courante de l'hébreu Yehoshua' (יְהוֹשֻׁעַ).

2 Codex Ambianensis: filius

Le terme latin se traduit par « fils, » mais il désigne également tout héritier mâle. Le mot est probablement une traduction du mot grec huios (υἱός), qui se traduit également par « fils. » Le terme original était probablement le mot judaïque bn (𐤁𐤍), le mot araméen brå (ברא), ou le mot hébreu ben (בֵּן), selon la langue dans laquelle le livre a été composé. Toutes les versions sémitiques du mot font référence soit à un « fils, » soit à un « descendant mâle » comme le terme latin, et comme la prophétie était liée à un règne de 400 ans, elle est traduite par « descendant » dans ce verset. Si le verset a été ajouté par Jésus/Jason, fils de Simon II, il aurait été lu comme une note scribale attribuée à Simon II, et le mot aurait été traduit par « fils. »

3 Codex Ambianensis: Christus

Le terme latin est une traduction du mot grec Christos (Χριστός), ce qui confirme que le texte a été traduit à partir d'une copie grecque. Le terme original est accepté comme étant soit le mšyt (ᗺᘔ𐤅𐤉) judaïque, soit le mšyt (ᔕ⌃ᴜ𐤉) araméen, soit le mashach (מָשַׁח) hébreu, en fonction de la langue dans laquelle on accepte que le texte soit originaire. La traduction grecque et les termes sémitiques signifient tous deux « oint, » ce qui indique que ce texte aurait été lu comme une prophétie d'un futur roi de Juda avant l'ère chrétienne. Comme le messie en question était censé être mort pendant sept jours avant que les morts ne reviennent sur terre, il ne peut s'agir d'une référence à Jésus ben Joseph, le messie chrétien, mais il est presque certain qu'il s'agissait d'une prédiction concernant un roi de Jérusalem issu de la lignée de Salathiel. Comme l'auteur de l'Évangile de Luc a placé Jésus dans la lignée de Salathiel par l'intermédiaire de son père humain Joseph, cela suggère fortement que l'Apocalypse d'Esdras était en usage en Judée au début du 1er siècle de notre ère.

Sur la base de la datation interne du texte à 557 avant JC, et de la prédiction de l'époque en question 400 ans plus tard, cela indique une date de 157 avant JC, ce qui implique qu'il a été remanié au début de la dynastie hasmonéenne. La dynastie hasmonéenne ne descendait pas de la famille royale ou de la tribu de Juda, ce qui suggère que l'Apocalypse a été utilisée par une faction anti-hasmonéenne. Si c'est le cas, cela expliquerait pourquoi ils n'ont jamais traduit une copie hébraïque du livre.

4 Comme ce verset ne figure pas dans toutes les versions de l'Apocalypse, cette phrase est généralement considérée comme un ajout de l'ère chrétienne, mais elle n'a aucun sens dans un contexte chrétien. Jésus n'a pas vécu 400 ans, et comme l'Apocalypse a été traduite en grec vers l'an 100, il est très peu probable qu'il s'agisse d'une prophétie sur la résurrection de Jésus en l'an 400. Jésus n'a pas non plus construit une montagne et n'a pas hurlé le feu et les éclairs sur les armées païennes, ni ramené les tribus perdues d'Israël en Judée et en Samarie. Il est probable que cette phrase faisait à l'origine partie d'une autre prédiction qui a été mal interprétée en raison de l'inclusion du nom de Jésus.

Sur la base du concept d'une période de 400 ans, il pourrait s'agir d'une modification apportée par Jésus, le fils de Simon II, qui a soudoyé des fonctionnaires grecs pour qu'ils fassent de lui le grand prêtre du second temple de Jérusalem en 175 avant JC. Simon II est resté grand prêtre jusqu'à sa mort, que différentes sources situent en 199 ou 196 avant JC, après quoi son fils Onias III est devenu grand prêtre. Simon et Onias sont tous deux considérés comme de bons grands prêtres, mais Jésus, qui a changé son nom en Jason, a contesté le sacerdoce d'Onias et, à la mort de ce dernier en 175 avant JC, a été accepté comme nouveau grand prêtre par les autorités grecques. Pour que Jason soit accepté par les Grecs, il aurait fallu qu'il ait un grand nombre de partisans en Judée du vivant d'Onias, ce qui est le cas d'après les archives. Cela suggère qu'il avait trouvé ou fabriqué une prophétie qui soutenait sa revendication plutôt que celle de son frère. Si la période de 400 ans est interprétée comme une référence au temps écoulé depuis la chute de Jérusalem en 587 avant JC, alors la « prophétie » aurait été publiée au moment de la mort de Simon en 199/196 avant JC, suggérant une restauration du temple en 187 avant JC. Cette prophétie aurait probablement été ajoutée à la copie judéenne existante de l'Apocalypse sous la forme d'une note scribale attribuée à Simon II, qui aurait alors été interprétée comme la désignation par Simon II de Jésus à la place d'Onias en tant qu'héritier. Jésus/Jason avait des opinions très contraires à celles de Simon et d'Onias, soutenant l'hellénisation des Judéens et l'interprétation du dieu grec Dionysos et du dieu phrygien Sabazious comme le dieu ancestral des Israélites Saboath. Ces opinions n'ont pas été largement acceptées et ont finalement conduit à la révolte des Maccabées, qui a chassé les Grecs et d'autres non-Israélites de Judée.

Apocalypse judaïque d'Esdras : Chapitre 6

Il me répondit : « Le Très-Haut a fait ce monde pour beaucoup, mais le monde à venir pour peu. Je vais vous poser une énigme, Ezra : Si vous interrogez la terre, elle vous dira qu'elle donne beaucoup de boue dont on fait les vases de terre, mais qu'il n'en sort que très peu de poussière d'or. C'est ainsi que se présente le monde actuel. Beaucoup seront créés, mais peu seront sauvés. »

Je répondis : « Que mon esprit avale l'intelligence et dévore la sagesse ! Vous avez accepté d'écouter et de prophétiser, car vous n'avez plus le temps de vivre. Seigneur, si tu ne permets pas à tes serviteurs de prier devant toi, de donner de la semence à notre cœur et de la culture à notre intelligence, pour qu'il en sorte du fruit, comment vivra l'homme corrompu ? Qui prend la place d'un homme ? Vous êtes seul, et nous sommes tous une œuvre de vos mains, comme vous l'avez dit. Lorsque le corps est créé dans le sein de la mère et que vous lui donnez des membres, votre corps est conservé dans le feu et l'eau, et pendant neuf mois, votre œuvre fait vivre votre corps, qui est créé en elle.Mais ce qui survit et est protégé sera préservé, et, le moment venu, le ventre de la mère livrera les choses qui y ont poussé. Tu as ordonné que des parties du corps, c'est-à-dire des seins, soit donné le lait, qui est le fruit des seins, afin que ce qui a été créé soit nourri pendant un certain temps, comme tu le disposes selon ta miséricorde. Tu l'as élevée par ta justice,

tu l'as nourrie par ta loi, tu l'as réformée par ton jugement. Vous le mortifierez comme votre corps, et vous le
vivifierez comme votre oeuvre. C'est pourquoi, si vous
voulez détruire celui qui a été créé avec un si grand
travail, c'est une chose simple que d'être ordonné par
votre commandement, afin que la chose qui a été faite
puisse être sauvée. »

« Maintenant, Seigneur, je parlerai de l'homme en
général. Tu sais mieux que moi ce qu'il en est, mais en
ce qui concerne ton peuple, pour lequel je suis désolé,
ton héritage, pour lequel je suis en deuil, Israël, pour
lequel je suis accablé, et Jacob, pour lequel je suis troublé,
je vais me mettre à prier devant toi, pour moi et pour
eux, car je vois notre chute, à nous qui habitons le pays.
J'ai entendu parler de la rapidité du juge qui doit venir.
Écoutez donc ma voix et comprenez mes paroles, et je
vous parlerai. »

C'est le début des paroles d'Esdras avant qu'il ne soit
enlevé.

Je disais : « Seigneur, toi qui vis dans l'immortalité, qui
vois d'en haut les choses du ciel et de l'air, dont le trône
est inestimable et la gloire incompréhensible, devant qui
les armées de messagers se tiennent en tremblant, dont
le service s'appuie sur le vent et le feu, dont la parole est
vraie, et les paroles, des paroles de Dieu, dont la parole est

vraie et les paroles constantes, dont le commandement est fort et l'ordonnance redoutable, dont le regard dessèche les abîmes et la colère fait fondre les montagnes, qui témoigne de la vérité, écoute la prière de ton serviteur, et prête l'oreille à la requête de ton corps. »

« Tant que je vivrai, je parlerai, et si je comprends, je répondrai. Ne regardez pas les péchés de votre peuple, mais ceux qui vous servent en vérité. Ne considérez pas les méchantes inventions des païens, mais le désir de ceux qui gardent vos préceptes pendant les fléaux. Ne pensez pas à ceux qui ont prétendu marcher devant vous, mais souvenez-vous de ceux qui vous ont craint. Ne laissez pas votre volonté détruire ceux qui ont vécu comme des animaux, mais voyez ceux qui ont enseigné clairement votre loi. Ne t'indigne pas de ceux qui sont jugés pires que des animaux, mais aime ceux qui mettent toujours leur confiance dans ta justice et ta gloire. »

« Nous et nos pères luttons contre de telles maladies, mais à cause de nous, pécheurs, vous serez appelés miséricordieux. Si vous avez pitié de nous, vous serez appelé à avoir pitié de nous, qui n'avons pas fait d'œuvres de justice. Car les justes, qui ont accumulé chez vous beaucoup de bonnes oeuvres, recevront la récompense de leurs propres oeuvres. Qu'est-ce que l'homme, pour qu'on le prenne en grippe ? Qu'est-ce que la génération corrompue, pour que vous soyez si amers à son égard ?

En vérité, il n'est pas né d'homme qui n'ait fait le mal, et parmi les fidèles, il n'en est pas qui n'ait mal agi. Car c'est en cela, Seigneur, que se manifestent votre justice et votre bonté, si vous êtes miséricordieux envers ceux qui n'ont pas confiance dans les bonnes oeuvres. »

Il me répondit : « Il y a des choses que vous avez dites qui sont justes, et il en sera ainsi. En effet, je ne penserai pas à la situation de ceux qui ont péché avant la mort, avant le jugement et avant la destruction. Je me réjouirai du sort des justes, et je me souviendrai de leur pèlerinage, de leur salut et de leur récompense. Ce que j'ai dit maintenant s'accomplira. Comme le laboureur jette en terre beaucoup de semence, et plante beaucoup d'arbres, ce qui a été bien semé en son temps ne lève pas, et tout ce qui a été planté ne prend pas racine. Il en est de même de ceux qui sont semés dans le monde. Ils ne seront pas tous sauvés. »

J'ai répondu : « Si j'ai trouvé grâce, que je parle. De même que la semence du cultivateur périt, si elle ne lève pas et ne reçoit pas ta pluie en temps voulu, ou si la pluie est trop abondante et la détruit, de même périt l'homme, formé de tes mains et créé à ton image, parce que tu es semblable à lui, pour qui tu as tout fait, et que tu l'as comparé à la semence du cultivateur. Ne t'irrite pas contre nous, mais épargne ton peuple, et aie pitié de ton héritage, car tu as pitié de ton corps. »

Il me répondit : « Les choses présentes sont pour les choses présentes, et les choses à venir sont pour les choses à venir. Vous n'êtes pas capables d'aimer mon corps plus que moi, mais je me suis souvent approché de vous et de lui, et jamais des injustes. C'est en cela aussi que vous êtes admirable devant le Très-Haut. C'est parce que vous vous êtes humilié, comme il convient, et que vous ne vous êtes pas jugé digne d'être grandement glorifié parmi les justes. Car beaucoup de grandes misères seront faites à ceux qui, dans la suite des temps, vivront dans le monde, parce qu'ils auront marché dans un grand orgueil. Mais comprenez-vous, et recherchez la gloire de ceux qui vous ressemblent. Le paradis vous est ouvert. L'arbre de vie est planté. Le temps à venir est préparé. L'abondance est préparée. Une ville est construite et la paix est permise. Oui, la bonté et la sagesse parfaites. La racine du mal est enfermée loin de vous, la faiblesse et la mite sont cachées loin de vous, et la corruption s'est enfuie dans les profondeurs de la terre pour être oubliée. Les chagrins sont passés, et à la fin, le trésor de l'immortalité est montré. »

« C'est pourquoi ne vous interrogez plus sur la multitude de ceux qui périssent ; car, lorsqu'ils étaient libres, ils ont haï le Très-Haut, ils ont voulu se moquer de sa loi, et ils ont oublié ses voies. Ils ont foulé aux pieds ses justes, et ils ont dit en leur coeur : 'Il n'y a pas de Dieu', et c'est pourquoi ils doivent mourir. Vous recevrez ce que vous avez demandé, mais la soif et la souffrance leur sont préparées, car il n'a pas voulu que les hommes soient réduits à néant. Ceux qui ont été créés ont profané le nom de celui qui les a faits et ont été reconnaissants envers celui qui leur avait préparé la vie. C'est pourquoi mon jugement est proche. Ce n'est pas à tous les hommes que j'ai montré ces choses, mais à toi et à quelques-uns comme toi. »

Je lui répondis : « Voici, Seigneur, que tu m'as montré une multitude de prodiges que tu commenceras à faire dans les derniers temps ; mais quand cela arrivera, tu ne me l'as pas dit. »

Apocalypse judaïque d'Esdras : Chapitre 7

Il me répondit alors : « Mesurez bien le temps, et lorsque vous verrez se produire certains des signes que j'ai déjà mentionnés, vous comprendrez que c'est le moment où le Très-Haut commencera à visiter le monde qu'il a créé. C'est pourquoi, lorsqu'il y aura des tremblements de terre et du tumulte parmi les gens dans le monde, vous comprendrez que le Très-Haut a prédit les choses depuis les jours qui ont précédé, depuis le commencement. En effet, tout ce qui se fait dans le monde a un commencement et une fin, et la fin est manifeste. De même, les temps du Très-Haut ont un commencement pour les prodiges et les œuvres puissantes, et une fin pour les effets et les signes. »

« Tous ceux qui seront sauvés, et qui pourront échapper par leurs oeuvres et par la foi à ce qu'ils ont cru, seront sauvés de ces périls et verront mon salut sur ma terre et dans mes frontières, car je les ai sanctifiées pour moi dès le commencement. Ceux qui abusent maintenant de mes voies seront dans un lieu pitoyable, et ceux qui les ont rejetées avec haine vivront dans le tourment. Ceux qui, dans leur vie, ont reçu des bienfaits et ne m'ont pas connu, et ceux qui ont détesté ma loi alors qu'ils avaient encore la liberté, et qui, lorsqu'il leur restait un lieu de repentir, ne l'ont pas comprise, mais l'ont haïe, ceux-là devront la connaître après la mort, par la souffrance. Ne vous demandez donc pas comment les impies seront punis, ni quand, mais demandez comment les justes seront sauvés, pour qui est le monde et pour qui le monde a été créé. »

Je répondis alors : « J'ai déjà dit, je répète, et je le dirai encore, que ceux qui périssent sont beaucoup plus nombreux que ceux qui seront sauvés, comme une vague est plus grande qu'une goutte d'eau. »

Il répondit : « Tel est le champ, telle est la semence. Comme les fleurs, telles sont les couleurs. L'ouvrier est, comme est l'œuvre. Comme l'agriculteur est lui-même, ainsi est sa ferme, car c'était le temps du monde. Lorsque je préparais le monde, qui n'était pas encore fait, pour qu'il soit habité par ceux qui vivent maintenant, personne ne s'opposait à moi. Alors tous obéissaient, mais maintenant les mœurs de ceux qui sont créés dans ce monde sont corrompues par une semence perpétuelle et par une loi insondable, et ils se gouvernent eux-mêmes. Je considérai donc le monde, et voici qu'il était en péril à cause des artifices qui s'y étaient introduits. Je l'ai vu et je l'ai épargné, et j'ai gardé une grappe de raisin et une plante d'un grand peuple. Que périsse donc la multitude de ceux qui sont nés en vain, et que l'on garde ma grappe et mon plant, car c'est avec un grand travail que je l'ai rendu parfait. Cependant, si vous vous arrêtez encore sept jours, (mais vous ne jeûnerez pas pendant ces sept jours, et vous irez dans un champ de fleurs, où il n'y a pas de maison, et vous ne mangerez que les fleurs du champ. Ne mangez pas de viande et ne buvez pas de vin, mais mangez seulement des fleurs) et priez continuellement le Très-Haut, alors je viendrai et je parlerai avec vous. »

J'allai dans le champ appelé Ardat,[1] comme il me l'avait ordonné, et là je m'assis parmi les fleurs, et je mangeai les plantes des champs, dont la chair me rassasiait. Au bout de sept jours que j'étais assis sur l'herbe, mon coeur fut troublé au dedans de moi, comme auparavant ; j'ouvris la bouche, et je me mis à parler devant le Très-Haut, en disant : ‹ Seigneur, toi qui t'es montré à nous, tu t'es montré à nos pères dans le désert, dans un lieu que personne ne foule, dans un lieu stérile, lorsqu'ils sont sortis d'Égypte. › Tu as dit : ‹ Écoute-moi, Israël, et enregistre mes paroles, race de Jacob. Voici, je sème en toi ma loi, elle portera du fruit en toi, et tu seras honoré en elle à jamais. › Mais nos pères, qui ont reçu la loi, ne l'ont pas observée et n'ont pas suivi vos ordonnances ; et bien que le fruit de votre loi ne soit pas mort, et qu'il ne l'ait pas pu puisqu'il était à vous, ceux qui l'ont reçue ont péri parce qu'ils n'ont pas gardé ce qui avait été semé en eux. Lorsque la terre a reçu une semence, ou la mer un navire, ou un récipient quelconque de la nourriture ou de la boisson, il est d'usage que ce qui a été semé ou jeté périsse, et que ce qui a été semé ou jeté, ou reçu, périsse aussi et ne reste pas avec nous. Or, pour nous, il n'en est pas ainsi. Nous qui avons reçu la loi, nous périssons par le péché, et notre coeur le reçoit aussi. Cependant, la loi ne périt pas, mais elle demeure en vigueur. »

Comme je disais cela dans mon coeur, je regardai autour de moi, et à droite, je vis une femme qui se lamentait et pleurait bruyamment, et mon coeur fut très attristé. Ses vêtements étaient déchirés et elle avait de la cendre sur la tête. J'ai réfléchi et je me suis tourné vers elle en lui demandant : « Pourquoi pleures-tu ? Pourquoi votre esprit est-il si attristé ? »

Elle me répondit : « Monsieur, laissez-moi seule, afin que je pleure toute seule et que j'ajoute à mon chagrin, car je suis très blessée dans mon esprit et très abattue. »

Je lui demandai : « Qu'avez-vous ? Dites-le-moi. »

Elle me répondit : « Moi, votre servante, j'ai été stérile et je n'ai pas eu d'enfant, bien que j'aie eu un mari pendant trente ans. Pendant ces trente années, je n'ai fait que prier le Très-Haut, jour et nuit, à chaque heure. Au bout de trente ans, Dieu m'a exaucée, votre servante, il a regardé ma misère, il a considéré ma peine, et il m'a donné un fils, dont j'ai été très reconnaissante, ainsi que mon mari et tous mes voisins, et nous avons beaucoup loué le Tout-Puissant. Je l'ai nourri avec beaucoup de peine. Lorsqu'il grandit et que le moment fut venu pour lui d'avoir une femme, je fis un festin. »

Apocalypse judaïque d'Esdras : Chapitre 7 Notes

1 Codex Ambianensis: Ardat

• Manuscript B.21: åmdt (١مد‎/)

Les érudits débattent de la signification d'Ardat depuis plus d'un millier d'années. Il ne s'agit pas d'un mot hébreu, ni d'un mot latin ou grec. Il est également mentionné dans la littérature islamique médiévale, mais ces références ne le clarifient pas et pourraient être basées sur sa mention dans l'Apocalypse d'Esdras. Le nom est probablement basé sur une translittération judaïque du nom Uruda (⊨◁) qui signifie « cuivre. » Les noms propres étaient souvent féminisés en judaïsme pour désigner des lieux géographiques, ce qui expliquerait la terminaison -t (✝). Le seul manuscrit syriaque qui subsiste présente la translittération Åmdt (١مد‎/), qui pourrait résulter d'une erreur scribale de Åůrdt (١ۥۥۅ‎/), sur laquelle se sont probablement basées les traductions grecques et ultérieures.

Certains pensent que ce terme fait référence à « Arzah, » mentionné dans le Bundahishn, le livre zoroastrien de la création. Dans le Bundahishn, le monde est décrit comme étant composé de sept « divisions de terre, » l'ouest étant connu sous le nom d'Arzah. Il n'y a pas de consensus clair parmi les érudits sur le fait qu'Ardat est basé sur Azrah, mais ceux qui prônent la prédominance de la pensée perse dans ce texte utilisent le lien Ardat-Arzah pour valider leurs affirmations.

Le problème avec le lien Ardat-Arzah est que l'on pense que le Bundahishn date d'après le 7ᵉ siècle, alors que l'Apocalypse d'Esdras daterait au plus tard du 1ᵉʳ siècle de notre ère.

On sait que les Babyloniens cultivaient de grandes quantités de pavots dans les plaines autour de Babylone, ce qui pourrait être la fleur qu'Esdras mangeait. Le pavot est utilisé pour créer des médicaments à base d'opioïdes au Moyen-Orient depuis au moins 1600 avant JC, cependant, en manger donnerait une hallucination importante. Plusieurs cultes de la région et de la Méditerranée utilisaient le pavot et le lys bleu pour provoquer des visions chez leurs adeptes. L'idée qu'Esdras mangeait des pavots n'est pas nouvelle et aurait été l'une des principales raisons non écrites pour lesquelles l'Apocalypse d'Esdras a été rejetée par l'Église orthodoxe byzantine, qui a tenté de supprimer l'utilisation des pavots et des lys bleus dans les pratiques religieuses.

Apocalypse judaïque d'Esdras : Chapitre 8

« Il arriva que mon fils, après être entré dans la chambre nuptiale, tomba et mourut. On éteignit toutes les lumières, et tous mes voisins se levèrent pour me consoler. Je me suis donc reposée le deuxième jour, pendant la nuit. Je me suis levée la nuit, je me suis enfuie et je suis venue ici, dans ce champ, comme vous le voyez. Je n'ai pas l'intention de retourner à la ville, mais de rester ici, sans manger ni boire, mais en me lamentant et en jeûnant jusqu'à ce que je meure. »

J'ai alors interrompu la méditation que je faisais et je lui ai crié : « Vous êtes une femme stupide ! Plus que toute autre ! Ne voyez-vous pas notre deuil et ce qui nous est arrivé ? Comment Zion, notre mère, est remplie de toutes les lourdeurs et humiliée, se lamentant très douloureusement ? Voyant que nous sommes tous dans le deuil et la tristesse, que nous sommes tous dans l'affliction, vous êtes triste pour un seul fils ? Interrogez la terre, et elle vous dira que c'est elle qui doit s'affliger de la chute de tant de gens qui se sont multipliés en elle. C'est d'elle que tout est sorti au commencement, et c'est d'elle que sortiront tous les autres, et voici qu'ils marchent presque tous vers la destruction, et que beaucoup d'entre eux sont complètement oubliés. Qui donc devrait pleurer plus qu'elle, qui a perdu une si grande multitude, et non pas vous, qui n'êtes triste que pour un seul ? »

Si tu me dis : « Ma plainte n'est pas comme celle de la terre, parce que j'ai perdu le fruit de mes entrailles, que j'ai enfanté dans la douleur et que j'ai porté dans la peine ; mais la terre n'est pas ainsi, car la multitude qui était en elle, selon le cours de la terre, s'en est allée comme elle était venue, » alors je te répondrai que, comme tu as enfanté par le travail, la terre aussi a donné son fruit, c'est-à-dire l'homme, depuis le commencement à celui qui l'a faite. Gardez donc pour vous votre tristesse, et portez avec courage ce qui vous est arrivé. Car si vous reconnaissez que le jugement de Dieu est juste, vous recevrez vos fils en temps voulu et vous serez reconnue parmi les femmes. Retournez à la ville, auprès de votre mari. »

Elle me répondit : « Je ne ferai pas cela ! Je n'irai pas à la ville, je mourrai ici ! »

Je continuai à lui parler et lui dis : « Ne le fais pas, mais écoute-moi, car combien y a-t-il d'adversités pour Sion ? Consolez-vous de la douleur de Jérusalem. Car tu vois que notre sanctuaire est dévasté, notre autel brisé, notre temple détruit, notre psaltérion est couché à terre, notre chant est réduit au silence, nos réjouissances ont pris fin, la lumière de notre chandelier est éteinte, l'arche de notre alliance est abîmée, nos choses saintes sont souillées, et le nom dont nous nous réclamons est presque profané. Nos enfants sont couverts de honte, nos prêtres sont brûlés, nos lévites sont partis en captivité, nos vierges sont souillées, nos femmes sont violées, nos justes sont emmenés, nos petits sont détruits, nos jeunes gens sont réduits en esclavage, nos hommes forts sont devenus faibles, et quel est le plus grand de tous ? Le sceau de Sion a perdu son honneur, car il est livré aux mains de ceux qui nous haïssent. Secouez donc votre grande lourdeur, et repoussez la multitude des chagrins, afin que le Puissant vous fasse de nouveau miséricorde, et que le Très-Haut vous donne le repos et l'allégement de votre labeur. »

Tandis que je m'entretenais avec elle, son visage s'éclaira soudain d'un vif éclat, et son visage devint étincelant, à tel point que j'eus peur d'elle et que je me demandai ce que cela pouvait bien être. Soudain, elle poussa un cri très effrayant, si bien que la terre trembla au bruit de la femme. Je regardai et je vis, et la femme ne m'apparut plus, mais une ville était bâtie, et une grande place se dessinait sur les fondations. J'eus alors peur, et je criai d'une voix forte : « Où est Uriel, le messager, qui est déjà venu vers moi ? Il m'a fait tomber dans de nombreuses transes, et ma fin s'est transformée en corruption, et ma prière a été réprimandée. »

Comme je prononçais ces paroles, il s'approcha de moi et me regarda ; je tombai comme un mort, et mon intelligence me fut enlevée ; il me prit par la main droite, me réconforta, me remit sur mes pieds et me dit : « Qu'est-ce qui te trouble ? Pourquoi êtes-vous si troublé ? Pourquoi ton intelligence est-elle troublée, et les pensées de ton coeur sont-elles agitées ? »

Je répondis : « Parce que tu m'as oublié, mais j'ai agi selon tes paroles, et je suis allé dans les champs ; j'ai vu et je vois encore ce que je ne puis exprimer. »

Il me répondit : « Lève-toi courageusement, et je te conseillerai. »

Je lui dis : « Parlez par moi, mon seigneur. Seulement, ne m'abandonne pas, si je meurs frustré dans mon espérance, car j'ai vu ce que je n'ai pas compris, et j'ai entendu ce que je n'ai pas compris. Ou bien mon sens est-il trompé, ou bien mon esprit est-il en songe ? Je vous prie donc d'expliquer à votre serviteur cette vision. »

Il me répondit alors : « Écoute-moi, et je t'informerai, et je te dirai, et c'est pourquoi tu as peur, car le Très-Haut te révélera beaucoup de choses secrètes. Il a vu que votre voie est juste, car vous pleurez sans cesse votre peuple et vous vous lamentez beaucoup sur Sion. Voici donc le sens de la vision que vous avez eue récemment. »

« Vous avez vu une femme en deuil, et vous avez commencé à la consoler ; mais maintenant vous ne voyez plus l'image de la femme, et il vous apparaît une ville bâtie. Lorsqu'elle t'a annoncé la mort de son fils, voici l'explication : cette femme que tu as vue est Sion, et lorsqu'elle t'a parlé, c'est elle aussi que tu vois comme une ville bâtie. Quand je dis qu'elle t'a dit qu'elle a été stérile pendant trente ans, ce sont les trente années pendant lesquelles il n'y a pas eu d'offrande faite en elle. Mais au bout de trente ans, Salomon bâtit la ville et offrit des sacrifices, puis il porta le fils stérile. Lorsqu'elle a dit qu'elle l'avait nourri par le travail, c'est ce qu'on vivait à Jérusalem. Mais lorsqu'elle dit : ‹ Mon fils, en entrant dans la chambre nuptiale, est tombé et est mort, c'est la ruine qui est venue à Jérusalem. › Vous avez vu sa ressemblance, et parce qu'elle pleurait son fils, vous vous êtes mis à la consoler ; et ces choses qui sont arrivées, vous les apprendrez. Le Très-Haut, voyant que vous vous affligez sincèrement et de tout votre coeur pour elle, vous a fait voir l'éclat de sa gloire et l'attrait de sa beauté. »

« C'est pourquoi je vous ai ordonné de rester dans le champ où il n'y avait pas de maison, car je savais que le Très-Haut vous le montrerait. C'est pourquoi je vous ai ordonné d'aller dans le champ où il n'y avait pas de fondation de bâtiment. Car, au lieu où le Très-Haut commencera à montrer sa ville, aucun édifice ne pourra tenir debout. C'est pourquoi, ne craignez pas, ne laissez pas votre coeur s'effrayer, mais poursuivez votre chemin, et voyez la beauté et la grandeur de l'édifice, autant que vos yeux peuvent le voir. Vous entendrez ensuite tout ce que vos oreilles pourront comprendre. Vous êtes béni plus que beaucoup d'autres et vous êtes appelé par le Très-Haut. Seuls quelques-uns le sont. Mais demain soir, vous resterez ici, car le Très-Haut vous a montré des visions des choses élevées que le Très-Haut fera pour ceux qui vivaient sur la Terre dans les jours précédents. »

Je dormis donc cette nuit-là et une autre, comme il me l'avait ordonné.

Apocalypse judaïque d'Esdras : Chapitre 9

J'eus un songe, et je vis monter de la mer un aigle qui avait douze ailes de plumes et trois têtes. Je regardais, et elle étendait ses ailes sur toute la terre, et tous les vents de l'air soufflaient sur elle et se rassemblaient. Je vis que de ses plumes poussaient d'autres plumes contraires, et qu'elles devenaient de petites plumes et de petites tailles. Mais ses têtes étaient en paix, et la tête du milieu était plus grande que les autres, mais elle reposait avec les autres. Je vis l'aigle voler avec ses plumes et régner sur la terre et sur ses habitants. Je vis que tout ce qui était sous le ciel lui était soumis, et que personne ne parlait contre elle, pas même un seul homme sur la terre. Je regardais, et l'aigle s'élevait sur ses serres, et disait à ses plumes : « Ne veillez pas tous à la fois. Chacun dort à sa place et veille à tour de rôle. Mais que les têtes soient gardées pour la fin. »

J'ai vu, et la voix ne sortait pas de sa tête, mais du milieu de son corps. J'ai compté ses plumes contraires, et il y en avait huit. Je regardai du côté droit, et une autre plume s'éleva, et elle régna sur toute la terre. Lorsqu'elle régnait, sa fin arrivait, et l'endroit où elle se trouvait n'apparaissait plus ; alors la plume suivante se levait, régnait et s'amusait beaucoup. Il arriva que, lorsqu'elle régnait, sa fin arriva aussi, comme la première, de sorte qu'elle ne parut plus.

Alors une voix lui parvint et dit : « Écoutez, vous qui régnez depuis si longtemps sur la terre, voici ce que je vous dis avant que vous ne commenciez à disparaître : il n'y aura personne après vous pour régner aussi longtemps que votre temps, pas même la moitié. »

Le troisième se leva, régna comme les autres et disparut à son tour. Il en fut de même pour tous les autres, l'un après l'autre, et tous ceux qui régnaient ne parurent plus. Je vis ensuite, au cours du temps, les plumes qui suivaient se dresser à droite pour régner aussi, et quelques-unes d'entre elles régnèrent, mais au bout d'un certain temps, elles ne parurent plus, car quelques-unes d'entre elles avaient été dressées, mais ne régnaient pas.

Après cela, je vis que les douze plumes n'apparaissaient plus, ni les deux petites plumes. Il n'y avait plus sur le corps de l'aigle que trois têtes qui reposaient, et six petites ailes. Je vis aussi que deux petites plumes se séparaient des six, et restaient sous la tête qui était à droite, car les quatre restaient à leur place. Je vis que les plumes qui étaient sous l'aile pensaient à s'établir pour gouverner. J'ai vu qu'il y en avait une qui s'était dressée, mais elle n'a pas tardé à disparaître. La seconde disparut plus vite que la première. Je vis que les deux qui restaient pensaient aussi à régner. Lorsqu'ils pensèrent ainsi, l'une des têtes qui étaient en repos se réveilla, et plus précisément celle du milieu, car elle était plus grande que les deux autres têtes. Je vis alors que les deux autres têtes se joignaient à elle. Et la tête tourna avec les autres et mangea les deux plumes sous l'aile qui aurait régné. Cette tête mettait la Terre entière en crainte et régnait sur elle et sur tous ceux qui habitaient la Terre avec beaucoup d'oppression, et elle avait un plus grand gouvernement du monde que toutes les ailes qui avaient été. »

Après cela, je vis la tête qui était au milieu disparaître soudain comme les ailes, mais il resta les deux têtes qui, elles aussi, de la même manière, régnaient sur la terre et sur ceux qui l'habitaient. Je vis la tête de droite dévorer celle de gauche. Alors j'entendis une voix qui me dit : « Regarde devant toi, et médite sur ce que tu vois. »

Je vis comme un lion rugissant sortir de la forêt, et je vis qu'il disait d'une voix d'homme à l'aigle : « Écoute, je vais te parler, et le Très-Haut te dira : ‹ N'es-tu pas celui qui reste des quatre bêtes que j'ai fait régner dans mon monde, afin que la fin des temps vienne par elles ? › »

Le quatrième vint, vainquit les bêtes précédentes et régna sur le monde avec une grande crainte, et sur toute l'étendue de la terre avec une grande et méchante oppression ; c'est ainsi qu'il vécut longtemps sur la terre par la tromperie, parce que tu n'as pas jugé la terre selon la vérité. Vous avez maltraité les doux, vous avez fait du tort aux pacifiques, vous avez aimé les menteurs, vous avez détruit les demeures de ceux qui produisaient des fruits, et vous avez renversé les murs de ceux qui ne vous faisaient pas de mal. C'est pourquoi vos mauvaises actions sont montées jusqu'au Très-Haut, et votre orgueil jusqu'au Puissant. Le Très-Haut a regardé le temps de l'orgueil ; il a pris fin, et ses abominations se sont accomplies. C'est pourquoi tu ne paraîtras plus, aigle, ni tes ailes horribles, ni tes plumes méchantes, ni tes têtes malveillantes, ni tes griffes blessantes, ni tout ton corps vain, afin que toute la terre soit rafraîchie, et qu'elle soit restaurée, délivrée de ta violence, et qu'elle espère le jugement et la miséricorde de celui qui l'a faite. »

Apocalypse judaïque d'Esdras : Chapitre 10

Il arriva que, pendant que le lion disait ces paroles à l'aigle, je vis disparaître la tête qui restait et les quatre ailes, et les deux s'y rendirent et se mirent à régner, et leur royaume fut petit et rempli de tumulte. Je vis qu'ils n'apparaissaient plus, et que tout le corps de l'aigle était brûlé, de sorte que la terre fut saisie d'une grande crainte. Je me réveillai de la transe de mon esprit et de ma grande peur, et je demandai à mon esprit : « C'est cela que tu m'as fait, de chercher les voies du Très-Haut ? Mais je suis fatigué dans mon esprit, très faible dans ma tête, et je n'ai que peu de force, à cause de la grande peur qui m'a affligé cette nuit. C'est pourquoi je supplie le Très-Haut de me réconforter jusqu'à la fin. »

J'ai dit : « Seigneur dominant, si j'ai trouvé grâce à tes yeux, si je suis justifié auprès de toi devant beaucoup d'autres, et si ma prière s'est effectivement élevée devant ta face, réconforte-moi et montre-moi, à moi ton serviteur, l'interprétation et la compréhension de cette vision effrayante, afin que tu puisses parfaitement réconforter mon esprit. Vous m'avez jugé digne de me faire connaître les derniers temps. »

Il me dit : « Voici l'interprétation de la vision. L'aigle que tu as vu monter de la mer, c'est le royaume qui a été vu dans la vision de ton frère Daniel. Mais cela ne lui a pas été expliqué ; c'est pourquoi je vous l'explique maintenant. Voici, les jours viendront où s'élèvera sur la terre un royaume qui sera redouté au-dessus de tous les royaumes qui l'ont précédé. Dans ce pays, douze rois régneront l'un après l'autre.[1] Quand le second commence à régner, il a plus de temps qu'aucun des douze. C'est ce que signifient les douze ailes que vous avez vues. »

« Quant à la voix que vous avez entendue parler et que vous n'avez pas vue sortir des têtes, mais du milieu du corps, en voici l'interprétation : Après le temps de ce royaume, il y aura de grandes luttes, et il sera en danger de tomber ; cependant il ne tombera pas alors, mais il sera rétabli comme à son commencement. »[2]

« Lorsque vous avez vu les huit petites plumes de dessous collées à ses ailes, voici l'interprétation : Huit rois[3] s'y lèveront, dont les temps seront courts et les années rapides. Deux d'entre eux périront à l'approche du milieu du temps, quatre seront gardés jusqu'à ce que leur fin approche, et deux seront gardés jusqu'à la fin. »

« Lorsque vous avez vu trois têtes se reposer, en voici l'interprétation : Dans les derniers jours, le Très-Haut suscitera trois royaumes,[4] il renouvellera beaucoup de choses en leur sein, et ils domineront sur la terre et sur ses habitants par une grande oppression, plus que ceux qui ont été avant eux ; c'est pourquoi on les appelle les têtes de l'aigle. Ce sont eux qui accompliront sa méchanceté, et qui achèveront sa dernière fin. Lorsque vous avez vu disparaître la grande tête, cela signifiait que l'un d'eux mourrait sur son lit, mais dans la souffrance. Les deux qui resteront seront tués par l'épée, car l'épée de l'un dévorera l'autre, mais le dernier tombera lui-même par l'épée. »[5]

« Lorsque vous avez vu deux plumes sous les ailes passant au-dessus de la tête qui est à droite, cela signifie que ce sont ceux que le Très-Haut a gardés jusqu'à la fin. C'est un petit royaume, plein d'embûches, comme vous l'avez vu. Le lion que vous avez vu s'élever de la forêt, rugir et parler à l'aigle, et lui reprocher son iniquité, avec toutes les paroles que vous avez entendues. C'est l'oint que le Très-Haut a gardé pour eux et pour leur méchanceté jusqu'à la fin ; il les réprimandera et les déclarera coupables de leur cruauté. Il les fera comparaître vivants devant lui pour les juger, il les reprendra et les corrigera. Il délivrera avec miséricorde le reste de mon peuple, ceux qui ont été pressés sur mes frontières, et il les rendra joyeux jusqu'à l'arrivée du jour du jugement où je vous ai parlé depuis le commencement. »

« Voici le rêve que vous avez vu, et en voici l'interprétation. Il n'a été donné qu'à toi de connaître ce secret du Très-Haut ; c'est pourquoi tu écriras dans un livre toutes ces choses que tu as vues, et tu les cacheras.

Enseignez-les aux plus sages du peuple, dont vous savez que le cœur peut comprendre et garder ces secrets. Mais attends ici encore sept jours, afin que te soit montré ce qu'il plaira au Très-Haut de te dire. »

Sur ce, il s'en alla. Lorsque tout le peuple vit que les sept jours s'étaient écoulés et que je n'étais pas revenu à la ville, ils se rassemblèrent tous, depuis le plus petit jusqu'au plus grand, et ils vinrent à moi en disant : « Comment t'avons-nous offensé ? Quel mal avons-nous fait contre toi, pour que tu nous oublies et que tu restes assis dans ce lieu ? De tous les prophètes, il ne nous reste que toi, comme une grappe de raisin pour le vin, comme une bougie dans un lieu obscur, et comme un havre pour sauver un navire de la tempête. Les maux qui se sont abattus sur nous ne sont-ils pas suffisants ? Si vous nous abandonnez, combien aurions-nous gagné à être brûlés dans Sion ? Nous ne valons pas mieux que ceux qui y sont morts. »

Ils pleuraient d'une voix forte, et je leur répondis : « Console-toi, Israël, et ne t'appesantis pas, maison de Jacob. Car le Très-Haut vous garde en mémoire, et le Puissant ne vous a pas oubliés dans la détresse. Moi, je ne t'ai pas oublié, je ne me suis pas éloigné de toi, mais je suis venu dans ce lieu pour prier au sujet de la désolation de Sion, afin d'obtenir miséricorde pour l'abaissement de ton sanctuaire. Maintenant, que chacun retourne chez soi, et après ces jours-ci je reviendrai vers vous.

Le peuple rentra dans la ville, comme je le lui avais ordonné, mais je restai encore sept jours dans les champs, comme le messager me l'avait ordonné ; pendant ces jours-là, je ne mangeai que des fleurs des champs, et je me nourrissais de plantes.

Apocalypse judaïque d'Esdras : Chapitre 10
Notes

1 La référence au royaume qui régnait sur le monde et qui était dirigé par une succession de 12 rois, est probablement l'Empire perse. Sans compter l'intrus Gaumata, que Darius Ier a tué, il y a eu douze rois reconnus dans l'Empire perse achéménide : Cyrus II, Cambyse II, Darius I, Xerxès I, Artaxerxès I, Xerxès II, Darius II, Artaxerxès II, Artaxerxès III, Artaxerxès IV, Darius III et Artaxerxès V. Les derniers rois ont généralement eu des règnes plus courts que les premiers, mais celui de Cambyse II n'a pas été le plus long.

2 Il s'agit probablement d'une référence à la grande révolte des satrapes de 372 à 362 avant JC, lorsque le roi Artaxerxès II a rappelé Néhémie, le commandant militaire de Jérusalem, pour l'aider à réprimer la rébellion. Au cours de la révolte des grands satrapes, la majeure partie de l'Anatolie et de l'Arménie est devenue indépendante, sous le contrôle des anciens satrapes (gouverneurs) perses, soutenus par le roi d'Égypte. La révolte menaçait de s'étendre au reste de la Perse et il fallut dix ans pour la réprimer. Finalement, Artaxerxès II réussit à restaurer l'autorité perse en Arménie et en Anatolie, mais pendant plusieurs années, l'empire perse semble se disloquer.

3 La référence aux huit petits rois semble être une référence au bref gouvernement de l'empire d'Alexandre après sa mort. À l'époque, les hommes les plus puissants de l'empire étaient Arrhidée, le frère d'Alexandre souffrant d'une déficience mentale, et les sept Somatophylakes, les gardes du corps d'Alexandre. La question de savoir si Arrhidée ou l'enfant à naître d'Alexandre était l'héritier légitime faisait l'objet d'un grand débat, et les Somatophylakes se demandaient s'il fallait attendre la naissance de l'enfant ou faire d'Arrhidée le roi. En fin de compte, le débat et les rivalités de longue date au sein de l'armée ont conduit le gouvernement à s'effondrer dans les guerres des Diadochi (successeurs).

4 La référence aux trois royaumes qui allaient s'élever après l'effondrement de l'empire d'Alexandre serait les royaumes de Lysimaque, Ptolémée et Séleucus, les trois généraux qui se sont battus pour le contrôle de l'ancien empire perse lors des guerres des Diadoques, et qui ont fini par former leurs propres empires. Il y avait un quatrième général, Cassandre, mais son royaume était limité à la Macédoine et il n'a jamais sérieusement défié les trois autres.

5 Les trois principaux rois diadoques sont tous morts à peu près en même temps, en 282 et 281 avant JC. Ptolémée Ier Soter, le plus âgé, meurt en 282 avant JC à l'âge de 85 ans. On ne sait pas s'il est mort dans son lit, mais c'est un scénario probable, car il avait établi un royaume sûr pour ses héritiers et son autorité avait été transmise à son fils Ptolémée II Philadelphe. Lysimaque et Séleucus Ier Nicator sont tous deux morts l'année suivante au combat, ce qui suggère que cette prophétie, ou cette interprétation de la prophétie, date de peu de temps après, car aucun autre roi n'est mentionné après cela.

Les livres des Maccabées font référence à des lettres échangées entre Onias et les Spartiates et les Romains, soutenant une tentative de forger une Judée indépendante, mais cette tentative semble avoir échoué, car la Judée semble avoir été fermement intégrée à l'empire des Ptolémées jusqu'en 200 avant JC.

Apocalypse judaïque d'Esdras : Chapitre 11

Sept jours plus tard, j'eus une vision pendant la nuit. Il s'élevait de la mer un vent qui agitait toutes les vagues. Je vis venir un homme fort comme les milliers du ciel, et quand il tournait son visage pour regarder, toutes les choses qu'on voyait sous lui tremblaient. Dès que la voix sortait de sa bouche, tous ceux qui l'entendaient brûlaient comme la terre tremble quand elle sent le feu. Après cela, je vis s'assembler une multitude d'hommes innombrables, venus des quatre vents du ciel, pour soumettre l'homme qui était sorti de la mer. Mais je vis qu'il s'était créé une grande montagne et qu'il s'était envolé sur elle. J'aurais voulu voir la région ou le pays où la colline avait été créée, mais je ne le pus pas. Après cela, je vis que tous ceux qui s'étaient rassemblés pour le vaincre étaient saisis d'une grande frayeur, et qu'ils combattaient. Voyant la violence de la multitude qui venait, il ne leva point la main, et ne tint point l'épée, ni aucune arme de guerre.

Je vis seulement qu'il faisait sortir de sa bouche un souffle de feu, de ses lèvres un souffle enflammé, et de sa langue des étincelles et des éclairs. Ils se mêlèrent tous ensemble, le souffle de feu, l'haleine enflammée et les grands éclairs, et tombèrent avec violence sur la multitude qui se préparait à combattre, et les brûlèrent tous, de sorte que soudain une multitude innombrable disparut, et qu'il ne resta que de la poussière et une odeur de fumée. Quand j'ai vu cela, j'ai eu peur. Ensuite, j'ai vu le même homme descendre de la montagne et appeler à lui une foule pacifique. Beaucoup de gens vinrent à lui, dont certains étaient heureux, d'autres désolés, d'autres liés, et d'autres apportés par ceux qui étaient offerts.

Je me réveillai, et je dis : « Dès le commencement, tu as montré à ton serviteur ces merveilles, et tu m'as jugé digne d'exaucer ma prière. Montre-moi maintenant l'interprétation de ce songe ; car, si je le considère dans mon intelligence, malheur à ceux qui resteront en ces jours-là, et bien plus encore à ceux qui ne seront pas laissés en arrière ! Ceux qui n'ont pas été laissés ont été dans l'angoisse. Maintenant je comprends ce qui est prévu pour les derniers jours, ce qui leur arrivera, et ce qui arrivera à ceux qui resteront. C'est pourquoi ils ont été exposés à de grands périls et à de nombreuses nécessités, comme le montrent ces songes. Mais il est plus facile à celui qui est en danger d'être confronté à ces choses que de disparaître du monde comme un nuage, et de ne pas voir les choses qui arriveront dans les derniers jours. »

Il me répondit : « Je te donnerai l'explication de la vision, et je t'expliquerai ce que tu as demandé. Vous avez demandé ce qu'il en est de ceux qui restent, et voici l'interprétation : Celui qui supportera le péril en ce temps-là s'est gardé lui-même. Ceux qui sont tombés dans le danger sont ceux qui ont des oeuvres et de la foi envers le Tout-Puissant. Sachez donc que ceux qui restent sont plus heureux que ceux qui sont morts. »

« Voici le sens de la vision : Lorsque vous avez vu un homme surgir du milieu de la mer, c'est celui que le Dieu Très-Haut a sauvé depuis longtemps, qui délivrera de lui-même son corps, et il organisera ceux qui sont restés en arrière. »

« Quand on a vu que de sa bouche sortait un souffle de vent, de feu et d'éclairs, qu'il ne tenait ni épée ni aucune arme de guerre, mais que le souffle qui sortait de lui détruisait toute la multitude qui venait pour le soumettre, voici l'interprétation : Les jours viennent où le Très-Haut commencera à sauver ceux qui sont sur la terre. Il viendra au grand étonnement des habitants de la terre. Les uns lutteront contre les autres, les villes contre les villes, les lieux contre les lieux, les peuples contre les peuples, les royaumes contre les royaumes. Le temps viendra où ces choses arriveront, et où se produiront les signes que je vous ai déjà montrés ; alors se manifestera mon fils, que vous avez vu comme un homme qui monte. Quand tout le peuple entendra sa voix, chacun abandonnera le combat qu'il mène l'un contre l'autre dans son pays. Une foule innombrable se rassemblera, comme tu l'as vue, pour venir le vaincre en combattant. Mais il se tiendra sur le sommet de la montagne de Sion. Sion viendra et se montrera à tous les hommes, préparée et bâtie, comme vous avez vu la colline bâtie de main d'homme. Mon fils réprimandera les méchantes inventions de ces nations qui, à cause de leur mauvaise vie, tomberont dans la tempête, et il mettra devant elles leurs mauvaises pensées et les tourments où elles commenceront à être tourmentées, qui sont comme une flamme, et il les détruira sans peine par la loi qui est comme un feu. »

« Vous avez vu qu'il a rassemblé auprès de lui une multitude pacifique : ce sont les dix tribus qui avaient été emmenées captives hors de leur pays au temps du roi Osée, que Salmanazar[1] roi d'Assyrie, avait emmenées captives, et qui les avaient fait passer par-dessus les eaux, de sorte qu'elles étaient arrivées dans un autre pays. Ils tinrent conseil entre eux : ils quittèrent la multitude des païens, et ils allèrent dans un autre pays, où l'homme n'avait jamais habité, afin d'y observer les lois qu'ils n'avaient jamais observées dans leur propre pays. Ils entrèrent dans l'Euphrate par les passages étroits du fleuve. Car le Très-Haut leur fit des signes, et arrêta les eaux jusqu'à ce qu'ils eussent passé. A travers ce pays, il y avait une grande route à suivre, longue d'un an et demi, et cette région s'appelle le pays de Hérat.[2] Ils y vécurent jusqu'à la fin des temps, et maintenant, quand ils commenceront à revenir, le Très-Haut arrêtera de nouveau les sources du torrent, afin qu'ils puissent passer ; c'est pourquoi vous avez vu la multitude en paix. Mais ceux qui restent de ton peuple sont ceux qui se trouvent dans mes frontières. Quand il aura détruit la multitude des nations rassemblées, il défendra son peuple qui restera. Alors il leur fera voir de grands prodiges. »

Je demandai alors : « Seigneur Dominateur, montre-moi ceci. Pourquoi ai-je vu l'homme remonter du milieu de la mer ? »

Il me répondit : « De même que tu ne peux ni sonder ni comprendre ce qui est au fond de la mer, de même aucun homme sur terre ne peut voir mon fils ni ceux qui sont avec lui, si ce n'est en ces jours-là. Telle est l'interprétation du songe que vous avez vu, et dont vous n'êtes éclairés que maintenant. Vous avez oublié votre propre voie et vous avez appliqué votre diligence à ma loi et vous l'avez étudiée. Tu as centré ta vie sur la sagesse, et tu as cherché à comprendre ta mère. C'est pourquoi je vous ai montré les trésors du Très-Haut. Dans trois autres jours, je vous parlerai d'autres choses, et je vous annoncerai des choses puissantes et merveilleuses. »

Puis je sortis dans les champs, louant et remerciant grandement le Très-Haut à cause des merveilles qu'il a faites au fil du temps, et parce qu'il gouverne de la même manière et que les choses arrivent en leur temps.

Je restai là trois jours.

Apocalypse judaïque d'Esdras : Chapitre 11 Notes

1 Codex Sangermanensis : Salmanassar rex Assyriorum

Ce roi est communément considéré aujourd'hui comme étant Salmanazar V. Le roi Salmanazar V était le fils et l'héritier du roi Tiglath-Pileser III, qui a régné sur l'Empire assyrien entre 727 et 722 avant JC. Avant de devenir roi, il était gouverneur de Zimirra en Phénicie.

2 Codex Sangermanensis : Arzaret

It is unclear where or even if this country existed. The land of Arzaret, often transliterated as Arsareth was historically identified by Christians as being in the Northern Caucasus mountains on the Black Sea coast, in the vicinity of modern Abkhazia, Krasnodar Kray, and Adygea. The traditional Jewish interpretation is that this is a corruption of another word such as 'eretz (ארץ) qui signifie terre ou territoire. Quoi qu'il en soit, où qu'ils soient allés, il y avait déjà des habitants dans les années 700 avant JC. Il est plausible que le nom trouve son origine dans l'expression «terre de Herat,» qui aurait dû être rendue par års hråt (𐤕𐤀𐤓𐤄 𐤑𐤓𐤀) en cananéen. Herat est une ville de l'ouest de l'Afghanistan qui existe depuis des milliers d'années, mais on ne sait pas exactement quand elle a été fondée. Les premiers documents en vieux-persan sur le pays l'appellent Haraiva (𒀪𒊨𒄿𒉿), et datent d'environ 500 avant JC, mais il n'est pas certain qu'une ville existait dans la région à l'époque. La région doit son nom à la rivière Hari (𐎲𐎡) dont on admet généralement qu'il s'agit de la rivière Hari des textes védiques, ce qui signifie que le nom aurait été établi avant l'ère néo-babylonienne.

Apocalypse judaïque d'Esdras : Chapitre 12

Le troisième jour, comme j'étais assis sous un chêne, une voix sortit d'un buisson et m'appela : « Esdras, Esdras. »

Je répondis : « Je suis ici, Seigneur, » et je me levai.

Puis il me dit : « C'est à travers un buisson que je me suis révélé à Moïse et que j'ai parlé avec lui, lorsque mon peuple servait en Égypte. Je l'ai envoyé, j'ai fait sortir mon peuple d'Égypte, je l'ai fait monter sur la montagne, je l'ai gardé longtemps avec moi, je lui ai raconté beaucoup de choses merveilleuses, je lui ai révélé les secrets des temps et de la fin, et je lui ai dit : ‹ Tu diras ces paroles aux autres, mais ces autres, tu les garderas pour toi. › Maintenant, je te dis de garder dans ton coeur les signes que j'ai montrés, les songes que tu as vus et les interprétations que tu as entendues. Tu seras enlevé à tous, et tu resteras désormais avec mon fils, et avec d'autres comme toi, jusqu'à la fin des temps. Le monde a perdu sa jeunesse, et le temps commence à vieillir. Le monde est divisé en douze parties, et les dix parties ont déjà disparu, ainsi que la moitié de la dixième partie. Ce qui reste, c'est ce qui est après la moitié du dixième. Maintenant donc, mettez de l'ordre dans votre maison, reprenez votre peuple, réconfortez ceux qui sont dans la peine, renoncez à la corruption et abandonnez les pensées mortelles, jetez les fardeaux de l'homme, déposez la nature faible et mettez de côté les pensées qui vous sont les plus pesantes, et hâtez-vous d'échapper à ces temps. »

« Des maux encore plus grands que ceux que vous avez vus se produire se produiront à partir de maintenant. Voyez combien le monde sera affaibli par l'âge, de sorte que le mal s'accroîtra encore contre ceux qui y vivent. Le temps s'enfuit et le travail est à portée de main. Il en est de même de la vision de l'avenir, que vous avez vue. »

Je répondis : « Voici, Seigneur, j'irai comme tu l'as ordonné, et je châtierai le peuple présent aujourd'hui ; mais ceux qui naîtront après, qui les exhortera ? Le monde est donc plongé dans les ténèbres, et ceux qui l'habitent sont sans lumière. Votre loi est brûlée, et c'est pourquoi nul ne connaît ce que vous faites ni l'œuvre qui va commencer. Mais si j'ai trouvé grâce devant toi, envoie en moi l'esprit saint, et j'écrirai tout ce qui s'est fait dans le monde depuis le commencement, et qui est écrit dans ta loi, afin que les hommes trouvent ton chemin, et que vivent ceux qui vivront dans la suite des temps. »

Il me répondit : « Va, rassemble le peuple, et dis-lui qu'il ne te cherche pas pendant quarante jours. Préparez beaucoup de buis, et prenez avec vous Sarea, Dabria,

Selemia, Ecanus et Asiel, les cinq qui sont prêts à écrire rapidement. Venez ici, et j'allumerai dans votre cœur une bougie d'intelligence, qui ne s'éteindra pas avant que ne soient arrivées les choses que vous commencerez à écrire. Quand vous aurez fait cela, vous publierez certaines choses, et vous en révélerez d'autres en secret aux sages. Demain, à cette heure, tu commenceras à écrire.»

Je sortis, comme il me l'avait ordonné, j'assemblai tout le peuple, et je dis: «Écoute ces paroles, Israël. Au commencement, nos pères étaient étrangers en Égypte, dont ils ont été délivrés, et ils ont reçu la loi de la vie, qu'ils n'ont pas observée et que vous avez transgressée comme eux. Le pays de Sion vous a été partagé par le sort; mais vos pères et vous-mêmes avez agi dans l'iniquité, et vous n'avez pas gardé les voies que le Très-Haut vous avait prescrites. Comme il est un juge juste, il a repris, au bout de quelque temps, ce qu'il vous avait donné. Maintenant vous êtes ici, et vos frères sont au milieu de vous. C'est pourquoi, si vous maîtrisez votre propre intelligence et si vous réformez vos cœurs, vous resterez en vie et, après la mort, vous obtiendrez miséricorde. Après la mort, le jugement viendra quand nous revivrons, et alors les noms des justes seront connus, et les oeuvres des impies seront déclarées. Que personne donc ne vienne à moi maintenant, et qu'on ne me cherche pas pendant ces quarante jours. »

Je pris les cinq hommes, comme il me l'avait ordonné, et nous entrâmes dans les champs, où nous restâmes. Le lendemain, une voix m'appela : « Esdras, ouvre la bouche, et bois le breuvage que je te donnerai. »

J'ouvris la bouche, et il me tendit une coupe remplie d'une substance qui ressemblait à de l'eau, mais dont la couleur était comme du feu. Je la pris et je bus, et, après avoir bu, mon cœur parla d'intelligence, et la sagesse grandit dans ma poitrine, car mon esprit fortifiait ma mémoire, et ma bouche ne s'ouvrait ni ne se fermait plus. Le Très-Haut donna de l'intelligence aux cinq hommes, et ils mirent par écrit les visions merveilleuses qui leur avaient été montrées cette nuit-là, et qu'ils ne connaissaient pas auparavant. Ils restèrent assis pendant quarante jours, ils écrivaient toute la journée, et le soir ils mangeaient du pain. Quant à moi, je parlais tout le jour. Je parlais toute la journée, et je ne m'arrêtais pas la nuit. En quarante jours, ils écrivirent neuf cent quatre livres.

Lorsque les quarante jours furent écoulés, le Très-Haut dit : « Le premier que vous avez écrit, publiez-le publiquement, afin que les dignes et les indignes le lisent. Mais garde les soixante-dix derniers, pour les donner seulement aux sages du peuple, car c'est en eux que se trouvent la source de l'intelligence, la source de la sagesse et le fleuve de la connaissance. »

C'est ce que j'ai fait.

Introduction à l'Apocalypse latine d'Esdras

En 1592, la création d'une Bible catholique par le pape Clément VIII a ajouté le 1ᵉʳ et le 3ᵉ Esdras à la Bible catholique sous les noms de 3ᵉ et 4ᵉ Esdras. Esdras était la translittération latine directe de la version grecque du nom d'Esdras : ᾿Εσδρας. Lors de la Réforme protestante, les livres du 3ᵉ et du 4ᵉ Esdras ont été renommés 1ᵉʳ et 2ᵉ Esdras, comme ils continuent d'être répertoriés dans les Bibles protestantes qui les incluent.

Malheureusement, la traduction latine de l'Apocalypse d'Esdras que Clément a ajoutée à la Vulgate catholique incluait l'Apocalypse latine d'Esdras, plus courte, ce qui fait que les bibles catholiques et protestantes ont des versions plus longues et contradictoires de l'Apocalypse par rapport aux bibles orthodoxes. La traduction latine de l'Apocalypse judaïque d'Esdras a circulé pendant des siècles sans l'ajout de l'Apocalypse latine d'Esdras, plus courte, comme en témoigne la traduction slave, dont on pense qu'elle a été traduite à partir du latin et non du grec.

L'Apocalypse latine d'Esdras, plus courte, a été fusionnée avec l'Apocalypse judaïque d'Esdras dans la plupart des traductions catholiques et protestantes. Cependant, les spécialistes divisent la version catholique du 4ᵉ Esdras en trois sections, seuls les douze chapitres principaux qui correspondent aux versions orthodoxe et éthiopienne du livre étant étiquetés comme 4e Esdras. Les deux premiers chapitres, qui ne figurent que dans la version catholique, sont appelés 5e Esdras, tandis que les deux derniers chapitres figurant dans la version catholique, ainsi que des fragments subsistant dans une ancienne traduction grecque, sont appelés 6e Esdras. L'un des fragments grecs, Oxyrhynchus Papyri 1010, est le plus ancien fragment des différentes Apocalypses d'Esdras, daté du 4e siècle après JC ; malheureusement, seuls deux paragraphes subsistent. Le 5e Esdras et le 6e Esdras semblent avoir constitué à l'origine un seul document, que l'on appelle communément l'Apocalypse latine d'Esdras, bien qu'il soit presque certain qu'elle n'ait pas été rédigée en latin.

Il n'y a pas de consensus sur la date de rédaction de l'Apocalypse latine d'Esdras, mais il semble qu'il s'agisse d'un remaniement d'une Apocalypse araméenne datant du début de l'ère chrétienne. Le fait que l'Apocalypse se présente comme le deuxième livre du prophète Esdras implique que l'auteur la positionne comme la suite de l'Apocalypse judaïque d'Esdras, et en tant que telle, elle ne répète pas le même matériel que l'Apocalypse judaïque, contrairement à d'autres apocalypses. Le 5e et le 6e Esdras semblent avoir circulé ensemble avant d'être unis à l'apocalypse judaïque, mais ils ne semblent pas avoir été rédigés à partir d'un seul texte. Le 5e Esdras semble être une introduction de l'époque gréco-romaine à la prophétie plus ancienne du 6e Esdras, qui la réattribue à Esdras le scribe, car l'auteur ne semble pas avoir compris qu'il s'agissait de deux personnes différentes ayant vécu à des siècles d'intervalle.

Dans les chapitres 1 et 2 de l'apocalypse, qui est le 5e Esdras, l'auteur prétend être Esdras le scribe et donne sa généalogie, qui se trouve dans les livres d'Esdras du texte massorétique et de la Septante, mais il affirme ensuite qu'il a été retenu en captivité en Médie à l'époque d'Artaxerxès. Bien qu'Esdras le scribe ait vécu sous le règne d'un roi nommé Artaxerxès, aucun des Esdras n'a été enregistré comme ayant été retenu en captivité en Médie. L'Esdras de l'Apocalypse judaïque est généralement considéré comme le même Esdras qui est revenu de Babylone pour reconstruire Jérusalem après la conquête de Babylone par les Perses, tandis qu'Esdras le scribe a également déclaré avoir vécu dans la ville de Babylone avant de retourner à Jérusalem.

Le chapitre 3 et le début du chapitre 4 de l'apocalypse, qui constituent l'essentiel du 6e Esdras, semblent beaucoup plus anciens et décrivent un monde que l'auteur de la plus longue apocalypse ne semblait pas comprendre. La prophétie elle-même était axée sur la chute de l'Empire assyrien, qui est tombé en 609 avant JC. L'empire assyrien est tombé face à une vaste alliance de ses ennemis, notamment les Mèdes, les Scythes et les Babyloniens rebelles. Le prophète, quel qu'il soit, ne savait pas que cela arriverait et n'a pas mentionné les Mèdes ou les Scythes. Il a prophétisé qu'après avoir vaincu les Assyriens, les conquérants assiégeraient Babylone, ce qui prouve que la prophétie a été faite avant que Babylone ne se révolte en 626 avant JC.

La prophétie mentionne spécifiquement les Carmaniens comme venant attaquer l'Assyrie. Les Carmaniens sont un peuple persan originaire de la province de Kerman, dans le sud-est de l'Iran. Le nom de la région a été enregistré en vieux-persan comme Karmanā (𐎣𐎼𐎶𐎠𐎴) . Les Grecs ont translittéré le nom perse de plusieurs façons, notamment Carmanioe (Καρμάνιοι), Carmanitoe (Καρμανιτοι) ou Germanioe (Γερμάνιοι). La Carmanie était habitée de manière continue depuis l'âge du bronze, cependant, la tribu iranienne des Carman serait arrivée dans la région au 8ᵉ siècle avant JC. Cyrus le Grand a conquis la Carmanie peu avant de conquérir la Babylonie au milieu du 6ᵉ siècle avant JC. Selon l'historien babylonien Bérose, du 3ᵉ siècle avant JC, Cyrus le Grand a accordé à Nabonide, le dernier roi de Babylone, la Carmanie comme royaume vassal après avoir conquis la Babylonie.

Introduction à l'Apocalypse latine d'Esdras

Les Carmaniens étaient un peuple semi-légendaire au début de l'ère chrétienne. Ils étaient considérés comme un peuple guerrier pratiquant le cannibalisme, selon Strabon (Στράβων) dans son Geographica (Γεωγραφικά), publié entre 7 et 18 après JC. Il n'est pas certain que cela soit vrai, mais la région était civilisée pendant toute l'ère grecque, et des rois y ont été enregistrés comme ayant régné. Comme la prophétie indique que les Carmaniens étaient indépendants, cela suggère que la prophétie originale a été enregistrée pour la première fois à l'époque néo-assyrienne ou néo-babylonienne, avant que les Mèdes ne conquièrent la Carmanie.

Comme les Mèdes et les Perses ne sont pas mentionnés après l'introduction, cela suggère que cette prophétie a été faite avant que les Mèdes ne deviennent politiquement importants, vers 625 avant JC. Avant cela, la Médie faisait nominalement partie de l'empire néo-assyrien, puis de l'empire scythe, mais la Carmanie était toujours hors de sa portée. Le fait que l'Élam, grand rival méridional de l'Assyrie, ne soit pas mentionné laisse penser que la prophétie a été faite après 640 avant JC, date à laquelle Assurbanipal a annexé le pays. À ce moment-là, la Carmanie était le pays le plus puissant de la frontière orientale.

Au sud, le royaume arabe de Lihyan dominait le nord de l'Arabie, mais l'auteur de l'introduction ne semble pas avoir reconnu ce nom. Au lieu de cela, la prophétie indique maintenant que des tribus de dragons chasseront les chars d'Arabie. Si l'Apocalypse latine était basée sur la version grecque, le terme traduit par « dragons » aurait dû être drákontes (δράκοντες), un mot que l'on trouve dans la Septante et qui est généralement reflété par lůytn (לויתן) dans le texte massorétique. Lůytn signifie « crocodile » en hébreu moderne et est généralement traduit par Léviathan. L'orthographe araméenne documentée est identique, lůytn (לٟヿ^٦ム), mais l'orthographe antérieure dans le texte ougaritique des années 1300 avant JC était Ltn (𝍫—➤➤), le nom d'un monstre marin communément traduit par Lotan. Le terme lůytn est utilisé dans les premiers textes israélites, qui ont été écrits avant l'adoption de l'écriture araméenne et le développement de l'hébreu classique, de sorte qu'il doit y avoir eu une forme cananéenne (judaïque et samaritaine), mais elle n'a pas survécu. Il aurait pu s'agir de n'importe quelle variante ltn (ㄥ), lůtn (ㄥ), ou lůytn (ㄥ), ou peut-être de plusieurs, car les différents dialectes cananéens orthographiaient certains mots différemment.

Si l'on admet que quelque chose a été perdu dans la traduction de « nations de dragons arabes chevauchant des chars, » l'explication la plus probable est que le texte sémitique original se lit Lḥyn (לחין / ٟ^𝍫ム / ㄥ), qui a été interprété à tort comme une variante de lǔytn par l'auteur de l'introduction. Si c'est le cas, la prophétie concernait des « tribus de Lihyans arabes montées sur des chars. » Les Lihyans devinrent la tribu la plus puissante du nord de l'Arabie à l'époque néo-assyrienne. Ils établirent leur capitale dans la ville de Dedan, que le prophète israélite Ézéchiel rapporte avoir échangée avec Tyr au 7e siècle avant JC. À la fin de l'ère néo-babylonienne, la Chronique de Nabonide rapporte que les Lihyans avaient un roi, mais la majeure partie de l'Arabie du Nord-Ouest était occupée par les Babyloniens.

Lorsque l'empire néo-babylonien est tombé, le royaume de Lihyan s'est rapidement développé, occupant la majeure partie de l'Arabie du Nord-Ouest. À l'époque, le golfe d'Aqaba est devenu le golfe de Lihyan. La culture a prospéré pendant l'ère perse et a atteint son apogée entre 552 et 353 avant JC, mais elle a décliné lorsque l'économie perse s'est contractée et que les marchands grecs ont repris les routes commerciales perses. Elle a connu des difficultés économiques pendant deux siècles, en raison de l'émergence d'États arabes plus puissants qui entretenaient des liens commerciaux étroits avec les Grecs, et a finalement été vaincue par les Nabatéens lors d'une série de batailles au 1er siècle avant JC. Il est admis qu'elle a perdu l'essentiel de sa puissance en 65 avant JC, puis qu'elle a été conquise en 24 avant

JC. Cela confirme que les premiers chapitres et les derniers paragraphes datent du début de l'ère chrétienne, après que Lihyan ait été oubliée.

Le début du chapitre 4 énumère Babylone, l'Asie, l'Égypte et la Syrie comme les pays qui seront détruits après l'Assyrie, ce qui indique également l'époque de la prophétie originale. Le royaume d'Aram, appelé plus tard Syrie par les Grecs, a été conquis progressivement par l'empire néo-assyrien au cours d'une série de guerres qui se sont étalées sur un siècle et qui ont abouti à la conquête de Hama, la capitale, en 738 avant JC. L'Égypte n'a été conquise par l'Empire néo-assyrien qu'en 671 avant JC. Auparavant, elle avait fait partie de l'empire koushite pendant des siècles et faisait donc partie du plus grand rival de l'Assyrie. L'Asie a également été mentionnée plus tôt, au chapitre 3, où il a été prophétisé qu'elle subirait le même sort que Babylone.

L'Asie (Ἀσία) était à l'origine le nom de l'Anatolie occidentale, mais elle est devenue plus tard le nom du continent asiatique dans la géographie grecque. Le nom est attesté à l'âge du bronze comme nom de l'Anatolie occidentale en grec mycénien Asiwija (𐀀𐀔𐀂𐀊), et en neshite, la langue de l'empire hittite, comme Aššuwa (𒀸𒋗𒉿). Le royaume d'Aššuwa s'est transformé en royaume de Lydie au début de l'âge du fer, qui est devenu un allié de l'Assyrie lors des invasions cimmériennes du 8ᵉ siècle avant JC et a continué à être un allié lors des invasions scythes du début du 7ᵉ siècle. Après la chute de l'Assyrie en 615 avant JC, les Lydiens et les Mèdes sont devenus des ennemis, ce qui a duré jusqu'à la bataille de l'Éclipse vers 590 avant JC. Cette bataille doit son nom à une éclipse de soleil qui s'est produite pendant la bataille et que les deux camps ont considérée comme un mauvais présage. Les Lydiens et les Mèdes signent un accord de paix et les familles royales sont réunies par le mariage du fils du roi mède Cyaxarès, Astyages, avec la fille du roi lydien Alyattes, Aryenis.

Il est fait référence à un « vent » venant de l'est pour détruire l'Assyrie, ce qui semble confirmer la datation de la prophétie originale à une date antérieure à 625 avant JC, car d'après le contexte, ce « vent » était le nom d'un peuple. Le terme « vent » provient presque certainement d'une erreur de traduction lors de la traduction grecque, où le traducteur a mal interprété un autre mot araméen rûḥå (ܐܚܘܪ), qui signifie « vent, » « souffle » ou « esprit. » D'après la description de « rûḥå » à l'est de l'Assyrie, il s'agit presque certainement de la ville de Ragā, aujourd'hui connue sous le nom de Ray (ری). Ray était une ville ancienne qui existait depuis au moins 6000 avant JC, qui a été absorbée par le Grand Téhéran moderne.

La prononciation médiane exacte est inconnue, mais on admet qu'elle est proche du vieux persan Ragā (𒊑𒃶𒀀), du nom néo-assyrien Raga (𒊑𒄤𒀀𒀭), et du nom élamite plus ancien Rakkaan (𒊑𒄤𒀀𒀭). La ville a joué un rôle majeur dans le livre de Tobie, l'histoire d'un Samaritain qui a vécu en Assyrie pendant le déclin de l'empire et qui s'est réfugié à Ray plusieurs années avant la chute de l'empire. À l'époque indiquée dans la prophétie, Ray était en dehors de l'empire néo-assyrien, et sans doute ce que les Mèdes rebelles avaient de plus proche d'une capitale entre 652 et 625 avant JC. En 652 avant JC, les Scythes occupèrent Ecbatana, la capitale des Mèdes, ainsi que la plus grande partie de l'ouest de la Médie. En 625 avant JC, Cyaxarès mena les Mèdes dans une révolte victorieuse contre les Scythes et reprit ce territoire. Il s'agirait donc d'une prophétie indirecte de la venue des rebelles mèdes pour vaincre l'Assyrie, ce qui s'est finalement produit, mais le prophète ne semble pas savoir de qui il s'agit exactement.

Si l'on considère que la prophétie portait sur la destruction de l'Assyrie par les Carmaniens, les Lihyens et les Mèdes rebelles de Ray, alors que Babylone, l'Égypte et la Lydie étaient traitées comme des sujets ou des alliés de l'Assyrie, cette prophétie n'a pu être faite qu'entre 640 et 625 avant JC. Si la prophétie avait été faite 640 avant JC, les Élamites auraient été mentionnés, et si elle avait été faite après 625 avant JC, les Mèdes auraient été nommés plutôt que leur ville de Ray. Le traducteur grec, qui peut être ou non l'auteur des longs paragraphes d'ouverture et de conclusion, n'a manifestement pas compris la géographie politique de l'époque où la prophétie a été écrite. Comme seuls des fragments de l'ancienne prophétie ont été retrouvés en grec, il est plausible que le contenu étendu ait été écrit après la traduction en grec avant d'être traduit en latin.

La raison de cette conclusion prolongée n'est pas claire, car la prophétie centrale semble très hérétique pour le christianisme et le judaïsme. La prophétie, tout en prédisant la chute de l'Assyrie, est centrée sur une lutte de pouvoir entre Dieu et les constellations, de sorte qu'elle a pu être remaniée pour discréditer l'astrologie. L'axe astrologique de la prophétie vise le Lion, appelé à la fois « constellation terrible » (sidus terribile) et « constellation prolifique » (sidus copiosum). Dans les anciennes cartes stellaires babyloniennes, l'astérisme aujourd'hui appelé Lion était connu sous le nom de [mul]Ur Gula (𒀯𒌨𒄖𒆷), ce qui signifie « [astérisme]Grand Chien. » À l'époque néo-assyrienne, il s'agissait toujours de [mul]Ur Gula (𒀯𒌨𒄖𒆷), dont le nom se traduisait par « [astérisme]Grande Bête, » qui devint plus tard le [mul]Urgula (𒀯𒌨𒆷) de l'ère néo-babylonienne, le nom étant alors simplement interprété comme « [constellation]Lion. »

Au cours des époques assyrienne et néo-assyrienne, le Lion était considéré comme l'astérisme dans lequel le soleil se levait lors du solstice d'été. En raison de la précession des équinoxes, à l'époque grecque, le Cancer était la constellation dans laquelle le soleil se levait au moment du solstice d'été. Depuis 1990, cette constellation est devenue les Gémeaux. À la fin de l'ère néo-assyrienne, le Lion a cessé de se lever juste avant le soleil, car le solstice s'est déplacé vers la cuspide entre les astérismes, ce qui semble être l'objet de cette prophétie. Le Lion étant l'astérisme qui préside à l'été, ils considéraient qu'il donnait le meilleur temps et permettait aux cultures de croître et à l'empire de prospérer. La prophétie affirmait que, parce que la constellation ne se levait plus, il y aurait des pluies extrêmes, des inondations et des tempêtes de foudre qui détruiraient les champs et les villes. Les tribus orientales y verraient un mauvais présage et envahiraient l'Assyrie.

Cette prophétie concernant la « constellation prolifique, » qui est tombée du ciel, est parallèle à celle du prophète Juda, qui a dit que la constellation « prolifique » avait été détruite, est parallèle à l'affirmation du prophète judéen Isaïe selon laquelle Heilel ben-Shachar (הֵילֵל בֶּן־שָׁחַר) vait été jeté du ciel. Heilel ben-Shachar se traduit directement par « Exaltez le fils de l'Aurore, » ce qui a souvent été lu comme un nom, bien qu'il ne soit pas clair de quoi il parlait. Les Grecs ont traduit ce nom par Heôsphoros ho prôi anatellôn (Ἑωσφόρος ὁ πρωὶ ἀνατέλλων), ce qui signifie « Eosphorus que le matin rend lumineux.» Eosphorus était le concept grec de l'étoile du matin, que les Romains ont traduit par Lucifer, leur nom pour l'étoile du matin. Selon l'interprétation rabbinique, Isaïe faisait référence à un roi arrogant, tandis que l'interprétation chrétienne a traditionnellement été qu'il parlait du diable.

Les écrits d'Isaïe sont généralement datés entre 740 et 686 avant JC, ce qui signifie qu'il a vécu pendant les conquêtes assyriennes de la Samarie et de la Babylonie dans les années 720 avant JC et l'ère relativement paisible qui a suivi, lorsque Juda était un État vassal de l'Empire néo-assyrien. Si l'expression « Exalter le fils de l'aube » fait référence au lever du soleil dans le Lion au solstice d'été, alors le Lion a dû entrer dans la cuspide avant 686 JC. Cela signifierait que la prophétie, qui date probablement d'entre 640 et 625 avant JC, ne prophétisait pas le déplacement lui-même, mais l'utilisait comme un mauvais présage que d'autres prendraient comme un signe que les dieux s'étaient retournés contre l'Assyrie.

Les dernières décennies de l'empire néo-assyrien furent chaotiques, marquées par des rébellions constantes et des tentatives répétées de coup d'État. Les historiens débattent de la raison de la perte soudaine de l'autorité des rois, mais le monde s'est retourné contre l'Assyrie. Des armées de Mèdes et de Babyloniens révoltés, soutenus par des Cimmériens et des Scythes, déferlent sur l'empire et, en 614 avant JC, Assur, la capitale ancestrale des Assyriens, tombe aux mains des forces combinées des Mèdes et des Scythes. Deux ans plus tard, en 612 avant JC, Ninive, la plus grande ville d'Assyrie, tombe, et l'empire disparaît. Les forces assyriennes restantes se sont maintenues autour de Carchemish avec l'aide des Égyptiens jusqu'en 605 avant JC, date à laquelle elles ont finalement été vaincues.

Bien que le prophète affirme plus tard que Dieu détruira toutes les constellations élevées et proéminentes, l'accent mis sur le Lion est clairement basé sur le lien entre les Néo-Assyriens et la constellation de la « Grande Bête. » Le prophète désigne cette constellation prolifique comme étant « leur constellation, » une référence au fait que chaque nation possède une constellation qui lui sert de « gardien » et de « guide » dans l'astrologie néo-assyrienne. Le terme utilisé au début de l'âge du fer était ^{déité}la-massu (⊢✝⊨⫚) dans l'empire néo-assyrien, ce qui signifie divinité/étoile protectrice. Cette croyance était bien ancrée dans la culture judaïque de l'époque et a été citée comme la raison pour laquelle les Perses ont pris le pouvoir après les Babyloniens au lieu que les Judaïques forment un empire. Le Talmud (Yoma 77a, 5) rapporte une croyance de l'époque perse, selon laquelle le messager gardien des Judéens, Gabriel, est intervenu lorsque Babylone est tombée aux mains des Perses, en protégeant les Judéens à Babylone, avant d'être brièvement dépossédé de son pouvoir. Pendant cette période, le messager gardien des Perses, Dobiel, les a guidés dans l'établissement de leur empire. Dobiel, qui se traduit par « dieu ours, » était également le nom de la constellation de la Grande Ourse, ce qui indique que les gardiens/guides des astrologues de l'époque étaient les constellations elles-mêmes. Dans l'astrologie judéenne de la fin de l'époque du Deuxième Temple, il y avait 72 de ces messagers gardiens, un pour chaque nation du monde, mais 70 s'étaient corrompus, et seuls Gabriel, le messager gardien des Judéens, et Michel, le messager gardien des Samaritains, n'avaient pas été corrompus.

Une affirmation similaire concernant la répartition par Dieu des tribus humaines entre les messagers se trouve dans le Cantique de Moïse, vers la fin du Deutéronome. Dans la version massorétique, le messager qui a reçu les Israélites en héritage était Yhůh. Il s'agit probablement d'une erreur de traduction datant de l'époque hasmonéenne, les Hasmonéens ayant tenté de réparer la Torah en y réintroduisant le nom de Yhůh, le roi Manassé étant censé l'avoir supprimé. On ne sait pas exactement quand le Chant de Moïse a été créé, mais il

semble être un ajout tardif à la Thora samaritaine, probablement après la conquête de la Samarie par les
Assyriens, car il inclut la malédiction de Moïse, qui
prophétisait que cela se produirait, mais promettait la
rédemption si les Israélites revenaient à l'adoration du
dieu de Moïse.

L'empire néo-assyrien s'est étroitement associé à
l'astérisme aujourd'hui appelé Lion, qu'il n'envisageait
pas comme un lion géant, à l'instar des cultures
ultérieures, mais comme les statues de lamassu qu'il
sculptait, avec le corps d'un lion, les ailes d'un aigle et la
tête d'un homme. Les rois de l'empire néo-assyrien se
considéraient eux aussi, et l'Assyrie elle-même, comme
des lions sur la Terre qui pouvaient dévorer tout ce qu'ils
voulaient. Les rois se livraient à des chasses au lion
annuelles qui étaient célébrées, et des reliefs élaborés
représentant ces chasses ont survécu. Dans cette apocalypse, le prophète associe les Assyriens à Leo, leur
lamassu, et prophétise que, comme Leo, qui est tombé du
ciel, l'été néo-assyrien est terminé et que la saison des
tempêtes s'annonce contre l'empire.

Malheureusement, si la plupart des références
étranges dans la prophétie principale (6ᵉ Esdras) peuvent
être considérées comme des erreurs de traduction, ces
erreurs existent depuis près de deux mille ans, depuis
que la traduction grecque originale a été faite. Le

matériel étendu (5ᵉ Esdras) que l'on trouve dans les chapitres 1 et 2 de l'apocalypse semble avoir été ajouté par le traducteur grec, qui croyait que la prophétie parlait de dragons chevauchant des chars et de nuages faisant tomber les étoiles du ciel. Par conséquent, deux copies sont incluses ici, une traduction et une restauration.

Apocalypse latine d'Esdras : Chapitre 1

Deuxième livre du prophète Esdras, fils de Seraja, fils d'Azaria, fils de Hilkija, fils de Sadamias, fils de Tsadok, fils d'Ahitub, fils d'Achias, fils de Phinées, fils d'Éli, fils d'Omri, fils d'Aziei, fils de Marimoth, fils d'Arna, fils d'Ozias, fils de Borith, fils d'Abischua, fils de Phinées, fils d'Éléazar, fils d'Aaron, de la tribu de Lévi, qui était captif au pays des Mèdes,[1] sous le règne d'Artaxerxès[2] roi des Perses.

La parole de l'Éternel[3] me fut adressée en ces termes : « Va, et montre à mon peuple ses péchés, et à ses enfants le mal qu'ils ont fait contre moi, afin qu'ils le racontent aux enfants de leurs enfants. Les péchés de leurs pères se sont accrus en eux, parce qu'ils m'ont oublié et qu'ils ont sacrifié aux dieux étrangers. Ne suis-je pas celui qui les a fait sortir du pays d'Égypte, de la maison d'esclavage ? Ils m'ont irrité, ils ont haï mon conseil. Arrache-toi les cheveux de la tête, et jette sur eux tout le mal, car ils n'ont pas obéi à ma loi, et c'est un peuple de rebelles. Jusques à quand m'éloignerai-je d'eux, à qui j'ai fait tant de bien ? J'ai fait périr beaucoup de rois à cause d'eux. J'ai détruit Pharaon, ses serviteurs et toute sa puissance. J'ai détruit devant eux toutes les nations, et j'ai dispersé à l'orient les habitants de deux provinces : Tyr et Sidon : Tyr et Sidon. J'ai tué tous leurs ennemis. »

« Dis-leur donc : ‹ Le Seigneur dit : Je vous ai fait traverser la mer, je vous ai donné dès le début un passage large et sûr. Je vous ai donné Moïse comme chef et Aaron comme prêtre. Je vous ai donné la lumière comme une colonne de feu, et j'ai fait de grands prodiges au milieu de vous, mais vous m'avez oublié. › »

Le Seigneur omnipotent[4] dit : « Les cailles étaient un signe pour vous. Je vous ai donné des tentes pour votre sécurité. Mais là, vous avez murmuré, vous n'avez pas célébré mon nom ni la destruction de vos ennemis, et vous murmurez encore aujourd'hui. Où sont les bienfaits que j'ai faits pour vous ? Quand vous aviez faim et soif dans le désert, ne m'avez-vous pas crié : Pourquoi nous as-tu amenés dans ce désert pour nous faire mourir ? Nous aurions mieux fait de servir les Égyptiens que de mourir dans ce désert. J'ai eu pitié de votre douleur, je vous ai donné la manne à manger, et vous avez mangé la nourriture des messagers. Quand vous avez eu soif, n'ai-je pas fendu le rocher et les eaux n'ont-elles pas coulé pour vous rassasier ? Pour la chaleur, je vous ai couverts de feuilles d'arbres. J'ai partagé entre vous une terre fertile, et j'ai chassé devant vous les Cananéens,[5] les Phéréziens,[6] et les Pelesets.[7] Que puis-je faire de plus pour vous ? »

Le Seigneur omnipotent dit : « Lorsque tu étais dans le désert, dans le fleuve amer, que tu avais soif et que tu blasphémais mon nom, je ne t'ai pas incinéré à cause de tes blasphèmes, mais j'ai jeté un arbre dans l'eau et j'ai rendu le fleuve doux. Que ferai-je pour toi, Jacob ? Toi, Juda, tu n'as pas voulu m'obéir. Je me tournerai vers d'autres nations, et je leur donnerai mon nom, afin qu'elles observent mes lois. Puisque tu m'as oublié, je t'abandonnerai aussi. Quand vous avez voulu que je vous fasse grâce, je n'ai pas eu pitié de vous. Quand vous m'invoquez, je ne vous exauce pas, car vous souillez vos mains par le sang, et vos pieds sont prompts au meurtre. Vous ne m'avez pas oublié, mais vous vous êtes oubliés vous-mêmes. »

Le Seigneur omnipotent dit : « Ne vous ai-je pas traités comme un père pour ses fils, comme une mère pour ses filles, comme une nourrice pour ses nourrissons, afin que vous soyez mon peuple, et que je sois votre Dieu, afin que vous soyez mes enfants, et que je sois votre père ? Je vous ai rassemblés, comme une poule rassemble ses poussins sous ses ailes ; mais maintenant, que vais-je faire de vous ? Je vous rejetterai loin de ma face. Quand vous m'offrirez des sacrifices, je détournerai de vous ma face, et j'oublierai vos fêtes, vos nouvelles lunes et vos circoncisions. J'ai envoyé vers vous mes serviteurs, les prophètes, que vous avez capturés et assassinés, dont vous avez déchiré le corps, et dont je vais exiger le sang de vos mains. »

Le Seigneur omnipotent dit : « Votre maison est désolée, et je vous chasserai comme le vent chasse le chaume. Vos enfants ne seront pas féconds, car ils ont méprisé mon commandement et fait ce qui est mal devant moi. Je donnerai vos maisons à un peuple qui viendra, et qui, sans avoir entendu parler de moi, croira en moi ; ce peuple, à qui je n'ai montré aucun signe, fera ce que je lui ai ordonné. Ils n'ont pas vu de prophètes, mais ils se souviendront de leurs péchés et les reconnaîtront. Je prends à témoin la grâce du peuple à venir, dont les petits se réjouissent dans l'allégresse, et qui, sans m'avoir vu de leurs yeux, croient en esprit à ce que je dis. »

Maintenant, frère, regarde la gloire et vois le peuple qui vient de l'Orient, auquel je donnerai pour chefs Abraham, Isaac, Jacob, Osée, Amos, Michée, Joël, Abdias, Jonas, Nahum, Habacuc, Sophonie, Aggée, Zacharie et Malachie (qui est aussi appelé messager de l'Éternel).

Apocalypse latine d'Esdras : Chapitre 1 Notes

1 Codex Sangermanensis : Medorum. Traduction : Media
Media était le nom du pays des Mèdes, un ancien peuple iranien qui vivait dans le nord de l'Iran avant l'avènement de l'Empire perse.

2 Codex Sangermanensis : Artaxersis, Traduction :
Artaxerxès

Il n'est pas précisé de quel Artaxerxès il s'agit. Le roi
Artaxerxès Ier a régné sur l'Empire perse entre 465 et 424
avant JC. Le roi Artaxerxès II a gouverné l'Empire perse
entre 404 et 358 avant JC. Le roi Artaxerxès III a régné sur
l'Empire perse entre 358 et 338 avant JC. Le roi Artaxerxès
IV a régné sur l'Empire perse entre 338 et 336 avant JC.

3 Codex Sangermanensis : Domini. Traduction : Seigneur
Le terme « Seigneur » est traité comme un nom propre dans
la traduction latine.

4 Codex Sangermanensis : Dominus omnipotens.
Traduction : Seigneur omnipotent (ou tout-puissant)

Il s'agit généralement d'une traduction du grec cyrios
pantokrátor (κύριος παντοκράτωρ), qui était une traduction
du judaïque ådny šdy (𐤆𐤀𐤅 𐤆𐤉𐤀𐤀𐤗) signifiant Seigneur
puissant.

5 Codex Sangermanensis : Chananeos. Traduction :
Cananéens

Les Cananéens étaient l'ancien peuple d'Israël, de Palestine,
du Liban et de l'ouest de la Syrie. Le nom Canaan est dérivé
du mot cananéen/phénicien Knôn (𐤉𐤏𐤉𐤉), qui semble lui-
même dérivé du nom babylonien ancien de la région
^{kur}Kinaḫnum (𒆳𒆠𒈾𒄴𒉡). Le nom babylonien ancien
proviendrait du mot kinaḫnu (𒆠𒈾𒄴𒉡), qui signifie
« teinture rouge » ou « teinture pourpre. » Tout au long de son

143

histoire, Canaan a été une source importante de textiles, en particulier de laine teinte en rouge et en violet. Ils étaient également connus sous le nom de Phéniciens (Φοίνικες), d'après le terme grec signifiant « peuple pourpre, » qui semble avoir été hérité du mycénien ponikijo (𐀡𐀛𐀑𐀍), lui-même dérivé de l'ancien égyptien fnḫů (𓏏𓆑𓈖𓐍), qui signifiait « charpentier » ou « bûcheron, » probablement parce que Canaan était la source de la majeure partie du bois utilisé dans l'Égypte ancienne. Ce nom alternatif pour la région a continué à être utilisé par les Cananéens aussi bien dans, comme Pt (𐤐𐤕) et son peuple comme le Pnym (𐤐𐤍𐤉𐤌). Le terme le plus ancien pour la région, utilisé dans les textes ougaritiques, était ådm (𐎀𐎄𐎎), qui signifie également « rouge. »

6 Codex Sangermanensis : Ferezeos. Traduction : Phéréziens
Les Phéréziens sont mentionnés dans la Thora comme ayant vécu en Canaan avant que les Israélites ne s'installent dans la région. Le mot « Phéréziens » (פְּרִזִּי) signifie « peuple qui vit à la campagne » ou « peuple rural, » dont les archéologues israéliens modernes pensent qu'il a été assimilé à l'ancienne population israélite.

7 Codex Sangermanensis : Philistheos. Traduction : Philistins
Le terme équivalent dans les textes massorétiques est pelishti (פְּלִשְׁתִּי), qui se traduit par Philistin ou Palestinien. Les Peleseti étaient un peuple ancien basé dans la région de l'actuelle bande de Gaza, dans les territoires palestiniens. La plus ancienne mention qui nous soit parvenue d'eux provient

des reliefs du temple de Ramsès III à Medinet Habou en Égypte, datant d'une période comprise entre 1186 et 1155 avant JC, dans lesquels ils étaient appelés Půlåsåtî (𓂋𓏏𓏭𓈖𓏏𓀀𓏥). Ils étaient également connus en cunéiforme sous le nom de ᵏᵘʳPalastu (𒆳𒉺𒆷𒀸𒌈).

On ne sait pas exactement d'où ils venaient, mais une théorie veut qu'il s'agisse des Pala, un peuple luwien de la côte anatolienne de la mer Noire. La région était un pays indépendant appelé Palaa (𒉺𒆷𒀀) dans les documents neshites (hittites) des années 1600 avant JC, mais elle était devenue une partie de l'empire neshite dès les années 1500 avant JC. À l'époque où les Peleset ont envahi Canaan, les Pala ont été chassés de leur patrie par les Kaskians voisins du nord-est de l'Anatolie, ce qui confirme le lien entre les groupes, mais il reste encore à le prouver de manière concluante. Si l'on trouve généralement le terme dans les textes massorétiques relatifs à l'époque de Josué, des siècles avant que les Peleseti n'émigrent dans la région, il s'agit là d'une interprétation datant de l'âge du fer, et non d'une interprétation universelle. Certains targums utilisent l'expression « ceux qui vivaient dans le pays des Pelishti, » tandis qu'à d'autres endroits, les auteurs des targums remplacent Pelishti par le mot « feux. » Le terme « feux » est probablement une relique du terme original, car les Amorites occupaient la région avant l'époque de Josué, et les Égyptiens les appelaient « feux » par dérision. Cette référence aux Peleset au lieu des Amorites dépend de la traduction de Josué au début de l'âge du fer, qui a ensuite été traduit en judéen et en araméen, puis en hébreu et en grec.

Apocalypse latine d'Esdras : Chapitre 2

Le Seigneur dit : « J'ai tiré ce peuple de l'esclavage, et je lui ai donné mes commandements par l'intermédiaire de mes serviteurs les prophètes ; ils n'ont pas voulu les écouter, et ils ont détesté mes conseils. La mère qui les portait leur a dit : ‹ Allez seuls, mes enfants, car je suis veuve et oubliée. Je vous ai élevés dans la joie, mais je vous ai perdus dans la tristesse et l'angoisse, parce que vous avez péché devant le Seigneur, votre Dieu, et que vous avez fait ce qui est mal devant lui. Que vais-je faire de toi ? Je suis veuve et oubliée ; allez seuls, mes enfants, et demandez grâce au Seigneur. › »

« Pour moi, Père, je t'appelle en témoignage sur la mère de ces enfants qui n'ont pas voulu garder mon alliance, afin que tu les réduises à la confusion, et leur mère à la ruine, pour qu'il n'y ait pas de descendance d'eux. Qu'ils soient dispersés parmi les nations ! Que leur nom disparaisse de la terre, Parce qu'ils ont méprisé mon alliance. Malheur à toi, Assyrie,[1] qui caches l'iniquité au milieu de toi ! Peuple méchant, souviens-toi de ce que j'ai fait à Sodome et à Gomorrhe, dont la terre est réduite en mottes de poix et en monceaux de cendres. Je ferai la même chose à ceux qui ne veulent pas écouter, » dit le Seigneur omnipotent.

Le Seigneur dit à Esdras : « Dis à mon peuple que je lui donnerai le royaume de Jérusalem, que j'aurais donné à

Israël. Je prendrai aussi pour moi leur gloire, et je leur donnerai les tabernacles éternels que j'avais préparés pour eux. Ils ont l'arbre de vie comme parfum de bonne odeur, et ils ne travailleront pas et ne se fatigueront pas. Allez, et vous recevrez. »

« Priez pour les quelques jours qui vous restent, afin qu'ils soient abrégés. Le royaume est déjà prêt pour vous. Prenez le ciel[2] et la terre[3] à témoin, car j'ai brisé le mal et créé le bien, je suis vivant, » dit le Seigneur.

« Mère, embrasse tes enfants et élève-les dans la joie. Rends leurs pieds fermes comme une colonne, car c'est toi que j'ai choisie, » dit le Seigneur.

« Je ressusciterai les morts et je les ferai sortir des tombeaux, car j'ai fait connaître mon nom à Israël. Ne crains pas, mère des enfants, car je t'ai choisie, » dit le Seigneur.

« Pour t'aider, j'enverrai mes serviteurs Ésaü et Jérémie, dont j'ai sanctifié le conseil, et je te préparerai douze arbres chargés de fruits divers, autant de fontaines où coulent le lait et le miel, et sept montagnes puissantes où croissent les roses et les lis, grâce auxquelles je comblerai de joie tes enfants. Faites droit à la veuve. Jugez l'orphelin, et donnez au pauvre. Défendez l'orphelin, habillez celui qui est nu, guérissez celui qui est brisé et faible, et ne vous moquez pas d'un boiteux pour lui faire honte. Défends le mutilé, et que l'aveugle vienne à la vue de ma clarté. Gardez les vieux et les jeunes dans vos murs. Partout où vous trouverez des morts, prenez-les et enterrez-les, et je vous donnerai la première place dans ma résurrection. Restez tranquilles, mon peuple, et reposez-vous, car votre tranquillité vient encore. Nourrissez vos enfants, bonne nourrice, et affermissez leurs pieds. Quant aux serviteurs que je vous ai donnés, aucun d'eux ne périra, car je les prendrai parmi vous. Ne vous lassez pas, car au jour de la détresse et du malheur, d'autres pleureront et seront tristes, mais vous, vous serez dans la joie et dans l'abondance. Les nations vous envieront, mais elles ne pourront rien contre vous, » dit le Seigneur.

« Mes mains te couvriront pour que tes enfants ne voient pas le séjour des morts. Sois dans l'allégresse, mère avec tes enfants, car je te délivrerai, » dit le Seigneur.

« Souvenez-vous, vos enfants qui dorment, car je les ferai sortir des flancs de la terre, et je leur ferai miséricorde, car je suis miséricordieux, » a dit le Seigneur omnipotent. « Embrassez vos enfants jusqu'à ce que je vienne et que je leur fasse miséricorde, car mes puits débordent et ma grâce est inépuisable. »

Moi, Esdras, j'ai reçu du Seigneur, sur le mont Horeb, l'ordre d'aller en Israël, mais quand je suis arrivé chez eux, ils m'ont considéré comme un rien et ont méprisé les commandements du Seigneur. C'est pourquoi je vous dis, païens qui entendez et comprenez, cherchez votre berger, il vous donnera le repos éternel, car il est proche, lui qui viendra à la fin du monde. Soyez prêts pour la récompense du royaume, car la lumière éternelle brillera sur vous pour toujours. Fuyez l'ombre de ce monde, et recevez la joie de votre gloire. Je témoigne ouvertement de mon Sauveur. Recevez le don qui vous est fait, et soyez dans l'allégresse, en rendant grâce à celui qui vous a conduits au royaume des cieux. Lève-toi et tiens-toi debout, et vois le nombre de ceux qui sont scellés dans le festin du Seigneur, qui ont quitté l'ombre du monde et qui ont reçu du Seigneur des vêtements de gloire. Compte ton nombre, Sion, et enferme celles d'entre toi qui sont vêtues de blanc, qui ont accompli la loi du Seigneur. Le nombre de tes enfants, que tu désirais ardemment, est accompli. Implore la puissance du Seigneur, afin que ton peuple, appelé dès le commence-ment, devienne sacré.

Moi, Esdras, j'ai vu sur la montagne de Sion un peuple nombreux, que je n'ai pas pu compter, et tous louaient le Seigneur par des chants. Parmi eux, il y avait un jeune homme de haute stature, plus grand que tous les autres ; sur la tête de chacun d'eux, il mettait des couronnes et s'élevait plus haut, ce qui m'étonna beaucoup. J'interrogeai le messager, et je lui dis : « Seigneur, qu'est-ce que c'est ? »

Il me répondit : « Ce sont ceux qui ont ôté le vêtement mortel pour revêtir l'immortel, et qui ont confessé le nom de Dieu. Ils sont maintenant couronnés et reçoivent des palmes. »

Je demandai alors au messager : « Qui est ce jeune homme qui les couronne et qui leur met des palmes dans les mains ? »

Il me répondit : « C'est le Fils de Dieu, qu'ils ont confessé dans le monde. » Je me mis alors à faire l'éloge de ceux qui défendaient si fermement le nom du Seigneur, et le messager me dit : « Va-t'en, et raconte à mon peuple les choses que tu as vues et les grands prodiges du Seigneur, ton Dieu. »

Apocalypse latine d'Esdras : Chapitre 2 Notes

1 Codex Sangermanensis : Assur. Traduction : Assyrie

Assur, également appelé Ashur ou Qal'at Sherqat, était le nom de l'ancienne capitale assyrienne de l'époque de l'Ancien Empire jusqu'au début de l'époque néo-assyrienne, lorsque le roi Ashur-nasir-pal II déplaça la capitale vers la ville de Kalhu, également appelée Nimrud, en 879 avant JC. L'apocalypse mentionne l'Assyrie à de nombreuses reprises et prophétise la chute de l'Assyrie à plusieurs reprises, ce qui est étrange, car l'empire néo-assyrien est tombé en 609 avant JC, et les restes de la population assyrienne n'ont jamais exercé de pouvoir politique sur la région. L'apocalypse prophétise également le siège de Babylone, qui est tombée en 539 avant JC, ce qui indique que l'auteur considérait les Carmaniens comme indépendants alors qu'ils ne l'étaient plus depuis avant la chute de Babylone, et suggère que les tribus Lihyan étaient une puissance majeure en Arabie, ce qui était exact de l'époque néo-assyrienne jusqu'à l'époque perse, mais pas lorsque l'apocalypse est censée avoir vu le jour. Tout cela dessine la carte d'un monde plus ancien et suggère que l'Apocalypse n'était pas simplement l'invention de quelqu'un au début de l'ère chrétienne qui l'a attribuée à Esdras, mais la traduction d'une prophétie beaucoup plus ancienne, qui a été réattribuée à Esdras.

2 Codex Sangermanensis : Caelum. Traduction : ciel (ou Uranus)

Le texte israélite plus ancien invitait le ciel et la terre à agir comme témoins entre Dieu et l'homme à de nombreuses reprises. Tous deux étaient considérés comme des dieux à part entière dans les religions araméennes, ce qui confirme que l'auteur est syrien.

Dans les textes massorétiques, le ciel était appelé Shamajim (שָׁמַיִם), et dans la Septante, il était appelé Uranus (οὐρανὸν). Dans les deux cas, ils sont décrits comme des êtres intelligents. Les Cananéens adoraient Ba'al Shamin (בעל שמין) comme l'un de leurs dieux, dont le nom signifie Seigneur du ciel. La version araméenne était Ba'al Samin (ܒܥܠ ܫܡܝܢ) qui a continué à être adoré au Liban et en Syrie au moins jusqu'au 1er siècle de notre ère. Ces dieux cananéens étaient pratiquement identiques au dieu primordial grec Uranus. L'idée d'appeler la Terre et le Ciel comme témoins était probablement une expression archaïque à l'époque où cette apocalypse a été écrite, ce qui suggère qu'elle a pu être rédigée dès le premier siècle.

3 Codex Sangermanensis : terram. Traduction : terre (ou boue, Terre, Tellus)

Le texte israélite plus ancien invitait à plusieurs reprises le ciel et la terre à agir comme témoins entre Dieu et l'homme. Tous deux étaient considérés comme des dieux à part entière dans les religions araméennes, ce qui confirme que l'auteur était syrien.

Dans les textes massorétiques, la terre était appelée Eretz (אֶרֶץ) et dans la Septante, elle était appelée Ge (γῆ). Dans les deux cas, elle est décrite comme intelligente. On ne sait pas si les Cananéens vénéraient une déesse de la Terre appelée Eretz, mais on suppose qu'Asherah était peut-être une déesse de la Terre en raison de son lien avec les bosquets d'arbres sacrés. Elle était considérée comme l'épouse d'El (𒀭 / 𐎛𐎍 / 𐤀𐤋) par les Cananéens, et comme la mère de Yhů (𐤉𐤄𐤅) par les premiers Israélites. Son nom apparaît à de nombreuses reprises dans le Tanakh comme l'une des déesses adorées par les premiers Israélites avant la captivité babylonienne. En Édom, on adorait la déesse de la Terre Adamah, qui apparaît dans la version massorétique des Nombres pour dévorer Koré et ses partisans. Dans la Septante, c'est Ge qui a mangé Koré.

Le concept grec de Ge (également appelée Gaia) n'est pas non plus très clair, car il s'agissait d'un dieu primordial, mais il n'y avait pas de temples qui lui étaient dédiés. L'idée d'appeler la Terre et le Ciel comme témoins était probablement une expression archaïque à l'époque où cette apocalypse a été écrite, ce qui suggère qu'elle a pu être écrite dès le premier siècle.

Apocalypse latine d'Esdras : Chapitre 3

« Raconte à mon peuple les paroles de la prophétie que je mettrai dans ta bouche, » dit le Seigneur. « Mets-les sur le papier, car elles sont fidèles et vraies. Ne crains pas les pensées dirigées contre toi, ne te laisse pas troubler par l'incrédulité de ceux qui parlent contre toi. Tous les infidèles mourront dans leur infidélité. »

« Regarde, dit le Seigneur, je vais faire venir sur le monde des fléaux, l'épée, la famine, la mort et la destruction, car la méchanceté a souillé toute la terre, et leurs œuvres nuisibles se sont accomplies. »

« C'est pourquoi, dit le Seigneur, je ne retiendrai plus ma langue sur la méchanceté qu'ils commettent, et je ne leur permettrai pas de faire ce qu'ils font par méchanceté. Voyez croître devant moi le sang innocent et juste, et l'esprit des justes se plaindre sans cesse. »

« C'est pourquoi, dit le Seigneur, je les vengerai, et je recevrai pour moi tout le sang innocent d'entre eux. Voici, mon peuple est mené comme un troupeau à la boucherie, et je ne lui permettrai pas maintenant de vivre dans le pays d'Égypte, mais je le ramènerai par une main puissante et un bras étendu, et je détruirai l'Égypte par des fléaux, comme auparavant, et j'anéantirai tout le pays. L'Égypte sera dans le deuil, et ses fondements seront détruits par la plaie et le châtiment que Dieu lui infligera. Ceux qui cultivent la terre se lamenteront, car leurs semences seront détruites par le souffle et la grêle, et sous l'effet de la terrible constellation. »[1]

« Malheur au monde et à ses habitants ! L'épée et leur destruction approchent. Un peuple se lèvera et se battra contre un autre, l'épée à la main. Il y aura de la sédition parmi les hommes, et ils s'envahiront les uns les autres. Ils ne tiendront compte ni de leurs rois ni de leurs chefs, et ils décideront eux-mêmes de leurs actions. Un homme voudra entrer dans une ville, et il ne le pourra pas. A cause de leur orgueil, les villes seront troublées, les maisons seront détruites, et les hommes auront peur. L'homme n'aura pas pitié de son prochain, mais il détruira ses maisons par l'épée et pillera ses biens, à cause du manque de nourriture et de la grande tribulation. »

« Regarde, dit Dieu, j'appellerai tous les rois de la terre à me révérer, ceux du soleil levant, du midi, de l'orient et du Liban, pour qu'ils se retournent les uns contre les autres, et qu'ils rendent ce qu'ils leur ont fait, comme ils le font encore aujourd'hui à mes élus, je le ferai aussi, et je les rendrai dans la poitrine. »

Le Seigneur Dieu dit : « Ma droite n'épargnera pas les pécheurs, et mon épée ne s'arrêtera pas sur ceux qui versent le sang innocent sur la terre. Le feu est sorti de sa colère et a consumé les fondements de la terre, et les pécheurs, comme la paille qui s'enflamme. Malheur à ceux qui pèchent et qui n'observent pas les commandements ! »

Le Seigneur dit : « Je ne les épargnerai pas. Car le Seigneur connaît tous ceux qui pèchent contre lui, et c'est pourquoi il les livre à la mort et à la destruction. Maintenant, les fléaux sont venus sur toute la terre, et vous resterez au milieu d'eux, car Dieu ne vous délivrera pas, puisque vous avez péché contre lui. »

« Regardez, une vision horrible et l'apparition de ceux de l'Orient. Je fais sortir d'Arabie[2] des tribus de dragons qui s'avanceront avec de nombreux chars, et leur nuée sera portée comme le vent sur la terre, afin que tous ceux qui l'entendent aient peur et tremblent. Les Carméniens[3] furieux, sortiront comme les sangliers de la forêt ; ils viendront avec une grande puissance, engageront le combat avec eux, et détruiront une partie du pays des Assyriens. Alors les dragons auront le dessus, se souvenant de leur nature, et s'ils se replient sur eux-mêmes, conspirant ensemble avec une grande puissance pour les persécuter, alors ils seront troublés et saigneront, et se tairont par leur puissance, et ils s'enfuiront. Du pays des Assyriens, l'ennemi les assiégera et en consumera une partie ; il y aura dans leurs armées de la crainte et de l'effroi, et des querelles entre leurs rois. »

« Regardez, une nuée[4] vient de l'orient, du nord au sud, et ils sont très horribles à voir, pleins de colère et d'orages.[5] Ils s'attaqueront les uns les autres, et ils renverseront sur la terre la constellation prolifique[6] leur propre constellation, et le sang coulera de l'épée jusqu'au ventre, jusqu'aux fémurs des hommes, jusqu'aux pattes de derrière des chameaux. Il y aura de l'effroi et un grand tremblement dans tout le pays ; ceux qui verront leur rage seront épouvantés, et le tremblement s'emparera d'eux. Je susciterai alors de nombreux nuages venant du sud et du nord, et un autre groupe venant de l'ouest. Ils seront écrasés par le vent[7] de l'est, et découvriront la multitude soulevée par la colère. La constellation fera connaître la corruption à l'orient, et l'occident sera violé. »

« Je ferai surgir des multitudes, grandes et fortes, pleines de fureur et de constellations,[8] qui viendront de toute la terre et de ses habitants, et je détruirai plus que toutes les constellations hautes et éminentes.[9] Il y aura un feu terrible, de la grêle et des comètes,[10] et tant d'eau que tous les champs seront inondés et que tous les fleuves déborderont, ce qui détruira les villes et les murailles, les montagnes et les collines, les arbres des forêts, l'herbe des prairies et leur grain. »

« Ils iront résolument vers Babylone,[11] et ils l'effrayeront. Ils viendront vers elle et l'assiégeront, et ils déchaîneront contre elle la rébellion et toute la fureur.[12] Alors la poussière et la fumée monteront vers le ciel, et tous ceux qui seront près d'elle la pleureront. Ceux qui resteront sous elle, serviront ceux qui l'auront mise en crainte. Toi, Asie,[13] qui partages l'espérance de Babylone et de sa gloire, malheur à toi, misérable, parce que tu t'es fait semblable à elle, et que tu as habillé tes filles comme des prostituées, pour qu'elles plaisent et se glorifient auprès de tes amants qui ont toujours désiré se prostituer avec toi. Tu as suivi celle qui est haïe dans toutes ses œuvres et dans toutes ses inventions. »

« C'est pourquoi, dit Dieu, j'enverrai sur vous des fléaux, le veuvage, la pauvreté, la famine, l'épée et la peste, pour ravager vos maisons par la destruction et la mort. L'éclat de votre puissance se desséchera comme une fleur, la chaleur s'élèvera qu'on envoie sur vous. Tu seras affaiblie comme une pauvre femme qu'on a fouettée, comme quelqu'un qu'on a châtié avec des blessures, de sorte que les puissants et ses amants ne pourront pas la recevoir. Aurais-je, par jalousie, agi ainsi contre toi ? »

Le Seigneur dit : « Si tu n'avais pas toujours tué mes élus, en exaltant le coup de tes mains, et en disant sur leurs morts, quand tu étais ivre : ‹ Fais valoir la beauté de ton visage, › la récompense de ta prostitution sera la même que celle de ton père. La récompense de ta prostitution sera dans ta poitrine, et c'est pourquoi tu recevras un remboursement. »

Le Seigneur dit : « Ce que vous avez fait à mes élus, Dieu le fera à votre égard et vous livrera à la détresse. Vos enfants mourront de faim, et vous tomberez sous les coups de l'épée. Vos villes seront détruites, et vous périrez tous par l'épée dans les champs. Ceux qui sont dans les montagnes mourront de faim, ils mangeront leur corps et boiront leur sang, parce qu'ils auront faim de pain et soif d'eau. Vous traverserez la mer dans la misère, et vous recevrez encore des fléaux. Dans le passage, ils se précipiteront sur la ville déserte, détruiront une partie de ton pays, consumeront une partie de ta gloire, et retourneront à Babylone qui a été détruite. Ils te jetteront comme un monceau de pierres, ils seront pour toi comme un feu et ils te consumeront, toi, tes villes, tes terres et tes montagnes, ils brûleront toutes tes forêts et tes vergers. Ils emmèneront tes enfants comme esclaves, et ils pilleront ce que tu possèdes, et ils abîmeront la beauté de ton visage. »

Apocalypse latine d'Esdras : Chapitre 3 Notes

1 Codex Sangermanensis : sidus terribile. Traduction : constellation (ou astérisme, étoile) terrible (ou horrible, affreux)

Le latin « constellation terrible » (sidus terribile) est utilisé comme traduction alternative de la « constellation prolifique » (sidus copiosum) que l'on trouve plus loin dans le texte, ce qui suggère que l'une était le nom et l'autre une référence à l'importance de la constellation pour les Assyriens. L'explication la plus probable est qu'il s'agit d'une référence à la constellation appelée aujourd'hui Lion. Dans les anciennes cartes stellaires babyloniennes, l'astérisme était connu sous le nom de ^{mul}Ur Gula (𒀯𒌨𒃲), ce qui signifie « ^{astérisme}Grand Chien. » À l'époque néo-assyrienne, c'était encore ^{mul}Ur Gula (𒀯𒌨𒃲), mais le nom se traduisait par « ^{astérisme}Grande Bête, » qui devint plus tard le ^{mul}Urgula (𒀯𒌨𒃲) de l'ère néo-babylonienne, dont le nom était alors simplement interprété comme « ^{constellation}Lion. » Au cours de l'époque assyrienne moyenne et néo-assyrienne, le Lion était considéré comme l'astérisme dans lequel le soleil se levait au moment du solstice d'été. En raison de la précession des équinoxes, à l'époque grecque, le Cancer était la constellation dans laquelle le soleil se levait lors du solstice d'été. Depuis 1990, cette constellation s'est déplacée vers les Gémeaux. À la fin de l'ère néo-assyrienne, le Lion a cessé de se lever juste avant le soleil lorsque le solstice s'est déplacé vers la cuspide entre les astérismes, ce qui semble être l'objet de cette prophétie.

Le Lion étant l'astérisme qui préside à l'été, ils considéraient qu'il donnait le meilleur temps et permettait aux cultures de croître et à l'empire de prospérer. La prophétie affirmait que, parce que la constellation ne se levait plus, il y aurait des pluies extrêmes, des inondations et des tempêtes de foudre qui détruiraient les champs et les villes. Les tribus orientales y verraient un mauvais présage et envahiraient l'Assyrie. Cette prophétie concernant la « constellation prolifique, » qui est tombée du ciel, est parallèle à celle du prophète Juda, qui a dit que la constellation « prolifique » serait détruite, est parallèle à l'affirmation du prophète judéen Isaïe selon laquelle Heilel ben-Shachar (הֵילֵל בֶּן־שָׁחַר) avait été jeté du ciel. Heilel ben-Shachar se traduit directement par « Exaltez le fils de l'Aurore, » ce qui a souvent été lu comme un nom, bien qu'il ne soit pas clair de quoi il parlait. Les Grecs ont traduit ce nom par Heôsphoros ho prôi anatellôn (Ἑωσφόρος ὁ πρωὶ ἀνατέλλων), ce qui signifie Eosphorus que le matin rend lumineux. Eosphorus était le concept grec de l'étoile du matin, que les Romains ont traduit par Lucifer, leur nom pour l'étoile du matin. Selon l'interprétation rabbinique, Isaïe faisait référence à un roi arrogant, tandis que l'interprétation chrétienne a traditionnellement été qu'il parlait du diable.

Les écrits d'Isaïe sont généralement datés entre 740 et 686 avant JC, ce qui signifie qu'il a vécu pendant les conquêtes assyriennes de Samarie et de Babylone dans les années 720 avant JC et l'ère relativement paisible qui a suivi, lorsque Juda était un État vassal de l'Empire néo-assyrien. Si l'expression « Exalter le fils de l'aube » fait référence au lever du soleil dans le Lion au solstice d'été, alors le Lion a dû entrer dans la cuspide avant 686 JC. Cela signifierait que la prophétie, qui date probablement d'entre 640 et 625 avant JC, ne prophétisait pas le déplacement lui-même, mais l'utilisait comme un mauvais présage que d'autres prendraient comme un signe que les dieux s'étaient retournés contre l'Assyrie.

Les dernières décennies de l'empire néo-assyrien furent chaotiques, marquées par des rébellions constantes et des tentatives répétées de coup d'État. Les historiens débattent de la raison de la perte soudaine de l'autorité des rois, mais le monde s'est retourné contre l'Assyrie. Des armées de Mèdes et de Babyloniens révoltés, soutenus par des Cimmériens et des Scythes, déferlent sur l'empire et, en 614 avant JC, Assur, la capitale ancestrale des Assyriens, tombe aux mains des forces combinées des Mèdes et des Scythes. Deux ans plus tard, en 612 avant JC, Ninive, la plus grande ville d'Assyrie, tombe, et l'empire disparaît. Les forces assyriennes restantes se sont maintenues autour de Carchemish avec l'aide des Égyptiens jusqu'en 605 avant JC, date à laquelle elles ont finalement été vaincues.

2 Codex Sangermanensis : nationes draconum Arabum.
Traduction : nations de dragons Arabes

Si l'Apocalypse latine était basée sur une version grecque, le terme traduit par draconum aurait dû être drákontes (δράκοντες), un mot utilisé dans la Septante. Cependant, les nations de dragons arabes chevauchant des chars constituent une prophétie pour le moins inhabituelle. Le mot le plus souvent traduit par « dragon » dans la Septante est reflété par lůytn (לויתן) dans le texte massorétique, un mot qui signifie « crocodile » en hébreu moderne et qui est généralement anglicisé en Léviathan. L'orthographe araméenne documentée est identique, lůytn (לﬠﬨﬥ), cependant, l'orthographe antérieure dans le texte ougaritique des années 1300 avant JC, était Ltn (𐎍𐎚𐎐), le nom d'un monstre marin communément anglicisé en Lotan. Le terme lůytn est utilisé dans les premiers textes israélites, qui ont été écrits avant l'adoption de l'écriture araméenne et le développement de l'hébreu classique, de sorte qu'il doit y avoir eu une forme cananéenne (judaïque et samaritaine), mais elle n'a pas survécu. Il aurait pu s'agir d'une variante de ltn (𐤉𐤕𐤋), lůtn (𐤉𐤕𐤅𐤋), ou lůytn (𐤉𐤕𐤆𐤅𐤋), ou peut-être de plusieurs, car les différents dialectes cananéens orthographiaient certains mots différemment.

Si l'on admet que quelque chose a été perdu dans la traduction de « nations de dragons arabes chevauchant des chars, » l'explication la plus probable est que le texte sémitique original se lisait Lhyn (לחין / 𐤉𐤄𐤋 / 𐤉𐤆𐤄𐤋), qui a été interprété à tort comme une variante de lůytn par la traduction grecque. Si c'est le cas, la prophétie concernait des « tribus de Lihyans arabes montés sur des chars. » Les Lihyans devinrent la tribu la plus puissante du nord de l'Arabie à l'époque néo-assyrienne. Ils établirent leur capitale dans la ville de Dedan, que le prophète israélite Ézéchiel rapporte avoir échangée avec Tyr au 7e siècle avant JC. À la fin de l'ère néo-babylonienne, la *Chronique de Nabonide* rapporte que les Lihyans avaient un roi, mais la majeure partie de l'Arabie du Nord-Ouest était occupée par les Babyloniens. Lorsque l'empire néo-babylonien est tombé, le royaume de Lihyan s'est rapidement développé, occupant la majeure partie de l'Arabie du Nord-Ouest. À l'époque, le golfe d'Aqaba est devenu le golfe de Lihyan. La culture a prospéré pendant l'ère perse et a atteint son apogée entre 552 et 353 avant JC. Cependant, elle a décliné lorsque l'économie perse s'est contractée et que les marchands grecs se sont emparés des routes commerciales perses. Elle a connu des difficultés économiques pendant deux siècles, en raison de l'émergence d'États arabes plus puissants qui entretenaient des liens commerciaux étroits avec les Grecs, et a finalement été vaincue par les Nabatéens dans une série de batailles au 1er siècle avant JC. Il est admis qu'elle a perdu l'essentiel de sa puissance en 65 avant JC, puis qu'elle a été conquise en 24 avant JC.

Comme cette date est antérieure à celle à laquelle l'Apocalypse est généralement datée, cela rend une prophétie du début de l'ère chrétienne sur des tribus de Lihyans chevauchant des chars aussi improbable que des nations de dragons chevauchant des chars. Si l'origine des dragons est une erreur de lecture du mot « Lihyans, » cela indique que l'origine de la prophétie est bien antérieure, à l'époque néo-assyrienne, néo-babylonienne ou perse. Elle confirme également que la prophétie a été lancée par quelqu'un d'autre qu'Esdras le Scribe, qui est arrivé à Jérusalem pour réorganiser la ville et reconstruire les murs en 351 avant JC, alors que l'Empire perse commençait déjà à s'effondrer sur le plan économique. C'est à cette époque que l'économie perse a commencé à s'affaiblir. De plus, Esdras le Scribe n'a pas prétendu être un prophète. Par conséquent, le nom figurant au début de la prophétie a probablement été ajouté plus tard, lorsque la prophétie a été réattribuée à « Esdras. » Cette datation antérieure expliquerait également comment le mot Lihyan a pu être facilement mal interprété par un traducteur grec, en particulier au début de l'ère chrétienne, après la disparition de la civilisation.

3 Codex Sangermanensis: Carmonii. Traduction : Carmaniens

Les Carmaniens sont un peuple persan de la province de Kerman, dans le sud-est de l'Iran. Le nom de la région a été enregistré en vieux persan comme Karmanā (𐎣𐎼𐎶𐎴𐎠). Les Grecs ont translittéré le nom perse de plusieurs façons, notamment Carmanioe (Καρμάνιοι), Carmanitoe (Καρμανιτοι) ou Germanioe (Γερμάνιοι). La Carmanie était habitée sans discontinuer depuis l'âge du bronze, cependant la tribu iranienne des Carman serait arrivée dans la région au 8e siècle avant JC. Cyrus le Grand a conquis la Carmanie peu avant de conquérir la Babylonie au milieu du 6e siècle avant JC. Selon l'historien babylonien Bérose, datant du 3e siècle avant JC, Cyrus le Grand a accordé à Nabonide, le dernier roi de Babylone, la Carmanie comme royaume vassal après avoir conquis la Babylonie.

Les Carmaniens étaient un peuple semi-légendaire au début de l'ère chrétienne, considéré comme un peuple guerrier qui, selon Strabon (Στράβων) dans sa *Geographica* (Γεωγραφικά), publiée entre 7 et 18 après JC, pratiquait le cannibalisme. Il n'est pas certain que cela soit vrai, cependant, la région était civilisée pendant toute l'ère grecque, et des rois y ont été enregistrés comme se flétrissant. Comme la prophétie indique que les Carmaniens sont indépendants, cela suggère que la prophétie originale a été enregistrée pour la première fois à l'époque néo-assyrienne ou néo-babylonienne, avant que

Cyrus ne conquière la Carmanie. Le fait que les Mèdes et les Perses ne soient pas mentionnés du tout après l'introduction, qui semble être un ajout ultérieur, suggère que cette prophétie a été faite avant que les Mèdes ne deviennent politiquement importants à la fin du 7e siècle avant JC.

4 Codex Sangermanensis : nubs. Traduction : multitude (ou essaim, brume, fumée, nuage, fantôme, obscurité)

Le mot latin « nubs » peut être lu comme la forme singulière de « nuage, » « fumée, » « poussière » ou « brouillard, » mais le verset fait référence aux nubs au pluriel, et il est donc souvent traduit par « nuages. » Dans cette traduction, le mot « pourrait » est utilisé, mais « multitude » est utilisé dans la restauration, car une multitude peut être exprimée au singulier ou au pluriel. Si des « nuages » faisant tomber des étoiles du ciel sont plus évocateurs qu'une multitude faisant tomber une constellation du ciel, la référence à l'une de ces constellations confirme qu'il s'agit d'une référence à une nation.

5 Codex Sangermanensis : procellae. Traduction : agression (ou invasion, incursion, assaut, tempêtes, vents)

Si le mot « multitude » (nubs) est traduit par « nuage, » le terme « tempêtes » est généralement utilisé ici.

6 Codex Sangermanensis : sidus copiosum. Traduction : constellation (ou astérisme, étoiles) prolifique (ou abondant)

La forme de sidus est singulière, ce qui suggère que le terme traduit par copiosum était un nom ou une description, et non une référence à « beaucoup » comme on le traduit souvent. Dans l'astrologie néo-assyrienne et néo-babylonienne, chaque nation avait une constellation qui lui servait de « gardien » et de « guide. » Le terme utilisé au début de l'âge du fer était ^{déité}lamassu (𒀭𒆗𒈦) dans l'empire néo-assyrien, ce qui signifie divinité/étoile protectrice. Cette croyance était bien ancrée dans la culture judaïque de l'époque et a été citée comme la raison pour laquelle les Perses ont pris le pouvoir après les Babyloniens au lieu que les Judaïques forment un empire. Le Talmud (Yoma 77a, 5) rapporte une croyance de l'époque perse, selon laquelle le messager gardien des Judéens, Gabriel, est intervenu lorsque Babylone est tombée aux mains des Perses, en protégeant les Judéens à Babylone, et qu'il a ensuite été brièvement privé de son pouvoir. Pendant cette période, le messager gardien des Perses, Dobiel, les a guidés dans l'établissement de leur empire. Dobiel, qui se traduit par dieu-ours, est également le nom de la constellation Ursa Major, ce qui indique que les gardiens/guides des astrologues de l'époque étaient les constellations elles-mêmes. Dans l'astrologie judéenne de la fin de l'époque du Second Temple, il y avait 72 de ces messagers gardiens, un pour chaque nation du monde, mais 70 s'étaient corrompus, et seuls Gabriel, le messager gardien des Judéens, et Michel, le messager gardien des Samaritains, n'avaient pas été corrompus.

Une affirmation similaire concernant la répartition par Dieu des tribus humaines entre les messagers se trouve dans le Cantique de Moïse, vers la fin du Deutéronome ; cependant, dans la version massorétique, le messager qui a reçu les

Israélites en héritage était Yhůh. Il s'agit probablement d'une erreur de traduction datant de l'époque hasmonéenne, les Hasmonéens ayant tenté de réparer la Thora en y réintroduisant le nom de Yhůh, car le roi Manassé était censé l'avoir supprimé. On ne sait pas exactement quand le Chant de Moïse a été créé, mais il semble être un ajout tardif à la Thora samaritaine, probablement après la conquête de la Samarie par les Assyriens, car il inclut la Malédiction de Moïse, qui prophétisait que cela se produirait, mais promettait la rédemption si les Israélites revenaient à l'adoration du dieu de Moïse.

L'empire néo-assyrien s'est étroitement associé à l'astérisme aujourd'hui appelé Lion, qu'ils appelaient ᵐᵘˡUr Gula (𒀯𒌨𒄖𒆷), c'est-à-dire « ᵃˢᵗᵉʳⁱˢᵐᵉGrande Bête. » Ils ne l'imaginaient pas comme un lion géant, comme les cultures ultérieures, mais comme les statues de lamassu qu'ils sculptaient, avec le corps d'un lion, les ailes d'un aigle et la tête d'un homme. Au cours de l'ère assyrienne moyenne et au début de l'ère néo-assyrienne, la constellation de la Grande Bête se levait avec le soleil au moment du solstice d'été et était donc considérée comme contrôlant le temps estival. Les rois de l'empire néo-assyrien se considéraient également, ainsi que l'Assyrie elle-même, comme des lions sur la Terre qui pouvaient dévorer tout ce qu'ils voulaient. Les rois se livraient à des chasses au lion annuelles qui étaient célébrées, et des reliefs élaborés représentant ces chasses ont survécu. Dans ce verset, le prophète associe les Assyriens au Lion, leur lamassu, et prophétise que, comme le Lion tombé du ciel, l'été néo-assyrien est terminé et que la saison des tempêtes s'annonce contre l'empire.

7 Codex Sangermanensis : venti. Traduction : vent

S'il s'agit d'une erreur de traduction lors de l'élaboration de la traduction grecque, il s'agit probablement d'une erreur de lecture d'un mot araméen, rûḥå (ℵⁿⁿ𐤉), qui signifie « vent, » « souffle » ou « esprit. » D'après la description de « rûḥå » à l'est de l'Assyrie, il s'agit presque certainement de la ville de Ragā, aujourd'hui connue sous le nom de Ray (ری). Ray était une ville ancienne qui existait depuis au moins 6000 avant JC et qui a été absorbée par le Grand Téhéran moderne. La prononciation médiane exacte est inconnue, mais on admet qu'elle est proche du vieux persan Ragā (𐎼𐎥𐎠), tdu nom néo-assyrien Raga (𒊏𒂵𒀀), et du nom élamite plus ancien Rakkaan (𒊏𒀝). La ville a joué un rôle majeur dans le livre de Tobie, l'histoire d'un Samaritain qui vivait en Assyrie pendant le déclin de l'empire et qui s'est réfugié à Ray plusieurs années avant la chute de l'empire. À l'époque, Ray se trouvait en dehors de l'empire néo-assyrien et était sans doute ce qui se rapprochait le plus d'une capitale pour les rebelles mèdes entre 652 avant JC, lorsque les Scythes occupèrent Ecbatana, la capitale des Mèdes, et 625 avant JC, lorsque Cyaxarès conduisit les Mèdes dans une révolte victorieuse contre les Scythes.

8 Codex Sangermanensis : irae et sidus. Traduction : colère et constellation (ou astérisme, météores)

Il s'agit presque certainement d'une traduction du grec oestros cae sidêros (οἶστρος καί σίδηρος), qui sont les plus proches phonétiquement. Le terme grec oestros (οἶστρος), qui peut être traduit par « colère, » se traduit plus précisément par « douleur atroce, » « passion furieuse, » « folie » ou « frénésie. » Bien que le terme latin sidus soit presque phonétiquement identique au terme grec sidêros (σίδηρος), le terme grec avait une signification différente, généralement liée au métal fer. Le terme latin semble également avoir signifié « fer » très tôt, mais il est devenu « météore, » puis « constellation » au début de l'ère gréco-romaine. En grec, sidêros (σίδηρος) était également utilisé au sens figuré pour désigner toute personne « têtue, » « obstinée, » « désobéissante, » « insubordonnée, » « insolente » ou « rebelle, » ce qui signifie que la traduction grecque donne quelque chose comme « fureur et insolence. »

9 Codex Sangermanensis : fundent super omnem altum eminentem sidus. Traduction : Je renverserai (ou je répandrai, je fondrai, j'assurerai, j'affermirai, je disperserai, je vaincrai) plus que (ou au-dessus, en haut, vers le haut, au-delà, aussi, en ce qui concerne) chaque (ou toutes) constellation élevée (ou haute, profonde) éminente (ou distinguée, élevée, dominante, proéminente).

10 Codex Sangermanensis : rompheas volantes. Traduction : épées (ou lances) volantes (ou oiseaux)

Le concept « d'épée volante » est généralement associé aux comètes et aux météores dans la littérature mésopotamienne ancienne. Dans le 5ᵉ livre des Maccabées de la Peshitta, Josèphe rapporte qu'avant la destruction de Jérusalem par Rome, il y eut « une étoile ressemblant à une épée, suspendue au-dessus de la ville, une comète qui dura toute une année. » Il ajoute que les sages savaient qu'il s'agissait d'un présage de destruction, tandis que les insensés croyaient qu'il s'agissait d'un signe de leur victoire prochaine sur Rome. Les écrits de Josèphe prouvent que les Judéens utilisaient des métaphores à l'époque. Dans la littérature mésopotamienne, les comètes et les météores étaient considérés comme les armes des dieux, qui pouvaient être violemment écrasées sur la terre ou retirées. Dans ce verset, l'épée volante est probablement destinée à représenter les météorites, c'est-à-dire les météores qui frappent le sol. Le fait que des étoiles puissent tomber du ciel et frapper la terre était connu depuis plus de mille ans à l'époque où l'apocalypse a probablement vu le jour, comme le montre l'ancien conte égyptien du marin naufragé, dans lequel une étoile est tombée du ciel et a détruit un village.

11 Codex Sangermanensis : Babylonem. Traduction : Babylone

Babylone a été occupée par l'Empire néo-assyrien jusqu'en 609 avant JC, date à laquelle elle s'est rebellée avec l'aide des Mèdes. Il y a eu plusieurs tentatives de rébellion antérieures, comme celles de Marduk-apla-iddina II, qui a pris le contrôle de Babylone entre 722 et 710 avant JC, puis brièvement pendant neuf mois en 703 et 702 avant JC. La première Babylone indépendante de Marduk-apla-iddina II conclut des alliances avec la Samarie, l'Aram et l'Élam, qui sont toutes conquises ou dévastées en représailles par le roi assyrien Sargon. Cette prophétie traite Babylone comme faisant partie de l'empire assyrien, ce qui suggère qu'elle a été réalisée soit avant 722 avant JC, soit après 710 avant JC.

12 Codex Sangermanensis : effundent sidus et omnem iram super eam. Traduction : libérera (ou déversera, chassera, cédera, gaspillera, abandonnera, déliera, dispersera) la constellation (ou l'astérisme, les météores) et toute (ou chaque) colère sur (ou au-dessus, en haut, vers le haut, au-delà, aussi, concernant, plus) elle (ou elle, ceci)

Ce verset semble avoir été le terme grec sidêros (σίδηρος) et oestros (οἶστρος), traduit par sidus et iram, le même que plus tôt dans le chapitre. Sidêros (σίδηρος), qui peut être traduit par « colère, » signifie plutôt « douleur atroce, » « passion furieuse, » « folie » ou « frénésie. » Bien que le terme latin sidus soit presque phonétiquement identique au terme grec sidêros (σίδηρος), le terme grec avait une signification différente, généralement liée au métal fer. Le terme latin semble également avoir signifié « fer » très tôt, mais il est devenu « météore, » puis « constellation » au début de l'ère gréco-romaine. En grec, sidêros (σίδηρος) était également utilisé au sens figuré pour désigner toute personne « têtue, » « obstinée, » « désobéissante, » « insubordonnée, » « insolente » ou « rebelle, » ce qui signifie que la traduction grecque donne quelque chose comme « déclenchera la rébellion et toute la fureur contre elle. »

13 Codex Sangermanensis : Asie

Le nom latin Asia est une traduction du nom grec Asia (Ἀσία), qui désignait à l'origine l'Anatolie occidentale, mais qui est devenu plus tard le nom du continent asiatique dans la géographie grecque. Le nom est documenté dans l'âge du bronze comme le nom de l'Anatolie occidentale le grec mycénien Asiwija (𐀀𐀯𐀹𐀊) et Neshite (Hittite) Aššuwa (𒀀𒀸𒋗𒉿). Le royaume d'Aššuwa s'est transformé en royaume de Lydie au début de l'âge du fer, qui est devenu un allié de l'Assyrie lors des invasions cimmériennes du 8e siècle avant JC et a continué à être un allié lors des invasions scythes du début du 7e siècle. Après la chute de l'Assyrie en 615 avant JC, les Lydiens et les Mèdes sont devenus des ennemis, ce qui a duré jusqu'à la bataille de l'Éclipse en 590 avant JC. Cette bataille doit son nom à une éclipse de soleil qui s'est produite pendant la bataille et que les deux camps ont considérée comme un mauvais présage. Les Lydiens et les Mèdes signèrent un accord de paix et les familles royales furent réunies par le mariage du fils du roi mède Cyaxarès, Astyages, avec la fille du roi lydien Alyattes, Aryenis. Cela suggère que la prophétie a été écrite à l'origine au 7e ou au 6e siècle avant JC.

Apocalypse latine d'Esdras : Chapitre 4

Malheur à vous, Babylone et Asie! Malheur à vous, Égypte et Syrie![1] Revêtez-vous de vêtements de sac et de cheveux, pleurez vos enfants, et soyez désolés, car votre ruine est proche. L'épée est lancée sur vous, et qui la fera reculer? Un feu est envoyé au milieu de vous, et qui l'éteindra? Des fléaux vous sont envoyés, et qui les chassera? Quelqu'un peut-il chasser un lion affamé dans la forêt? Quelqu'un peut-il éteindre le feu dans le chaume, quand il a commencé à brûler? Peut-on faire reculer une flèche déjà tirée par un archer puissant?

Le Seigneur puissant envoie les fléaux, et qui peut les repousser? Un feu sortira de sa colère, et qui l'éteindra? Il lance des éclairs, et qui n'a pas peur? Il tonnera, et qui ne sera pas effrayé? Le Seigneur menacera, et qui ne sera pas réduit en poudre devant lui? Les tremblements de terre et les fondations de la mer se soulèveront avec les vagues de l'abîme, et les vagues qui s'y trouvent seront troublées, ainsi que les poissons, devant le Seigneur et devant la gloire de sa puissance.

Forte est sa main droite qui bande l'arc. Les flèches qu'il lance sont aiguës, et ne manquent pas d'être décochées, jusqu'aux confins du monde. Regardez, les fléaux sont envoyés, et ils ne reculeront pas jusqu'à ce qu'ils atteignent la Terre. Le feu est allumé, et il ne s'éteindra pas avant d'avoir consumé les fondements de la terre. Comme une flèche lancée par un archer puissant ne revient pas en arrière, de même les fléaux qui seront envoyés sur la terre ne reviendront pas en arrière.

Malheur à moi ! Malheur à moi ! Qui me délivrera en ces jours-là ?

Début de la tristesse et d'un grand deuil, début de la famine et d'une grande mort, début des guerres, et les puissances se tiendront dans la crainte et le début des maux ! Que ferai-je quand ces maux viendront ? Regardez, le fléau de la famine est lâché, et la tribulation est comme son fouet, et le châtiment sa discipline, mais pour toutes ces choses, ils ne reviendront pas de leur méchanceté, et ne se souviendront pas de leur châtiment. La nourriture sera si bon marché sur la terre qu'ils se croiront dans une bonne situation ; mais le mal grandira sur la terre, et il y aura l'épée, la famine et une grande confusion. Beaucoup de ceux qui vivent sur la Terre périront de famine, et d'autres qui échapperont à la faim seront détruits par l'épée. Les morts seront jetés dehors comme du fumier, et il n'y aura personne pour les consoler, car le pays sera dévasté, et les villes seront détruites. Il n'y aura plus d'homme pour cultiver la terre et pour l'ensemencer. Les arbres donneront des fruits, et qui les cueillera ? Les raisins mûriront, et qui les foulera ? Tous les lieux seront déserts d'hommes, de sorte qu'un homme désirera en voir un autre, et entendre sa voix.

Dans une ville, il en restera dix, et deux dans les champs, qui se cacheront dans les bosquets touffus et dans les fentes des rochers. Dans un verger d'oliviers, il reste sur chaque arbre trois ou quatre olives. Quand on vendange une vigne, il reste quelques grappes de ceux qui la parcourent avec soin. De même, en ces jours-là, il en restera trois ou quatre à ceux qui auront fouillé leurs maisons avec l'épée. La terre sera dévastée, les champs deviendront vieux, ses sentiers et toutes ses routes seront remplis d'épines, parce que personne n'y passera. Les vierges se lamenteront, parce qu'elles n'ont pas d'époux. Les femmes se lamenteront, faute de maris. Leurs filles se lamenteront, n'ayant pas d'aide. Dans les guerres, leurs fiancés seront détruits, et leurs maris périront de faim.

Écoutez ces choses et comprenez-les, serviteurs du Seigneur. Regardez la parole du Seigneur. Recevez-la. N'adorez pas les dieux dont le Seigneur a parlé. Regardez, les fléaux s'approchent et ne sont pas paresseux. C'est comme lorsqu'une femme enceinte, au neuvième mois, met au monde son fils et que, pendant les deux ou trois heures que dure l'accouchement, elle éprouve de vives douleurs dans le ventre de sa mère. De même, les fléaux ne cesseront pas de s'abattre sur la terre, et le monde sera dans le deuil, et la tristesse l'atteindra de toutes parts.

Mon peuple, écoutez ma parole. Préparez-vous au combat, et ces maux seront comme des pèlerins sur la terre. Que celui qui vend soit comme celui qui s'enfuit, et que celui qui achète soit comme celui qui perd. Celui qui emmagasine des marchandises est comme celui qui n'en tire aucun profit, et celui qui bâtit est comme celui qui n'y habitera pas. Celui qui sème comme s'il ne devait pas récolter, de même celui qui plante la vigne comme celui qui ne cueillera pas les raisins. Ceux qui se marient seront comme ceux qui n'auront pas d'enfants, et ceux qui ne se marient pas seront comme les veufs. C'est pourquoi ceux qui travaillent, travaillent en vain, et des étrangers récolteront leurs fruits, pilleront leurs biens, renverseront leurs maisons, et emmèneront leurs enfants comme esclaves.

« Dans l'esclavage et la famine, ils auront des enfants. Volez leurs biens ! Plus ils embelliront leurs villes, leurs maisons, leurs biens et leurs propres corps, plus je serai en colère contre eux à cause de leur péché, » a déclaré le Seigneur.

Comme lorsqu'une prostituée envie une femme honnête et vertueuse, la justice haïra l'iniquité lorsqu'elle s'habillera et l'accusera en face. Quand il viendra, qui se défendra contre celui qui recherche tous les péchés de la terre ? Ne leur ressemblez donc pas, et ne faites pas leurs oeuvres. En peu de temps, l'iniquité disparaîtra du pays, et la justice régnera au milieu de vous.

Que le pécheur ne dise pas qu'il n'a pas péché, car des charbons ardents brûleront[2] au-dessus de sa tête s'il dit : « Je n'ai pas péché devant Dieu et devant sa gloire. »

Regardez, le Seigneur connaît toutes les œuvres des hommes, leurs imaginations, leurs pensées et leurs cœurs. Lui qui n'a prononcé que les mots : « Que la terre soit faite, » et elle a été faite ; « Que le ciel soit fait, » et il a été fait. Par ses paroles, les étoiles ont été créées, et il en connaît le nombre. Il a sondé l'abîme et ses trésors. Il a mesuré la mer et ce qu'elle contient. Il a fermé la mer parmi les eaux, et par ses paroles il a placé la terre sur les eaux. Il a déployé les cieux comme une voûte. Au-dessus des eaux, il l'a construit. Dans le désert, il a fait des sources d'eau, et des étangs sur le sommet des montagnes, afin que les flots descendent des hauts rochers pour arroser la terre.

Il a fait l'homme, il a mis son cœur dans son corps, il lui a donné le souffle, la vie et l'intelligence. Oui, et le Dieu omnipotent[3] qui respire, qui a fait toutes choses, et qui cherche toutes les choses cachées dans les secrets de la Terre. Certes, il connaît vos pensées, et ce que vous pensez dans vos cœurs, même ceux qui pèchent, et qui voudraient cacher leur péché. De même, le Seigneur a examiné avec précision toutes vos œuvres, et il vous mettra tous dans l'opprobre. Quand vos péchés seront découverts, vous aurez honte devant les hommes, et vos péchés seront vos accusateurs en ce jour-là. Que ferez-vous ? Comment cacherez-vous vos péchés devant Dieu et ses messagers ?

Regardez, c'est Dieu lui-même qui est le juge. Craignez-le. Cessez de pécher, oubliez vos iniquités, et ne vous y livrez plus, afin que Dieu vous tire d'affaire et vous délivre de toute détresse. Voici, l'ardente colère d'une grande multitude s'est allumée contre vous ; ils enlèveront quelques-uns d'entre vous, et ils vous nourriront, dans l'oisiveté, d'objets offerts aux idoles. Ceux qui y auront consenti seront livrés à la dérision et à l'opprobre, et foulés aux pieds.

En tout lieu et dans les villes, il y aura une grande insurrection contre ceux qui craignent le Seigneur. Ils seront comme des fous, ils n'épargneront personne, mais ils pilleront et détruiront ceux qui craignent le Seigneur. Ils gaspilleront et enlèveront leurs biens, et les jetteront hors de leurs maisons. Alors on saura qui sont mes élus, et ils seront éprouvés comme l'or dans le feu.

« Écoute, mon bien-aimé, dit le Seigneur, regarde, les jours de détresse sont proches, mais je t'en délivrerai. Ne craignez pas et ne doutez pas, car Dieu est votre guide. »

« Le guide de ceux qui gardent mes commandements et mes préceptes, » dit le Seigneur. « Ne laissez pas vos péchés vous peser, et ne laissez pas vos iniquités s'élever. Malheur à ceux qui sont liés par leurs péchés et couverts par leurs iniquités, comme lorsqu'un champ est couvert de broussailles et un sentier d'épines, et que personne ne peut le parcourir. On le laisse dévêtu, et on le jette au feu, pour qu'il se consume avec lui. »

Apocalypse latine d'Esdras : Chapitre 4 Notes

1 Codex Sangermanensis : Aegypte et Syria. Traduction : Égypte et Syrie (ou Aram)

Le royaume d'Aram, appelé plus tard Syrie par les Grecs, a été conquis progressivement par l'empire néo-assyrien au cours d'une série de guerres qui ont duré un siècle et qui ont abouti à la conquête de Hama, la capitale, en 738 avant JC. L'Égypte n'a été conquise par l'Empire néo-assyrien qu'en 671 avant JC. Auparavant, elle avait fait partie de l'empire koushite pendant des siècles. Elle faisait donc partie du plus grand rival de l'Assyrie. Comme la prophétie semble s'adresser à l'Empire assyrien et à son alliée la Lydie, cela suggère que la prophétie originale a été écrite après 671 avant JC.

2 Codex Sangermanensis: carbones ignis conburet. Traduction : Je brûlerai des charbons ardents (ou un signal)

Le latin carbones est presque certainement une traduction du grec anthrax (ἄνθραξ), qui signifie également charbon. Cependant, le grec anthrax faisait également référence à une pierre incandescente mythique, utilisée comme traduction d'une pierre précieuse inconnue dans le livre d'Isaïe de la Septante, où le texte massorétique utilise le nom ekdach (אֶקְדָּח). Le mot hébreu moderne ekdach signifie « arme de poing, » mais Ésaïe a utilisé ce mot pour désigner une pierre qui serait utilisée lors de la reconstruction de la porte de Jérusalem. Le terme n'est pas utilisé dans le texte massorétique, mais le commentaire d'Isaïe dans le Talmud (Bava Batra 75a:10, Sanhedrin 100a:7) confirme qu'il a été traditionnellement considéré comme une pierre précieuse. Le commentaire de la Thora de Rabbi Bahya (Shemot 28:15:3) affirme que la lumière que Noé a utilisée dans son arche était une pierre d'ekdach, et conteste la corrélation entre l'ekdach et la « turquoise de Nubie, » que les Grecs ont également traduite par anthrax dans la Septante.

Le traité Sanhedrin (103b:12) du Talmud raconte l'histoire de l'hérésie du roi Jehoiakim qui prétendait que l'homme n'avait plus besoin de Dieu, puisqu'il possédait des pierres incandescentes qui créaient de la lumière. Le dieu dont il parlait était manifestement le soleil, mais la nature des pierres incandescentes n'est pas claire. Le traité utilise le terme zhb prùyym (זהב פרויים), et si zhb se traduit par « or, » la signification de prùyym est discutée. Un terme pratiquement identique, zehav parvayim (זָהָב פַּרְוָיִם) a été utilisé dans la description du temple du roi Salomon que l'on trouve dans le livre massorétique de Divrei-hayyamim, qui affirme que les murs du temple étaient décorés de cette pierre précieuse. Le verset parallèle du 2ᵉ Paralipomenon de la Septante l'interprète comme « l'or du Pharouaem » (χρυσίου τοῦ ἐκ Φαρουάιμ), mais il s'agit simplement d'une translittération grecque du même terme. Il est généralement interprété comme le nom d'une terre, mais une explication plus simple est que prům (ⲯⲍⲟⲯⲦ) était le terme cananéen pour « pharaons. » Salomon est décrit comme étant très impliqué dans le commerce au nord de l'Égypte à cette époque, et sa première femme est une princesse égyptienne. L'époque était chaotique et les égyptologues l'appellent la Troisième Période Intermédiaire. L'empire égyptien s'était effondré quelques siècles plus tôt et les Libyens occupaient le nord de l'Égypte.

La pierre précieuse en question était probablement de la calcite, un minéral carbonaté stable qui peut parfois présenter une phosphorescence ou une fluorescence. La calcite-albâtre, également appelée albâtre égyptien, est une pierre précieuse que les Égyptiens utilisaient à l'époque du Nouvel Empire. Plusieurs pots à parfum égyptiens en albâtre ont été découverts dans la tombe de Toutânkhamon vers 1323 avant JC, mais la pierre précieuse était surtout utilisée pour sculpter des figures de la déesse tutélaire Bast, d'où le nom « d'albâtre. »

Les pierres de calcite qui brillent dans l'obscurité sont plutôt rares, mais elles peuvent briller dans une variété de couleurs. Les légendes grecques sur la pierre anthracite lui donnent une teinte rouge-orange, tandis que le terme « or des pharaons » suggère qu'elle était jaune-orange. Cela suggère que toutes les pierres incandescentes auxquelles les anciens Égyptiens avaient accès provenaient de la même mine, mais on ne sait pas exactement où elle se trouvait. L'Égypte étant déjà vieille de plusieurs milliers d'années, elle aurait pu importer ces pierres à n'importe quel moment de son histoire. Il existe des preuves de l'existence d'une mine de calcite orange dans l'Ibérie de l'âge du bronze, et il est donc possible que les pierres aient été importées de cette région.

Toutes les références judéennes aux pierres incandescentes se trouvent à l'époque du temple de Salomon. Salomon a importé les pierres au 10ᵉ siècle avant JC et les a utilisées pour décorer les murs du temple. Plus tard, au 8ᵉ siècle avant JC, Isaïe envisage que d'énormes pierres précieuses seraient utilisées au sommet de la nouvelle porte, et plus tard, Jehoïakim commet une hérésie à l'encontre du dieu soleil, en affirmant que l'humanité n'a plus besoin de lui, puisque nous avons les pierres. Le roi Jojakim avait été désigné pour gouverner l'Égypte après que le roi Néchao de l'Empire égyptien eut tué son père, le roi Josias, en 609 avant JC. Son hérésie contre le dieu Soleil a probablement été inspirée par sa haine de Néchao, qui adorait le Soleil. Quatre ans après le début de son règne, en 605 avant JC, les Babyloniens ont battu l'armée égyptienne à Carchemish et ont assiégé Jérusalem, qui est alors passée du statut de vassale égyptienne à celui de vassale néo-babylonienne. Trois ans plus tard, les Babyloniens lancent une invasion ratée de l'Égypte, qui affaiblit leur armée, et Jéhojakim se rebelle contre Babylone et s'allie à l'Égypte en tant que royaume nominalement indépendant. Trois ans plus tard, en 598 avant JC, les Babyloniens reviennent et assiègent Jérusalem, sans que leurs alliés égyptiens ne leur envoient d'aide. Le roi Nabuchodonosor II emmena en captivité à Babylone son fils et héritier Joachin, ainsi que d'autres membres de la noblesse. Nabuchodonosor nomma le frère de Jéhojakim, Sédécias, à la tête de Juda, qui se révolta également en 589 avant JC, après avoir conclu une alliance avec les Égyptiens. Les Babyloniens ont de nouveau assiégé Jérusalem, mais ce siège a duré beaucoup plus longtemps que les précédents, environ 30 mois, et s'est achevé en 586 avant JC. Les Judéens attendaient une armée égyptienne pour briser le siège, mais elle n'est jamais arrivée. Selon les archives judéennes, les habitants de la ville avaient tout mangé, y compris les animaux impurs, et avaient commencé à se cannibaliser les uns les autres avant la fin du siège.

Après la reddition de la ville, les Babyloniens décident de détruire le royaume. Ils enchaînent le roi Sédécias, le rendent aveugle et le traînent à Babylone, où il meurt. La plupart des survivants de la ville sont vendus comme esclaves, mais Jérémie et quelques membres de la famille royale parviennent à s'enfuir en Égypte. La ville de Jérusalem est rasée et le temple démoli. Les objets de valeur du temple sont emmenés à Babylone, où se trouvent probablement les pierres incandescentes. Babylone a été conquise par les Perses quelques décennies plus tard, et les mythes grecs sur les pierres précieuses charbonneuses prétendaient parfois que les mages perses les détenaient. Les mages étaient la caste sacerdotale de la religion zoroastrienne, religion à laquelle adhérait la famille royale perse, et il est donc plausible qu'ils aient reçu les pierres lorsque la Perse a mis Babylone à sac. Les pierres sont ensuite apparues dans les mythes médiévaux des alchimistes, mais on ne sait pas où elles se trouveraient aujourd'hui.

Comme les Judéens ne semblent avoir fait référence aux pierres qu'à l'époque du temple du roi Salomon, il est peu probable que cette prophétie ait été écrite plus tard. Il convient également de noter que les pierres se trouvaient à l'intérieur des murs du temple, de sorte que seule une personne ayant été à Jérusalem et considérée comme digne d'entrer dans le temple aurait pu les voir. Cela suggère qu'un prêtre, un prophète ou un noble a fait la prophétie originale.

3 Codex Sangermanensis : spiramentum Dei omnipotentis. Traduction : respirer Dieu omnipotent

Latine d'Esdras Restauration : Chapitre 1

Deuxième livre du prophète Esdras, fils de Seraja, fils d'Azaria, fils de Hilkija, fils de Sadamias, fils de Tsadok, fils d'Ahitub, fils d'Achias, fils de Phinées, fils d'Éli, fils d'Omri, fils d'Aziei, fils de Marimoth, fils d'Arna, fils d'Ozias, fils de Borith, fils d'Abischua, fils de Phinées, fils d'Éléazar, fils d'Aaron, de la tribu de Lévi, qui était captif au pays des Mèdes,[1] sous le règne d'Artaxerxès[2] roi des Perses.

La parole de l'Éternel[3] me fut adressée en ces termes: « Va, et montre à mon peuple ses péchés, et à ses enfants le mal qu'ils ont fait contre moi, afin qu'ils le racontent aux enfants de leurs enfants. Les péchés de leurs pères se sont accrus en eux, parce qu'ils m'ont oublié et qu'ils ont sacrifié aux dieux étrangers. Ne suis-je pas celui qui les a fait sortir du pays d'Égypte, de la maison d'esclavage ? Ils m'ont irrité, ils ont haï mon conseil. Arrache-toi les cheveux de la tête, et jette sur eux tout le mal, car ils n'ont pas obéi à ma loi, et c'est un peuple de rebelles. Jusques à quand m'éloignerai-je d'eux, à qui j'ai fait tant de bien ? J'ai fait périr beaucoup de rois à cause d'eux. J'ai détruit Pharaon, ses serviteurs et toute sa puissance. J'ai détruit devant eux toutes les nations, et j'ai dispersé à l'orient les habitants de deux provinces : Tyr et Sidon : Tyr et Sidon. J'ai tué tous leurs ennemis. »

«Dis-leur donc : ‹ Le Seigneur dit : Je vous ai fait traverser la mer, je vous ai donné dès le début un passage large et sûr. Je vous ai donné Moïse comme chef et Aaron comme prêtre. Je vous ai donné la lumière comme une colonne de feu, et j'ai fait de grands prodiges au milieu de vous, mais vous m'avez oublié. › »

Le Seigneur omnipotent[4] dit : « Les cailles étaient un signe pour vous. Je vous ai donné des tentes pour votre sécurité. Mais là, vous avez murmuré, vous n'avez pas célébré mon nom ni la destruction de vos ennemis, et vous murmurez encore aujourd'hui. Où sont les bienfaits que j'ai faits pour vous ? Quand vous aviez faim et soif dans le désert, ne m'avez-vous pas crié : Pourquoi nous as-tu amenés dans ce désert pour nous faire mourir ? Nous aurions mieux fait de servir les Égyptiens que de mourir dans ce désert. J'ai eu pitié de votre douleur, je vous ai donné la manne à manger, et vous avez mangé la nourriture des messagers. Quand vous avez eu soif, n'ai-je pas fendu le rocher et les eaux n'ont-elles pas coulé pour vous rassasier ? Pour la chaleur, je vous ai couverts de feuilles d'arbres. J'ai partagé entre vous une terre fertile, et j'ai chassé devant vous les Cananéens,[5] les Phéréziens,[6] et les Pelesets.[7] Que puis-je faire de plus pour vous ? »

Le Seigneur omnipotent dit : « Lorsque tu étais dans le désert, dans le fleuve amer, que tu avais soif et que tu blasphémais mon nom, je ne t'ai pas incinéré à cause de tes blasphèmes, mais j'ai jeté un arbre dans l'eau et j'ai rendu le fleuve doux. Que ferai-je pour toi, Jacob ? Toi, Juda, tu n'as pas voulu m'obéir. Je me tournerai vers d'autres nations, et je leur donnerai mon nom, afin qu'elles observent mes lois. Puisque tu m'as oublié, je t'abandonnerai aussi. Quand vous avez voulu que je vous fasse grâce, je n'ai pas eu pitié de vous. Quand vous m'invoquez, je ne vous exauce pas, car vous souillez vos mains par le sang, et vos pieds sont prompts au meurtre. Vous ne m'avez pas oublié, mais vous vous êtes oubliés vous-mêmes. »

Le Seigneur omnipotent dit : « Ne vous ai-je pas traités comme un père pour ses fils, comme une mère pour ses filles, comme une nourrice pour ses nourrissons, afin que vous soyez mon peuple, et que je sois votre Dieu, afin que vous soyez mes enfants, et que je sois votre père ? Je vous ai rassemblés, comme une poule rassemble ses poussins sous ses ailes ; mais maintenant, que vais-je faire de vous ? Je vous rejetterai loin de ma face. Quand vous m'offrirez des sacrifices, je détournerai de vous ma face, et j'oublierai vos fêtes, vos nouvelles lunes et vos circoncisions. J'ai envoyé vers vous mes serviteurs, les prophètes, que vous avez capturés et assassinés, dont vous avez déchiré le corps, et dont je vais exiger le sang de vos mains. »

Le Seigneur omnipotent dit : « Votre maison est désolée, et je vous chasserai comme le vent chasse le chaume. Vos enfants ne seront pas féconds, car ils ont méprisé mon commandement et fait ce qui est mal devant moi. Je donnerai vos maisons à un peuple qui viendra, et qui, sans avoir entendu parler de moi, croira en moi ; ce peuple, à qui je n'ai montré aucun signe, fera ce que je lui ai ordonné. Ils n'ont pas vu de prophètes, mais ils se souviendront de leurs péchés et les reconnaîtront. Je prends à témoin la grâce du peuple à venir, dont les petits se réjouissent dans l'allégresse, et qui, sans m'avoir vu de leurs yeux, croient en esprit à ce que je dis. »

Maintenant, frère, regarde la gloire et vois le peuple qui vient de l'Orient, auquel je donnerai pour chefs Abraham, Isaac, Jacob, Osée, Amos, Michée, Joël, Abdias, Jonas, Nahum, Habacuc, Sophonie, Aggée, Zacharie et Malachie (qui est aussi appelé messager de l'Éternel).

Latine d'Esdras Restauration : Chapitre 1 Notes

1 Voir note 1 à la page 142.

2 Voir note 2 à la page 143.

3 Voir note 3 à la page 143.

4 Voir note 4 à la page 143.

5 Voir note 5 à la page 143.

6 Voir note 6 à la page 144.

7 Voir note 7 à la page 144.

Latine d'Esdras Restauration : Chapitre 2

Le Seigneur dit : « J'ai tiré ce peuple de l'esclavage, et je lui ai donné mes commandements par l'intermédiaire de mes serviteurs les prophètes ; ils n'ont pas voulu les écouter, et ils ont détesté mes conseils. La mère qui les portait leur a dit : ‹ Allez seuls, mes enfants, car je suis veuve et oubliée. Je vous ai élevés dans la joie, mais je vous ai perdus dans la tristesse et l'angoisse, parce que vous avez péché devant le Seigneur, votre Dieu, et que vous avez fait ce qui est mal devant lui. Que vais-je faire de toi ? Je suis veuve et oubliée ; allez seuls, mes enfants, et demandez grâce au Seigneur. › »

« Pour moi, Père, je t'appelle en témoignage sur la mère de ces enfants qui n'ont pas voulu garder mon alliance, afin que tu les réduises à la confusion, et leur mère à la ruine, pour qu'il n'y ait pas de descendance d'eux. Qu'ils soient dispersés parmi les nations ! Que leur nom disparaisse de la terre, Parce qu'ils ont méprisé mon alliance. Malheur à toi, Assyrie,[1] qui caches l'iniquité au milieu de toi ! Peuple méchant, souviens-toi de ce que j'ai fait à Sodome et à Gomorrhe, dont la terre est réduite en mottes de poix et en monceaux de cendres. Je ferai la même chose à ceux qui ne veulent pas écouter, » dit le Seigneur omnipotent.

Le Seigneur dit à Esdras : « Dis à mon peuple que je lui donnerai le royaume de Jérusalem, que j'aurais donné à

Israël. Je prendrai aussi pour moi leur gloire, et je leur donnerai les tabernacles éternels que j'avais préparés pour eux. Ils ont l'arbre de vie comme parfum de bonne odeur, et ils ne travailleront pas et ne se fatigueront pas. Allez, et vous recevrez.»

«Priez pour les quelques jours qui vous restent, afin qu'ils soient abrégés. Le royaume est déjà prêt pour vous. Prenez Shamajim[2] et Eretz[3] à témoin, car j'ai brisé le mal et créé le bien, je suis vivant,» dit le Seigneur.

«Mère, embrasse tes enfants et élève-les dans la joie. Rends leurs pieds fermes comme une colonne, car c'est toi que j'ai choisie,» dit le Seigneur.

«Je ressusciterai les morts et je les ferai sortir des tombeaux, car j'ai fait connaître mon nom à Israël. Ne crains pas, mère des enfants, car je t'ai choisie,» dit le Seigneur.

«Pour t'aider, j'enverrai mes serviteurs Ésaü et Jérémie, dont j'ai sanctifié le conseil, et je te préparerai douze arbres chargés de fruits divers, autant de fontaines où coulent le lait et le miel, et sept montagnes puissantes où croissent les roses et les lis, grâce auxquelles je comblerai de joie tes enfants. Faites droit à la veuve. Jugez l'orphelin, et donnez au pauvre. Défendez l'orphelin, habillez celui qui est nu, guérissez celui qui est brisé et faible, et ne vous moquez pas d'un boiteux pour lui faire honte. Défends le mutilé, et que l'aveugle vienne à la vue de ma clarté. Gardez les vieux et les jeunes dans vos murs. Partout où vous trouverez des morts, prenez-les et enterrez-les, et je vous donnerai la première place dans ma résurrection. Restez tranquilles, mon peuple, et reposez-vous, car votre tranquillité vient encore. Nourrissez vos enfants, bonne nourrice, et affermissez leurs pieds. Quant aux serviteurs que je vous ai donnés, aucun d'eux ne périra, car je les prendrai parmi vous. Ne vous lassez pas, car au jour de la détresse et du malheur, d'autres pleureront et seront tristes, mais vous, vous serez dans la joie et dans l'abondance. Les nations vous envieront, mais elles ne pourront rien contre vous, » dit le Seigneur.

« Mes mains te couvriront pour que tes enfants ne voient pas le séjour des morts. Sois dans l'allégresse, mère avec tes enfants, car je te délivrerai, » dit le Seigneur.

« Souvenez-vous, vos enfants qui dorment, car je les ferai sortir des flancs de la terre, et je leur ferai miséricorde, car je suis miséricordieux, » a dit le Seigneur omnipotent. « Embrassez vos enfants jusqu'à ce que je vienne et que je leur fasse miséricorde, car mes puits débordent et ma grâce est inépuisable. »

Moi, Esdras, j'ai reçu du Seigneur, sur le mont Horeb, l'ordre d'aller en Israël, mais quand je suis arrivé chez eux, ils m'ont considéré comme un rien et ont méprisé les commandements du Seigneur. C'est pourquoi je vous dis, païens qui entendez et comprenez, cherchez votre berger, il vous donnera le repos éternel, car il est proche, lui qui viendra à la fin du monde. Soyez prêts pour la récompense du royaume, car la lumière éternelle brillera sur vous pour toujours. Fuyez l'ombre de ce monde, et recevez la joie de votre gloire. Je témoigne ouvertement de mon Sauveur. Recevez le don qui vous est fait, et soyez dans l'allégresse, en rendant grâce à celui qui vous a conduits au royaume des cieux. Lève-toi et tiens-toi debout, et vois le nombre de ceux qui sont scellés dans le festin du Seigneur, qui ont quitté l'ombre du monde et qui ont reçu du Seigneur des vêtements de gloire. Compte ton nombre, Sion, et enferme celles d'entre toi qui sont vêtues de blanc, qui ont accompli la loi du Seigneur. Le nombre de tes enfants, que tu désirais ardemment, est accompli. Implore la puissance du Seigneur, afin que ton peuple, appelé dès le commencement, devienne sacré.

Moi, Esdras, j'ai vu sur la montagne de Sion un peuple nombreux, que je n'ai pas pu compter, et tous louaient le Seigneur par des chants. Parmi eux, il y avait un jeune homme de haute stature, plus grand que tous les autres ; sur la tête de chacun d'eux, il mettait des couronnes et s'élevait plus haut, ce qui m'étonna beaucoup. J'interrogeai le messager, et je lui dis : « Seigneur, qu'est-ce que c'est ? »

Il me répondit : « Ce sont ceux qui ont ôté le vêtement mortel pour revêtir l'immortel, et qui ont confessé le nom de Dieu. Ils sont maintenant couronnés et reçoivent des palmes. »

Je demandai alors au messager : « Qui est ce jeune homme qui les couronne et qui leur met des palmes dans les mains ? »

Il me répondit : « C'est le Fils de Dieu, qu'ils ont confessé dans le monde. » Je me mis alors à faire l'éloge de ceux qui défendaient si fermement le nom du Seigneur, et le messager me dit : « Va-t'en, et raconte à mon peuple les choses que tu as vues et les grands prodiges du Seigneur, ton Dieu. »

Latine d'Esdras Restauration : Chapitre 2 Notes

1 Voir la note 1 à la page 151.

2 Voir la note 2 à la page 152.

3 Voir la note 3 à la page 153.

Latine d'Esdras Restauration : Chapitre 3

« Raconte à mon peuple les paroles de la prophétie que je mettrai dans ta bouche, » dit le Seigneur. « Mets-les sur le papier, car elles sont fidèles et vraies. Ne crains pas les pensées dirigées contre toi, ne te laisse pas troubler par l'incrédulité de ceux qui parlent contre toi. Tous les infidèles mourront dans leur infidélité. »

« Regarde, dit le Seigneur, je vais faire venir sur le monde des fléaux, l'épée, la famine, la mort et la destruction, car la méchanceté a souillé toute la terre, et leurs œuvres nuisibles se sont accomplies. »

« C'est pourquoi, dit le Seigneur, je ne retiendrai plus ma langue sur la méchanceté qu'ils commettent, et je ne leur permettrai pas de faire ce qu'ils font par méchanceté. Voyez croître devant moi le sang innocent et juste, et l'esprit des justes se plaindre sans cesse. »

« C'est pourquoi, dit le Seigneur, je les vengerai, et je recevrai pour moi tout le sang innocent d'entre eux. Voici, mon peuple est mené comme un troupeau à la boucherie, et je ne lui permettrai pas maintenant de vivre dans le pays d'Égypte, mais je le ramènerai par une main puissante et un bras étendu, et je détruirai l'Égypte par des fléaux, comme auparavant, et j'anéantirai tout le pays. L'Égypte sera dans le deuil, et ses fondements seront détruits par la plaie et le châtiment que Dieu lui infligera. Ceux qui cultivent la terre se lamenteront, car leurs semences seront détruites par le souffle et la grêle, et sous l'effet de la constellation Lion. »[1]

« Malheur au monde et à ses habitants ! L'épée et leur destruction approchent. Un peuple se lèvera et se battra contre un autre, l'épée à la main. Il y aura de la sédition parmi les hommes, et ils s'envahiront les uns les autres. Ils ne tiendront compte ni de leurs rois ni de leurs chefs, et ils décideront eux-mêmes de leurs actions. Un homme voudra entrer dans une ville, et il ne le pourra pas. A cause de leur orgueil, les villes seront troublées, les maisons seront détruites, et les hommes auront peur. L'homme n'aura pas pitié de son prochain, mais il détruira ses maisons par l'épée et pillera ses biens, à cause du manque de nourriture et de la grande tribulation. »

« Regarde, dit Dieu, j'appellerai tous les rois de la terre à me révérer, ceux du soleil levant, du midi, de l'orient et du Liban, pour qu'ils se retournent les uns contre les autres, et qu'ils rendent ce qu'ils leur ont fait, comme ils le font encore aujourd'hui à mes élus, je le ferai aussi, et je les rendrai dans la poitrine. »

Le Seigneur Dieu dit : « Ma droite n'épargnera pas les pécheurs, et mon épée ne s'arrêtera pas sur ceux qui versent le sang innocent sur la terre. Le feu est sorti de sa colère et a consumé les fondements de la terre, et les pécheurs, comme la paille qui s'enflamme. Malheur à

ceux qui pèchent et qui n'observent pas les commandements ! »

Le Seigneur dit : « Je ne les épargnerai pas. Car le
Seigneur connaît tous ceux qui pèchent contre lui, et
c'est pourquoi il les livre à la mort et à la destruction.
Maintenant, les fléaux sont venus sur toute la terre, et
vous resterez au milieu d'eux, car Dieu ne vous délivrera
pas, puisque vous avez péché contre lui. »

« Regardez, une vision horrible et l'apparition de ceux
de l'Orient. Je fais sortir d'Arabie des tribus de Lihyans[2]
qui sortiront avec de nombreux chars, et leur multitude
sera emportée comme le vent sur la terre, afin que tous
ceux qui les entendent aient peur et tremblent. Les
Carméniens[3] furieux, sortiront comme les sangliers de la
forêt ; ils viendront avec une grande puissance,
engageront le combat avec eux, et détruiront une partie
du pays des Assyriens. Alors les dragons auront le dessus,
se souvenant de leur nature, et s'ils se replient sur eux-
mêmes, conspirant ensemble avec une grande puissance
pour les persécuter, alors ils seront troublés et saigneront,
et se tairont par leur puissance, et ils s'enfuiront. Du pays
des Assyriens, l'ennemi les assiégera et en consumera
une partie ; il y aura dans leurs armées de la crainte et de
l'effroi, et des querelles entre leurs rois. »

« Regardez, une multitude[4] venant de l'est, du nord au sud, et ils sont très horribles à voir, pleins de colère et d'agressivité.[5] Ils s'attaqueront les uns les autres, ils renverseront la constellation du Lion[6] sur la terre, leur propre constellation, et le sang coulera de l'épée jusqu'au ventre, jusqu'aux fémurs des hommes, jusqu'aux pattes de derrière des chameaux. Il y aura de la peur et un grand tremblement dans tout le pays, et ceux qui verront leur rage seront épouvantés, et le tremblement s'emparera d'eux. Je réveillerai alors une foule nombreuse venue du sud et du nord, et une autre venue de l'ouest. Ils seront écrasés par Ray[7] venu de l'orient, et ils découvriront la multitude soulevée par la colère. La constellation fera connaître la corruption à l'est, et l'ouest sera violé. »

« Je susciterai des multitudes, grandes et fortes, pleines de fureur et d'insolence,[8] qui viendront de toute la terre et de ses habitants, et je détruirai plus que toutes les constellations hautes et éminentes.[9] Un feu terrible, de la grêle et météorites,[10] et tant d'eau que tous les champs seront inondés et que tous les fleuves déborderont, ce qui brisera les villes et les murailles, les montagnes et les collines, les arbres des forêts, l'herbe des prés et leur grain. »

« Ils iront résolument vers Babylone,[11] et ils l'effrayeront. Ils viendront vers elle et l'assiégeront, et ils déchaîneront contre elle la rébellion et toute la fureur.[12] Alors la poussière et la fumée monteront vers le ciel, et tous ceux qui seront près d'elle la pleureront. Ceux qui resteront sous elle, serviront ceux qui l'auront mise en crainte. Toi, Lydie,[13] qui partages l'espérance de Babylone et de sa gloire, malheur à toi, misérable, parce que tu t'es fait semblable à elle, et que tu as habillé tes filles comme des prostituées, pour qu'elles plaisent et se glorifient auprès de tes amants qui ont toujours désiré se prostituer avec toi. Tu as suivi celle qui est haïe dans toutes ses œuvres et dans toutes ses inventions. »

« C'est pourquoi, dit Dieu, j'enverrai sur vous des fléaux, le veuvage, la pauvreté, la famine, l'épée et la peste, pour ravager vos maisons par la destruction et la mort. L'éclat de votre puissance se desséchera comme une fleur, la chaleur s'élèvera qu'on envoie sur vous. Tu seras affaiblie comme une pauvre femme qu'on a fouettée, comme quelqu'un qu'on a châtié avec des blessures, de sorte que les puissants et ses amants ne pourront pas la recevoir. Aurais-je, par jalousie, agi ainsi contre toi ? »

Le Seigneur dit : « Si tu n'avais pas toujours tué mes élus, en exaltant le coup de tes mains, et en disant sur leurs morts, quand tu étais ivre : ‹ Fais valoir la beauté de ton visage, › la récompense de ta prostitution sera la même que celle de ton père. La récompense de ta prostitution sera dans ta poitrine, et c'est pourquoi tu recevras un remboursement. »

Le Seigneur dit : « Ce que vous avez fait à mes élus, Dieu le fera à votre égard et vous livrera à la détresse. Vos enfants mourront de faim, et vous tomberez sous les coups de l'épée. Vos villes seront détruites, et vous périrez tous par l'épée dans les champs. Ceux qui sont dans les montagnes mourront de faim, ils mangeront leur corps et boiront leur sang, parce qu'ils auront faim de pain et soif d'eau. Vous traverserez la mer dans la misère, et vous recevrez encore des fléaux. Dans le passage, ils se précipiteront sur la ville déserte, détruiront une partie de ton pays, consumeront une partie de ta gloire, et retourneront à Babylone qui a été détruite. Ils te jetteront comme un monceau de pierres, ils seront pour toi comme un feu et ils te consumeront, toi, tes villes, tes terres et tes montagnes, ils brûleront toutes tes forêts et tes vergers. Ils emmèneront tes enfants comme esclaves, et ils pilleront ce que tu possèdes, et ils abîmeront la beauté de ton visage. »

Latine d'Esdras Restauration : Chapitre 3 Notes

1 Voir la note 1 à la page 160.

2 Voir la note 2 à la page 163.

3 Voir la note 3 à la page 166.

4 Voir la note 4 à la page 167.

5 Voir la note 5 à la page 167.

6 Voir la note 6 à la page 167.

7 Voir la note 7 à la page 170.

8 Voir la note 8 à la page 171.

9 Voir la note 9 à la page 171.

10 Voir la note 10 à la page 172.

11 Voir la note 11 à la page 172.

12 Voir la note 12 à la page 173.

13 Voir la note 13 à la page 174.

Latine d'Esdras Restauration : Chapitre 4

Malheur à vous, Babylone et Lydie! Malheur à vous, Égypte et Syrie![1] Revêtez-vous de vêtements de sac et de cheveux, pleurez vos enfants, et soyez désolés, car votre ruine est proche. L'épée est lancée sur vous, et qui la fera reculer? Un feu est envoyé au milieu de vous, et qui l'éteindra? Des fléaux vous sont envoyés, et qui les chassera? Quelqu'un peut-il chasser un lion affamé dans la forêt? Quelqu'un peut-il éteindre le feu dans le chaume, quand il a commencé à brûler? Peut-on faire reculer une flèche déjà tirée par un archer puissant?

Le Seigneur puissant envoie les fléaux, et qui peut les repousser? Un feu sortira de sa colère, et qui l'éteindra? Il lance des éclairs, et qui n'a pas peur? Il tonnera, et qui ne sera pas effrayé? Le Seigneur menacera, et qui ne sera pas réduit en poudre devant lui? Les tremblements de terre et les fondations de la mer se soulèveront avec les vagues de l'abîme, et les vagues qui s'y trouvent seront troublées, ainsi que les poissons, devant le Seigneur et devant la gloire de sa puissance.

Forte est sa main droite qui bande l'arc. Les flèches qu'il lance sont aiguës, et ne manquent pas d'être décochées, jusqu'aux confins du monde. Regardez, les fléaux sont envoyés, et ils ne reculeront pas jusqu'à ce qu'ils atteignent la Terre. Le feu est allumé, et il ne s'éteindra pas avant d'avoir consumé les fondements de la terre. Comme une flèche lancée par un archer puissant ne revient pas en arrière, de même les fléaux qui seront envoyés sur la terre ne reviendront pas en arrière.

Malheur à moi ! Malheur à moi ! Qui me délivrera en ces jours-là ?

Début de la tristesse et d'un grand deuil, début de la famine et d'une grande mort, début des guerres, et les puissances se tiendront dans la crainte et le début des maux ! Que ferai-je quand ces maux viendront ? Regardez, le fléau de la famine est lâché, et la tribulation est comme son fouet, et le châtiment sa discipline, mais pour toutes ces choses, ils ne reviendront pas de leur méchanceté, et ne se souviendront pas de leur châtiment. La nourriture sera si bon marché sur la terre qu'ils se croiront dans une bonne situation ; mais le mal grandira sur la terre, et il y aura l'épée, la famine et une grande confusion. Beaucoup de ceux qui vivent sur la Terre périront de famine, et d'autres qui échapperont à la faim seront détruits par l'épée. Les morts seront jetés dehors comme du fumier, et il n'y aura personne pour les consoler, car le pays sera dévasté, et les villes seront détruites. Il n'y aura plus d'homme pour cultiver la terre et pour l'ensemencer. Les arbres donneront des fruits, et qui les cueillera ? Les raisins mûriront, et qui les foulera ? Tous les lieux seront déserts d'hommes, de sorte qu'un homme désirera en voir un autre, et entendre sa voix.

Dans une ville, il en restera dix, et deux dans les champs, qui se cacheront dans les bosquets touffus et dans les fentes des rochers. Dans un verger d'oliviers, il reste sur chaque arbre trois ou quatre olives. Quand on vendange une vigne, il reste quelques grappes de ceux qui la parcourent avec soin. De même, en ces jours-là, il en restera trois ou quatre à ceux qui auront fouillé leurs maisons avec l'épée. La terre sera dévastée, les champs deviendront vieux, ses sentiers et toutes ses routes seront remplis d'épines, parce que personne n'y passera. Les vierges se lamenteront, parce qu'elles n'ont pas d'époux. Les femmes se lamenteront, faute de maris. Leurs filles se lamenteront, n'ayant pas d'aide. Dans les guerres, leurs fiancés seront détruits, et leurs maris périront de faim.

Écoutez ces choses et comprenez-les, serviteurs du Seigneur. Regardez la parole du Seigneur. Recevez-la. N'adorez pas les dieux dont le Seigneur a parlé. Regardez, les fléaux s'approchent et ne sont pas paresseux. C'est comme lorsqu'une femme enceinte, au neuvième mois, met au monde son fils et que, pendant les deux ou trois heures que dure l'accouchement, elle éprouve de vives douleurs dans le ventre de sa mère. De même, les fléaux ne cesseront pas de s'abattre sur la terre, et le monde sera dans le deuil, et la tristesse l'atteindra de toutes parts.

Mon peuple, écoutez ma parole. Préparez-vous au combat, et ces maux seront comme des pèlerins sur la terre. Que celui qui vend soit comme celui qui s'enfuit, et que celui qui achète soit comme celui qui perd. Celui qui emmagasine des marchandises est comme celui qui n'en tire aucun profit, et celui qui bâtit est comme celui qui n'y habitera pas. Celui qui sème comme s'il ne devait pas récolter, de même celui qui plante la vigne comme celui qui ne cueillera pas les raisins. Ceux qui se marient seront comme ceux qui n'auront pas d'enfants, et ceux qui ne se marient pas seront comme les veufs. C'est pourquoi ceux qui travaillent, travaillent en vain, et des étrangers récolteront leurs fruits, pilleront leurs biens, renverseront leurs maisons, et emmèneront leurs enfants comme esclaves.

« Dans l'esclavage et la famine, ils auront des enfants. Volez leurs biens ! Plus ils embelliront leurs villes, leurs maisons, leurs biens et leurs propres corps, plus je serai en colère contre eux à cause de leur péché, » a déclaré le Seigneur.

Comme lorsqu'une prostituée envie une femme honnête et vertueuse, la justice haïra l'iniquité lorsqu'elle s'habillera et l'accusera en face. Quand il viendra, qui se défendra contre celui qui recherche tous les péchés de la terre ? Ne leur ressemblez donc pas, et ne faites pas leurs oeuvres. En peu de temps, l'iniquité disparaîtra du pays, et la justice régnera au milieu de vous.

Que le pécheur ne dise pas qu'il n'a pas péché, car des charbons ardents brûleront[2] au-dessus de sa tête s'il dit : « Je n'ai pas péché devant Dieu et devant sa gloire. »

Regardez, le Seigneur connaît toutes les œuvres des hommes, leurs imaginations, leurs pensées et leurs cœurs. Lui qui n'a prononcé que les mots : « Que la terre soit faite, » et elle a été faite ; « Que le ciel soit fait, » et il a été fait. Par ses paroles, les étoiles ont été créées, et il en connaît le nombre. Il a sondé l'abîme et ses trésors. Il a mesuré la mer et ce qu'elle contient. Il a fermé la mer parmi les eaux, et par ses paroles il a placé la terre sur les eaux. Il a déployé les cieux comme une voûte. Au-dessus des eaux, il l'a construit. Dans le désert, il a fait des sources d'eau, et des étangs sur le sommet des montagnes, afin que les flots descendent des hauts rochers pour arroser la terre.

Il a fait l'homme, il a mis son cœur dans son corps, il lui a donné le souffle, la vie et l'intelligence. Oui, et le Dieu omnipotent[3] qui respire, qui a fait toutes choses, et qui cherche toutes les choses cachées dans les secrets de la Terre. Certes, il connaît vos pensées, et ce que vous pensez dans vos cœurs, même ceux qui pèchent, et qui voudraient cacher leur péché. De même, le Seigneur a examiné avec précision toutes vos œuvres, et il vous mettra tous dans l'opprobre. Quand vos péchés seront découverts, vous aurez honte devant les hommes, et vos péchés seront vos accusateurs en ce jour-là. Que ferez-vous ? Comment cacherez-vous vos péchés devant Dieu et ses messagers ?

Regardez, c'est Dieu lui-même qui est le juge. Craignez-le. Cessez de pécher, oubliez vos iniquités, et ne vous y livrez plus, afin que Dieu vous tire d'affaire et vous délivre de toute détresse. Voici, l'ardente colère d'une grande multitude s'est allumée contre vous ; ils enlèveront quelques-uns d'entre vous, et ils vous nourriront, dans l'oisiveté, d'objets offerts aux idoles. Ceux qui y auront consenti seront livrés à la dérision et à l'opprobre, et foulés aux pieds.

En tout lieu et dans les villes, il y aura une grande insurrection contre ceux qui craignent le Seigneur. Ils seront comme des fous, ils n'épargneront personne, mais ils pilleront et détruiront ceux qui craignent le Seigneur. Ils gaspilleront et enlèveront leurs biens, et les jetteront hors de leurs maisons. Alors on saura qui sont mes élus, et ils seront éprouvés comme l'or dans le feu.

« Écoute, mon bien-aimé, dit le Seigneur, regarde, les jours de détresse sont proches, mais je t'en délivrerai. Ne craignez pas et ne doutez pas, car Dieu est votre guide. »

« Le guide de ceux qui gardent mes commandements et mes préceptes, » dit le Seigneur. « Ne laissez pas vos péchés vous peser, et ne laissez pas vos iniquités s'élever. Malheur à ceux qui sont liés par leurs péchés et couverts par leurs iniquités, comme lorsqu'un champ est couvert de broussailles et un sentier d'épines, et que personne ne peut le parcourir. On le laisse dévêtu, et on le jette au feu, pour qu'il se consume avec lui. »

Latine d'Esdras Restauration : Chapitre 4 Notes

1 Voir la note 1 à la page 181.

2 Voir la note 2 à la page 182.

3 Voir la note 3 à la page 186.

Introduction à l'Apocalypse grecque d'Esdras

L'Apocalypse grecque d'Esdras est une troisième Apocalypse d'Esdras qui n'a survécu qu'en deux exemplaires, tous deux antérieurs au 9e siècle. Il s'agit d'un texte distinct des Apocalypses judaïques ou latines d'Esdras et semble être un composite de l'époque chrétienne de divers documents relatifs à Esdras et à Shadrach. Il n'existe pas de consensus sur la date de rédaction de l'Apocalypse grecque d'Esdras, mais il s'agit d'une apocalypse de l'ère chrétienne, qui fait référence à plusieurs apôtres chrétiens comme étant au ciel avec les patriarches israélites. Cette Apocalypse utilise un style d'écriture très incohérent et passe constamment de la première à la troisième personne, comme s'il s'agissait d'un composite de matériaux provenant de divers ouvrages antérieurs liés à Esdras. Elle reprend en partie le contenu de l'Apocalypse judaïque d'Esdras, mais l'essentiel du contenu est unique et décrit le voyage d'Esdras dans le ciel et dans le monde souterrain (Tartare).

Cette Apocalypse est l'un des premiers textes qui nous soient parvenus et qui incluent l'Antéchrist, décrit comme enchaîné au niveau le plus bas de l'Hadès. Sa description est curieuse :

> « C'est lui qui a dit : ‹ Je suis le fils de Dieu, › qui a transformé les pierres en pain et l'eau en vin. »

Cette description renvoie très clairement au début du 2ᵉ siècle pour cette section de l'Apocalypse, lorsque la majorité des chrétiens croyaient encore qu'il y avait eu un Antéchrist en même temps que le Christ, un autre Jésus. Ce Jésus Antéchrist a été progressivement écarté du christianisme dominant au milieu du 3ᵉ siècle, et ceux qui croyaient qu'il avait existé ont finalement été pourchassés et exterminés par l'Église orthodoxe byzantine entre le 5ᵉ et le 8ᵉ siècle. Le cœur de cette croyance en l'Antéchrist était l'Évangile de Jean, alors hérétique, qui racontait une version de la vie de Jésus totalement différente de celle des anciens Évangiles synoptiques : Matthieu, Marc et Luc.

L'Évangile de Jean était à l'origine utilisé par la secte gnostique des Valentiniens et, selon la secte chrétienne des Agoli, qui se trouvait dans le pays d'origine de l'Évangile, il avait été écrit par le philosophe gnostique Cerinthus, qui avait remanié les enseignements de Jean. L'Évangile de Luc affirmant que Jean était analphabète, il est clair que quelqu'un d'autre a écrit l'Évangile de Jean, mais l'auteur n'est nommé nulle part dans l'Évangile. Cet autre Jésus de l'Évangile de Jean avait transformé l'eau en vin pour une bande d'ivrognes, alors que la plupart des chrétiens s'abstenaient de boire du vin jusqu'au 3ᵉ siècle.

Introduction à l'Apocalypse grecque d'Esdras

Cette courte description tirée de l'Apocalypse grecque d'Esdras désigne clairement l'Antéchrist comme étant le Jésus de l'Évangile de Jean, tout en approuvant le Jésus de l'Évangile de Matthieu, qui a refusé de transformer les pierres en pain lorsque Satan l'a mis au défi de le faire. Cette section de l'Apocalypse doit donc dater du milieu du 2ᵉ siècle, époque à laquelle les débats sur l'Évangile de Jean, l'Antéchrist et le Saint-Esprit déchiraient les Églises chrétiennes à travers l'Empire romain. À la fin, l'Église orthodoxe de l'empereur Constantin a forcé tout le monde à s'entendre, en combinant le Christ et l'Antéchrist en un seul Jésus et en fusionnant ce Jésus dans la Trinité avec Dieu et le Saint-Esprit. Par conséquent, cette simple description de l'Antéchrist indique que la description et probablement la composition elle-même datent du milieu du 2ᵉ siècle, bien que d'autres sections aient probablement été copiées à partir de sources plus anciennes.

L'une de ces sources semble avoir été la Vision d'Esdras, qui subsiste en latin mais a probablement été composée en copte. Les deux textes décrivent la descente d'Esdras aux enfers, mais la Vision va plus en profondeur et inclut davantage d'éléments tirés de l'ancienne description égyptienne des enfers. La Vision et l'Apocalypse font toutes deux référence à un ver dans le monde souterrain, que l'Apocalypse appelle le « ver qui ne dort pas, » tandis que la Vision le qualifie de « ver immortel, dont il n'a pas pu mesurer la taille. » Le terme grec rhomos (ῥόμος) et le latin vermis signifient tous deux « ver, » mais le terme original était presque certainement fnt (ϥⲛⲧ), le mot copte signifiant « ver » ou « serpent. »

Le serpent géant du monde souterrain était Ôåpp (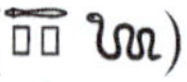) dans les anciennes croyances égyptiennes, qui vivait dans la région extrême ouest du monde souterrain, près de l'endroit où le soleil se couchait chaque soir. Au début de l'âge du fer, il est devenu connu sous le nom de Åpåp (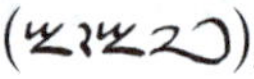), un serpent démoniaque du monde souterrain dans les croyances égyptiennes. Les Grecs l'interprétaient comme Apophis (Αποφις), un dieu serpent des enfers. Au début de l'ère chrétienne, il a été interprété comme Aphoph (ⲁⲫⲱⲫ) par les chrétiens coptes, le ver/serpent (ϥⲛⲧ) du jardin d'Éden qui a été envoyé pour vivre éternellement dans le monde souterrain. Il est peu probable que quelqu'un d'autre qu'un chrétien copte de la première heure ait écrit une vision du monde souterrain incluant ce ver/serpent géant.

Apocalypse grecque d'Esdras : Chapitre 1

Il arriva, la trentième année,[1] le vingt-deuxième du mois, alors que j'étais dans ma maison, que je m'écriai et dis au Très-Haut[2] : « Seigneur, donne la gloire pour que je voie tes mystères. »

Cette nuit-là vint un messager, Michel l'archange, qui me dit : « Prophète Esdras, ne mange pas de nourriture pendant soixante-dix semaines. »

Je jeûnai comme il me l'avait dit, puis le généralissime[3] Raphaël vint et me donna une baguette de styrax. J'ai jeûné deux fois pendant soixante semaines, et j'ai vu les mystères de Dieu et de ses messagers. Je leur ai dit : « Je veux plaider devant Dieu en faveur du peuple chrétien. Il vaut mieux pour un homme ne pas naître que de venir en ce monde. »

Je fus donc enlevé dans le ciel,[4] et je vis dans le premier ciel une grande armée de messagers, et ils m'emmenèrent vers les jugements. J'entendis une voix qui me disait : « Aie pitié de nous, Esdras, l'élu de Dieu. »

Je dis alors : « Malheur aux pécheurs lorsqu'ils verront un plus juste que les messagers, et qu'ils seront eux-mêmes dans la géhenne[5] de feu ! »

Esdras demanda : « Aie pitié des œuvres de tes mains, toi qui es compatissant et d'une grande miséricorde. Juge-moi plutôt que les âmes des pécheurs, car il vaut mieux qu'une seule âme soit punie, et que le monde entier soit détruit. »

Dieu répondit : « Je donnerai la paix du paradis aux justes, car je suis devenu miséricordieux. »

Esdras demanda : « Seigneur, pourquoi accordes-tu des bienfaits aux justes ? De même que celui qui a été loué, et qui a accompli son temps, s'en va, et travaille de nouveau comme esclave quand il retourne chez ses maîtres, de même les justes ont reçu leur récompense dans les cieux. Mais ayez pitié des pécheurs, car nous savons que vous êtes miséricordieux. »

Dieu répondit : « Je ne vois pas comment je pourrais avoir pitié d'eux. »

Esdras déclara : « Ils ne peuvent supporter votre colère. »

Dieu répondit : « C'est leur sort. » Dieu poursuivit : « Je veux vous préserver comme Paul et Jean, car vous m'avez donné un trésor pur qui ne peut être volé, le trésor de la virginité, le bastion des hommes. »

Esdras répondit : « Il est préférable pour un homme de ne pas naître. Il n'est pas bon d'être en vie. Les animaux irrationnels sont meilleurs que l'homme, parce qu'ils n'ont pas de châtiment, mais vous nous avez pris, et vous nous avez livrés au jugement. Malheur aux pécheurs dans le monde à venir ! Car leur jugement est sans fin, et la flamme inextinguible. »

Apocalypse grecque d'Esdras : Chapitre 1 Notes

1 Il s'agit de la même année que celle mentionnée dans l'apocalypse judaïque d'Esdras, qui, selon Esdras, correspond à la trentième année depuis la destruction de Jérusalem, ce qui situerait le cadre du texte en 557 avant JC. L'auteur de l'apocalypse latine ne connaissait pas l'époque de l'apocalypse judaïque et a daté son apocalypse vers 350 avant JC. Cela indique que l'auteur de l'apocalypse grecque avait accès à l'apocalypse judaïque, ce qui confirme l'origine de l'apocalypse grecque au début de l'ère chrétienne, lorsque l'apocalypse judaïque était en circulation parmi les chrétiens.

2 BnF Gr. 929 : ypsístou (υψιστου). Traduction : Très-Haut

Le Très-Haut est une référence à Dieu, ou à un dieu, que l'on retrouve dans de nombreuses religions anciennes du Moyen-Orient. Selon la Thora, l'ancien peuple de Jérusalem adorait El Elyon, qui se traduit par « Dieu Très-Haut » lors du passage d'Abraham dans ces régions. Le terme Très-Haut se répète dans d'autres textes juifs et samaritains anciens et a été repris dans les textes chrétiens des premiers siècles. En dehors des écritures hébraïques, Elyon apparaît dans le traité Sefire I sous le nom de ål ůålyn (𐤀𐤋 𐤏𐤋𐤉𐤍). Les stèles de Sefire sont une série de traités entre les Assyriens et la ville d'Arpad, qui datent du 8e siècle avant JC. Le terme Très-Haut se retrouve également dans les religions des nations voisines, comme le titan grec Zagreus, décrit comme étant le « dieu le plus élevé » dans l'épopée Alcmeonis, au 6ᵉ siècle avant JC.

3 BnF Gr. 929 : archistrátigos (ΔβχιστβαντΙιγοc). Traduction : généralissime (ou commandant suprême de l'armée)

Le même terme a été utilisé dans la traduction du livre de Josué par la Septante, reflété par l'hébreu sar-tzeva (שַׂר־צְבָא) dans le texte massorétique, qui se traduit par « ministre de l'armée. » Josué a rencontré ce généralissime à Jéricho avant de la détruire. Il n'existe aucune explication sur l'identité de ce généralissime, mais il est traditionnellement interprété comme le commandant suprême de l'armée de Dieu. C'est l'interprétation de la traduction hébraïque, qui l'appelle le « ministre de l'armée de Yahvé » (שַׂר־צְבָא־יְהוָה), et le Targum de Jérusalem, qui l'appelle « messager-agent de devant Yhů » (מַלְאַךְ שְׁלִיחַ מִן קֳדָם יְיָ). Cette interprétation est moins évidente dans la Septante, puisqu'il est simplement appelé « généralissime des forces du seigneur, » et qu'elle ne précise pas si ce seigneur était un dieu ou un seigneur humain, comme le roi Thoutmôsis Iᵉʳ d'Égypte, qui faisait campagne en Égypte à l'époque selon les archives égyptiennes.

L'identification de Raphaël, l'ancien dieu des Raphites, en tant que généralissime n'est pas faite dans les versions du livre de Josué qui ont survécu. Elle est néanmoins curieuse, car la Thora mentionne la présence des Raphites en Canaan vers 1548 avant JC, alors qu'ils avaient disparu au moment de l'invasion de Josué, vers 1508 avant JC, ces deux dates étant basées sur la chronologie de la Septante.

Cela suggère qu'il s'agissait de vestiges de la dynastie des Hyksos en Canaan, contre laquelle les Égyptiens faisaient campagne. Les différentes versions du livre de Josué contiennent une note scribale qui a dû être insérée très tôt et qui indique que les Raphites étaient les Hinns du nord. La traduction grecque étant basée sur une version araméenne légèrement plus longue de Josué, qui semble provenir de Samarie, il semble que la note scribale ait été ajoutée avant la séparation des sacerdoces samaritain et judaïque. À l'époque où cette note a été ajoutée, les Raphites étaient considérés comme les Gigantes grecs, une ancienne tribu qui avait combattu les dieux et perdu. Les Raphites semblent avoir été considérés comme disparus au milieu des années 1300 avant JC, car les textes ougaritiques les décrivent comme vivant dans le monde souterrain.

4 BnF Gr. 929 : ouranòn (ογβΔΝον). Traduction : ciel (ou univers, Ouranus)

Ouranus (Οὐρανός) / Shomajim (שָׁמַיִם) est représenté comme le même type de divinité primordiale dans la Septante et les premiers textes israélites, qu'Ouranus dans les mythes grecs, et appelé à témoigner des bénédictions et des malédictions, ce qui implique une conscience. Les Cananéens considéraient le ciel comme un dieu, ce qui est pratiquement identique au concept grec d'Ouranus. Les Cananéens vénéraient Ba'al Shamin (בעל שמין) comme l'un de leurs dieux, dont le nom signifie «Seigneur du ciel.» La version araméenne était Ba'al Samin (ܒܥܠ ܫܡܝܢ), qui a continué à être adoré au Liban et en Syrie au moins jusqu'au 1er siècle de notre ère. Dans ce texte, le ciel n'est manifestement pas un dieu, ce qui indique qu'il s'agit d'une composition plus tardive, datant de quelque temps après la révolte des Maccabées, vers 165-140 avant JC.

5 BnF Gr. 929 : Geenna (ⲅⲉ⳿ⲙⲛⲁ). Traduction : Géhenne

La géhenne est la réinterprétation chrétienne primitive de l'ancien concept israélite du monde souterrain. Le nom Géhenne est basé sur l'hébreu gy hnm (גי בֹם), une version abrégée de gy bn hnm (גי בן הנם), qui signifie « vallée des fils de Hinns. »

La Septante inclut un nom différent dans le chapitre 18 de Josué, lisant « forêt de Sonnam » (ναπης Σονναμ) là où le texte massorétique lit vallée des fils de Hinnom (גֵּי בֶן־הִנֹּם). La lecture erronée d'un H (𐤄) pour un Ś (𐤔) indique une erreur de transcription lorsqu'une version samaritaine ou judaïque du livre a été traduite en araméen ; cependant, la substitution de « forêt » à « vallée des fils... » n'est manifestement pas une erreur de traduction. La combinaison de « vallée/abîme » et de « forêt » suggère qu'il s'agit d'une référence à un lieu de sépulture, et non à une vallée physique. À l'époque, les Cananéens marquaient les lieux de sépulture en plantant des arbres, généralement des chênes, connus sous le nom d'arbres d'Ashéra, car ils pouvaient s'autopolliniser et étaient donc considérés comme des arbres « vierges. »

L'origine du mot est probablement un pluriel de hinn (حنّ), une référence à un ancien type d'être éteint qui vivait autrefois sur la Terre dans le folklore sémitique. Les hinns continuent de faire partie des religions islamique et druze, bien que leur rôle dans ces religions varie. On s'accorde à dire qu'ils sont éteints, mais on ne sait pas exactement ce qu'ils étaient. De nombreuses sources décrivent le hinn et le binn comme des créatures primordiales puissantes et gigantesques, suggérant qu'ils ont été influencés par la découverte d'ossements d'animaux disparus. À l'inverse, les Révélations de 'Abdullah Al-Sayid Muhammad Habib affirment que les hinns étaient des créatures aériennes et que leurs ennemis, les binns, étaient des créatures aquatiques, tandis que l'historien islamique médiéval al-Tabari affirme qu'ils ont été créés à partir d'un feu empoisonné (سموم). Dans la plupart des versions des histoires, ils se sont battus dans le cadre d'une série de guerres pour le contrôle de la terre avant la création de l'humanité, et la plupart des espèces anciennes se sont éteintes, y compris les hinns.

Dans le contexte d'un lieu de sépulture, il est probable que l'expression « fils de hinns » ne se réfère pas à un peuple connu, mais à un ancien lieu de sépulture d'un peuple alors inconnu. Les chênes sont connus pour vivre plus de 1000 ans et se reproduire, de sorte que la tombe en question pouvait déjà avoir des milliers d'années. Plus tard, pendant les réformes du roi Josias, d'anciennes tombes et des bosquets d'Ashéra près de Jérusalem ont été détruits, et il a été spécifiquement enregistré qu'il a détruit une statue dans la vallée des fils de Hinns, ce qui implique que c'est le lieu de sépulture qu'il a détruit.

Ce verset, qui fait référence à la « géhenne de feu, » ne peut être qu'une interprétation chrétienne de la géhenne, basée sur le concept grec de l'Hadès. Selon l'interprétation sémitique traditionnelle, le monde souterrain était un lieu de sécheresse. L'évolution des Hinn, de créatures géantes à des êtres de feu, est également basée sur l'influence grecque et n'apparaît pas dans la littérature sémitique antérieure à l'ère grecque.

Apocalypse grecque d'Esdras : Chapitre 2

Tandis que je lui disais cela, Michel et Gabriel arrivèrent, ainsi que tous les apôtres, et ils dirent : « Réjouis-toi, fidèle homme de Dieu ! »

Esdras dit : « Lève-toi, et viens ici avec moi, Seigneur, pour le jugement. »

Le Seigneur répondit : « Voici, je te donne mon alliance entre toi et moi, afin que tu la reçoives. »

Esdras demanda : « Laisse-nous plaider devant toi. »

Dieu répondit : « Demandez à Abraham, votre ancêtre, comment un fils plaide auprès de son père, et venez ensuite plaider auprès de nous. »

Esdras déclara : « Le Seigneur est vivant, je ne cesserai pas de plaider auprès de toi au nom du peuple chrétien. Où est votre ancienne compassion, Seigneur ? Où est votre patience ? »

Dieu répondit : « Comme j'ai fait le jour et la nuit, j'ai fait le juste et le pécheur, et il aurait dû vivre comme le juste. »

Le prophète demanda : « Qui a fait Adam, la première forme ? »[1]

Dieu répondit : « Mes mains sont sans tache. Je l'ai mis au paradis pour garder la nourriture de l'arbre de vie, puis il est devenu désobéissant, et en cela il a transgressé. »

Le prophète demanda : « N'a-t-il pas été protégé par un messager ? Sa vie n'a-t-elle pas été gardée par les chérubins pendant des siècles ? Comment a-t-il été trompé ? Qui était protégé par des messagers ? Vous avez ordonné à tous d'être présents et de faire ce que vous avez ordonné. Mais si vous ne lui aviez pas donné Eve, le serpent ne l'aurait pas trompée. Qui sauvera-t-on et qui fera-t-on périr ? »

Le prophète demanda : « Mon Seigneur, qu'il y ait un second jugement. »

Dieu répondit : « J'ai jeté le feu sur Sodome et Gomorrhe. »

Le prophète dit : « Seigneur, tu nous traites comme nos déserts. »

Dieu dit : « Vos péchés dépassent ma miséricorde. »

Le prophète dit : « Souviens-toi des Écritures, mon père. Qui a mesuré Jérusalem et l'a rebâtie ? Ayez pitié, Seigneur, des pécheurs. Ayez pitié de vos propres créatures. Ayez pitié de vos œuvres. »

Dieu se souvint de ceux qu'il avait faits, et il dit au prophète : « Comment aurais-je pitié d'eux ? Ils m'ont donné à boire du vinaigre et du fiel, et ils ne se sont pas repentis.»

Le prophète répondit: «Montre tes chérubins, et allons ensemble au jugement; montre-moi le jour du jugement, ce qu'il est.»

Dieu déclara: «Tu as été trompé, Esdras, en comparant le jour du jugement à celui où il n'y a pas de pluie sur la Terre, car c'est une comparaison miséricordieuse avec ce jour-là.»

Le prophète déclara: «Je ne cesserai pas de t'implorer si je ne vois pas le jour de la consommation.»

Dieu répondit: «Comptez les étoiles et le sable de la mer, et si vous pouvez les compter, vous pourrez aussi m'implorer.»

Apocalypse grecque d'Esdras : Chapitre 2 Notes

1 BnF Gr. 929: prôtoplastos (ⲡⲣⲟⲧ︢ⲩ̄ⲡⲗⲁⲥⲧⲟⲥ). Traduction: première forme (ou prototype)

Apocalypse grecque d'Esdras : Chapitre 3

Le prophète dit : «Seigneur, tu sais que je porte une chair humaine, comment pourrais-je compter les étoiles du ciel et le sable de la mer ?»

Dieu dit : «Mon prophète élu, personne ne connaîtra ce grand jour et l'apparition de celui qui viendra juger le monde. A cause de toi, mon prophète, je t'ai annoncé le jour, mais je ne t'ai pas annoncé l'heure.»

Le prophète demanda : «Seigneur, dis-moi aussi l'année.»

Dieu répondit : «Si je vois que la justice du monde a grandi, je serai patient avec eux, mais sinon, j'étendrai ma main, je saisirai le monde par ses quatre quarts, je les rassemblerai tous dans la vallée de Josaphat,[1] et j'anéantirai le peuple des hommes, de sorte que le monde ne sera plus.»

Le prophète demanda : «Comment ta droite peut-elle être glorifiée ?»

Dieu répondit : «Je serai glorifié par mes messagers.»

Le prophète demanda : «Seigneur, si tu as décidé de faire cela, pourquoi as-tu créé l'homme ? Vous avez dit à notre père Abraham : 'Multipliez, Je multiplierai ta postérité comme les étoiles du ciel et comme le sable qui est au bord de la mer,' où est donc votre promesse ?»

Dieu répondit : « Je vais d'abord faire un tremblement de terre pour renverser les animaux et les hommes. Quand vous verrez qu'un frère livre son frère à la mort, que des enfants s'élèvent contre leurs parents, qu'une femme oublie son mari, et qu'une nation s'élève contre une autre dans la guerre, alors vous saurez que la fin est proche. Car alors, ni un frère n'aura pitié de son frère, ni un homme de sa femme, ni des enfants de ses parents, ni des amis de ses amis, ni un esclave de son maître ; car l'adversaire des hommes montera du Tartare, et il fera voir beaucoup de choses aux hommes. Que vais-je faire de vous, Esdras ? Continueras-tu à m'implorer ? »

Apocalypse grecque d'Esdras : Chapitre 3 Notes

1 Il s'agit d'une reformulation de la prophétie de Joël, ce qui indique que l'auteur disposait d'une copie de la Dokéda, voire de l'ensemble de la Septante. La vallée de Josaphat fait probablement référence à l'endroit où le roi Josaphat a vaincu les Moabites au 9e siècle avant JC.

Apocalypse grecque d'Esdras : Chapitre 4

Le prophète dit: «Seigneur, je ne cesserai de t'implorer.»

Dieu répondit: «Comptez les fleurs de la terre. Si tu peux les compter, tu pourras aussi m'implorer.»

Le prophète répondit: «Seigneur, je ne peux pas les compter. Je porte une chair humaine, mais je ne cesserai pas de t'implorer.Je souhaite, Seigneur, voir aussi le monde souterrain du Tartare.»[1]

Dieu m'a dit: «Descends et vois.»

Il me donna Michel et Gabriel, et trente-quatre autres messagers, et je descendis quatre-vingt-cinq marches, et ils me firent descendre cinq cents marches, et je vis un trône de feu et un vieillard assis dessus, et son jugement était impitoyable. J'ai demandé aux messagers: «Qui est-ce? Quel est son péché?»

Ils me répondirent: «C'est Hérode, qui a été roi pendant un certain temps et qui a ordonné de mettre à mort les enfants de deux ans et moins.»

Je répondis: «Malheur à son esprit!»

Ils me firent encore descendre trente marches, et là je vis un feu qui bouillonnait, et dans lequel se trouvait une multitude de pécheurs; j'entendais leur voix, mais je ne voyais pas leurs formes. Ils m'ont fait descendre plusieurs marches que je n'ai pas pu mesurer. Là, j'ai vu des vieillards avec des pivots enflammés qui tournaient dans leurs oreilles. Je leur demandai : «Qui sont-ils, et quel est leur péché ?»

Ils m'ont répondu : «Ce sont ceux qui n'ont pas voulu écouter.»

Ils m'ont fait descendre encore cinq cents marches, et là j'ai vu le serpent[2] qui ne dort pas, et le feu qui brûle les pécheurs. Ils me firent descendre au plus bas de la destruction, et je vis là les douze fléaux de l'abîme. Ils m'emmenèrent au midi, et je vis là un homme pendu par les paupières, et les messagers le fouettaient sans cesse. Je demandai : «Qui est-ce ? Quel est son péché ?»

Le commandant Michel me dit : «C'est un homme qui a couché avec sa mère. Pour avoir mis en pratique un petit souhait, il a été ordonné de le pendre.»

Ils m'emmenèrent vers le nord, et je vis là un homme attaché avec des chaînes de fer. J'ai demandé : «Qui est-ce ?»

Il me répondit : «C'est celui qui a dit : Je suis le fils de Dieu, qui a changé les pierres en pain et l'eau en vin.»

Le prophète demanda : «Mon seigneur, fais-moi connaître sa forme, et je le dirai aux humains, afin qu'ils ne croient pas en lui.»

Il me répondit : « Son expression est celle d'une bête sauvage. Son oeil droit est comme l'étoile du matin, et l'autre est immobile. Sa bouche était d'une coudée, et ses dents d'un empan. Ses doigts étaient comme des faux, et les empreintes de ses pieds mesuraient deux empans. Sur son visage on lisait l'inscription : ‹ Antéchrist. ›[3] On l'a loué jusqu'au ciel, mais il descendra dans l'Hadès.[4] Tantôt il deviendra un enfant, tantôt un vieillard. »

The prophet asked, « Lord, how do you permit him when he deceives the humans ? »

Dieu répondit : « Écoute, mon prophète. Il devient enfant et vieillard, et personne ne croit qu'il est mon fils bien-aimé. Après cela, une trompette sonnera, les tombeaux s'ouvriront, et les morts ressusciteront incorruptibles. Alors l'adversaire, entendant l'épouvantable menace, sera caché dans les ténèbres extérieures. Le ciel, la terre et la mer seront détruits. Je brûlerai le ciel à quatre-vingts coudées de hauteur, et la terre à huit cents coudées de profondeur.

Le prophète demanda : « Comment le ciel a-t-il péché ? »

Dieu répondit : « Puisqu'il y a du mal. »

Le prophète demanda : « Seigneur, comment la terre a-t-elle péché ? »

Dieu répondit : « Parce que l'adversaire, ayant entendu les terribles avertissements, se cachera. A cause de cela, je ferai fondre la terre, et avec elle l'ennemi des hommes. »

Apocalypse grecque d'Esdras : Chapitre 4 Notes

1 BnF Gr. 929 : Tartaros (Ｔαˌʍβτλβｏϲ). Traduction : Tartare (ou monde souterrain)

Tartaros (Τάρτἄρος) était le monde souterrain de la Grèce antique, qui, comme le monde souterrain égyptien plus ancien, était pénétré quelque part à l'extrême ouest. L'historien grec ancien Strabon pensait que ce mot avait été inventé par Homère, en se basant sur la ville de Tartêssos (Ταρτησσός), située à l'ouest des piliers d'Héraclès, où le soleil s'enfonçait dans l'Océan. Tartêssos était une ancienne cité-État du sud-ouest de l'Espagne, mentionnée dans les documents néo-assyriens d'Esarhaddon sous le nom de Tarsisi (⤐⤗⤐⤗), où elle était utilisée comme métaphore pour désigner la terre connue la plus éloignée. Il a également été enregistré sous le nom de Tršš (ｗｗ9ᵗ), sur la pierre de Nora en langue phénicienne découverte en Sardaigne, qui daterait également de la même époque. Plus tard, les mythes grecs l'ont appelée Tartêssos (Ταρτησσος), mais elle n'était plus considérée comme une terre connue vers laquelle les gens naviguaient. Au 4e siècle avant JC, Aristote a identifié Tartêssos comme étant sur la côte atlantique de l'Ibérie. À peu près à la même époque, le géographe et explorateur grec Pythéas a rapporté

236

que la civilisation avait existé sur le fleuve Baetis, l'actuel fleuve Guadalquivir, dans le sud-ouest de l'Espagne.

Bien que la localisation de la civilisation ait été débattue pendant des milliers d'années, il est communément admis qu'il s'agit de la culture « tartessienne » du sud-ouest de l'Ibérie. Au cours des années 1900, des archéologues travaillant dans le sud-ouest de l'Espagne et le sud du Portugal ont découvert de nombreux vestiges d'une civilisation de l'âge du bronze. Cette civilisation a existé entre 1900 et 700 avant JC. Elle contrôlait de vastes mines dans le sud-ouest de l'Ibérie, qui produisaient à la fois des métaux et des pierres précieuses, et il semble qu'elle ait beaucoup commercé avec les Phéniciens et les Celtes.

Le Tartare était également le nom du dieu du Tartare, que le poète grec Hésiode considérait comme l'un des dieux primordiaux, qui avait engendré le monstre Typhon. Les philosophes grecs de l'époque classique pensaient que Typhon et l'Apophis égyptien étaient le même dieu, ce qui confirme l'interprétation du ver/serpent géant de l'Apocalypse et de la Vision comme étant Apophis. Comme aucun dieu des enfers n'est présent, il est probable que le mot soit utilisé pour désigner le lieu et non le dieu, ce qui signifie que ces anges du Tartare travaillaient pour Dieu.

2 BnF Gr. 929 : rhomos (βῶμος). Traduction : ver

Il semble s'agir d'une mauvaise traduction du mot copte fnt (ϥⲛⲧ), qui signifie à la fois « ver » et « serpent. » Si les termes « serpent » et « ver » sont identiques dans de nombreuses langues, ils ne l'étaient pas en grec ou en latin, ce qui indique

que le texte a été rédigé dans une autre langue. Dans ce cas, une erreur identique se retrouve dans la traduction latine de la Vision d'Esdras, que cette Apocalypse semble utiliser comme source. La Vision d'Esdras comprend de nombreuses références à l'ancien monde souterrain égyptien, réinitialisées dans un esprit chrétien, ce qui indique qu'elle a été composée en Égypte.

Le serpent géant du monde souterrain était Ôåpp (𓏺 𒌋𒈝) dans les anciennes croyances égyptiennes, qui vivait dans la région extrême ouest du monde souterrain, près de l'endroit où le soleil se couchait chaque soir. Au début de l'âge du fer, il est devenu connu sous le nom de Åpåp (𒍣𒍣𒌋), un serpent démoniaque du monde souterrain dans les croyances égyptiennes. Les Grecs l'interprétaient comme Apophis (Αποφις), un dieu serpent des enfers.

Au début de l'ère chrétienne, il a été interprété comme Aphoph (ⲁⲫⲱⲫ) par les chrétiens coptes, le ver/serpent (ϥⲛⲧ) du jardin d'Éden qui a été envoyé pour vivre éternellement dans le monde souterrain. Il est peu probable que quelqu'un d'autre qu'un chrétien copte de la première heure ait écrit une vision du monde souterrain incluant ce ver/serpent géant.

3 BnF Gr. 929 : Antichristos (ⲁⲛⲧⲫⲭⲣⲓⲥⲧⲟⲥ). Traduction : antéchrist (ou faux messie)

Le terme Antichrist n'apparaît dans la Bible que dans les 1er et 2e Lettres de Jean, au sein de la littérature johannique. Le concept était populaire dans les premières églises chrétiennes du 2e siècle, mais il est tombé en désuétude lorsque l'Évangile de Jean a été accepté comme canon par l'Église byzantine. Au milieu du 2ᵉ siècle, lorsque la littérature johannique a fait surface pour la première fois en Anatolie occidentale, les chrétiens d'Agoli de la région ont affirmé que les Lettres de Jean avaient été écrites pour avertir les chrétiens d'éviter l'Évangile de Jean, qui était en fait l'Évangile de l'écrivain gnostique Cerinthus, et que l'Évangile transmis au nom de Jean était en fait l'Évangile de l'Antéchrist. Ce point de vue s'est rapidement répandu dans les églises de l'Empire romain et de l'Empire parthe, qui interdisaient à leurs membres de lire à la fois l'Évangile et l'Apocalypse de Jean.

L'Évangile de Jean a néanmoins été rapidement accepté par certains chrétiens d'Anatolie occidentale, dont l'influent philosophe chrétien Justin Martyr et les fondateurs de la secte montaniste du christianisme, qui a elle-même été excommuniée par la plupart des églises chrétiennes des deux empires parce qu'elle exhortait ses membres à canaliser l'esprit Paraclet (Παράκλητος), qui les guiderait en tant que voix (ou Parole) de Dieu. L'Église orthodoxe byzantine a mis fin à la plupart des premiers schismes au sein de la communauté chrétienne en forçant tous les chrétiens à accepter que le Jésus de l'Évangile de Jean était le même que celui des Évangiles de Matthieu, Marc et Luc, même si les récits et les miracles étaient différents, et que l'esprit Paraclet de l'Évangile de Jean était le Saint-Esprit et faisait partie de la Trinité avec Dieu le Père et Jésus. Par conséquent, cette référence à l'Antéchrist, d'autant plus que la phrase approuve le Jésus de l'Évangile de Matthieu, qui a refusé de transformer les pierres en pain, tout en rejetant le Jésus de l'Évangile de Jean, qui a transformé l'eau en vin, permet de dater de manière assez concluante cette section du texte à un moment donné de la controverse sur l'Antéchrist, probablement vers son début, car l'acceptation de la littérature johannique s'est répandue en même temps que l'hérésie montaniste, et était largement acceptée au moment où l'Église orthodoxe l'a canonisée.

4 BnF Gr. 929 : ádou (ⲁⲇⲟⲩ). Traduction : Hadès (ou monde souterrain)

Dans la mythologie grecque, l'Hadès était la partie enflammée du monde souterrain, adoptée par les chrétiens, les bouddhistes et certains juifs à l'époque préchrétienne. L'Hadès et le Tartare étaient deux lieux de l'Abîme, qui était lui-même parfois considéré comme un troisième lieu distinct du monde souterrain.

Apocalypse grecque d'Esdras : Chapitre 5

Le prophète supplie : « Seigneur, aie pitié du peuple chrétien. »

J'ai vu une femme pendue, et quatre bêtes sauvages qui lui tétaient le sein. Les messagers me dirent : « Elle n'a pas voulu donner son lait, et elle a même jeté ses enfants dans les fleuves. »

Je vis des ténèbres épouvantables, et une nuit sans étoiles ni lune, où il n'y avait ni jeune ni vieux, ni frère avec son frère, ni mère avec son enfant, ni femme avec son mari. Je pleurais et je disais : « Mon Dieu, Seigneur, aie pitié des pécheurs ! » Et comme je disais cela, un nuage vint me chercher et m'emporta de nouveau dans les cieux. J'y vis beaucoup de jugements, et je pleurai amèrement, et je dis : « Il vaudrait mieux qu'un homme ne soit jamais sorti du ventre de sa mère. »

Ceux qui étaient au supplice criaient : « Depuis que tu es venu ici, saint de Dieu, nous avons trouvé un peu de repos. »

Le prophète dit : « Heureux ceux qui pleurent leurs péchés. »

Dieu déclara : « Écoute, Esdras bien-aimé. Comme le cultivateur jette en terre la semence du grain, de même l'homme jette sa semence dans les entrailles de la femme. Au premier mois, il est tout entier, au second il grandit, au troisième il a des cheveux, au quatrième il a des ongles, au cinquième il se transforme en lait, au sixième il est préparé et reçoit la vie, au septième il est complètement achevé, au neuvième les barrières de la porte de la femme s'ouvrent, et il naît sain et sauf sur la terre. »

Le prophète répondit : « Seigneur, il vaut mieux que l'homme ne soit pas né. Malheur alors au peuple humain, quand il viendra en jugement ! »

J'ai demandé au Seigneur : « Seigneur, pourquoi as-tu créé l'homme et l'as-tu livré au jugement ? »

Dieu répondit : « Par une noble proclamation. Et je n'aurai aucune pitié pour ceux qui transgressent mon alliance. »

Le prophète demanda : « Seigneur, où est ta bonté ? »

Dieu répondit : « J'ai tout préparé pour l'homme, et l'homme ne garde pas mes commandements. »

Le prophète demanda : « Seigneur, révèle-moi les jugements et le paradis. » Les messagers m'emmenèrent vers l'orient, et je vis l'arbre de vie. J'y ai vu Hénoch, Elie, Moïse, Pierre, Paul, Luc, Matthieu, tous les justes et les patriarches. J'y ai vu l'air enfermé dans des barrières, les vents soufflants, les entrepôts de glace et les jugements éternels. J'y ai vu un homme pendu par le crâne.

Ils m'ont dit : « Cet homme a enlevé les bornes. » J'y ai vu de grands jugements.

J'ai demandé au Seigneur : « Mon Dieu, Seigneur, quel est donc l'homme qui est né et qui n'a pas péché ? »

On me fit descendre dans le Tartare, et je vis tous les pécheurs se lamenter, pleurer et se lamenter amèrement. Je pleurais aussi en voyant les humains torturés.

Apocalypse grecque d'Esdras : Chapitre 6

Dieu me dit alors : « Esdras, connais les noms des messagers de la fin du monde : Michel, Gabriel, Uriel, Raphaël, Gabuthelon, Aker, Arphugitonos, Beburos et Zébulon. »

Alors une voix me parvint, disant : « Viens ici et meurs, Esdras, mon bien-aimé. Donne ce qui t'a été confié. »

Le prophète demanda : « D'où pouvez-vous faire sortir mon esprit ? »

Les messagers répondirent : « Nous pouvons le faire sortir par la bouche. »

Le prophète répondit : « J'ai parlé avec Dieu bouche à bouche, et cela ne sort pas de là. »

Les messagers dirent : « Faisons-la sortir par les narines. »

Le prophète répondit : « Mes narines ont senti la douce saveur de la gloire de Dieu. »

Les messagers dirent : « Nous pouvons le faire ressortir par tes yeux. »

Le prophète répondit : « Mes yeux ont vu le dos de Dieu. »

Les messagers dirent : « Nous pouvons le faire ressortir par le sommet de votre tête. »

Le prophète répondit : « Je me suis promené avec Moïse sur la montagne, et cela ne sort pas de là. »

Les messagers dirent : « Nous pouvons la faire sortir par la pointe des ongles. »

Le prophète répondit : « Mes pieds aussi se sont promenés sur l'autel. »

Les messagers s'en allèrent sans avoir rien fait, en disant : « Seigneur, nous n'arrivons pas à lui faire entendre raison. »

Alors il dit à son fils unique : « Descends, mon fils bien-aimé, avec une grande armée de messagers, et prends l'esprit de mon Esdras bien-aimé. »

Le Seigneur, ayant pris une grande armée de messagers, dit au prophète : « Donne-moi ce que je t'ai confié, la couronne t'est préparée. »

Le prophète répondit : « Seigneur, si tu m'enlèves l'esprit, qui restera pour plaider auprès de toi en faveur des humains ? »

Dieu répondit : « Vous êtes mortel et vous venez de la terre, ne plaidez pas en ma faveur. »

Le prophète répliqua : « Je ne cesserai pas de plaider. »

Dieu ordonna : « Abandonne ce qui t'a été confié, la couronne a été préparée pour toi. Viens et meurs pour la gagner. »

Alors le prophète dit en pleurant : « Seigneur, à quoi bon t'avoir supplié, puisque je vais tomber en terre ? Malheur à moi, malheur à moi, car je vais être mangé par les vers ! Priez, vous tous, saints et justes, pour moi qui ai beaucoup plaidé, et qui suis encore livré à la mort. Priez pour moi, vous tous les saints et les justes, car je suis allé dans la fosse du Hadès. »

Apocalypse grecque d'Esdras : Chapitre 7

Dieu lui dit : « Écoute, Esdras, mon bien-aimé. Moi qui suis immortel, j'ai supporté la croix, j'ai goûté le vinaigre et le fiel, j'ai été mis au tombeau, et j'ai ressuscité mes élus, j'ai appelé Adam à sortir du séjour des morts, pour sauver les humains. Ne craignez donc pas la mort, car ce qui vient de moi, c'est-à-dire l'esprit, va vers le ciel, et ce qui vient de la terre, c'est-à-dire le corps, va vers la terre, d'où il a été tiré. »

Le prophète répondit : « Malheur à moi ! Malheur à moi ! Que vais-je entreprendre ? Que vais-je faire ? Je n'en sais rien. »

Alors le bienheureux Esdras dit : « Dieu éternel, créateur de toute la création, qui a mesuré le ciel d'un empan, et qui tient la Terre comme une poignée, qui chevauche les chérubins, qui a emmené le prophète Élie au ciel dans un char de feu, qui donne la nourriture à toute chair, que toutes choses redoutent et tremblent devant ta puissance, écoutez-moi, moi qui ai beaucoup plaidé, et donnez à tous ceux qui transcrivent ce livre, qui le possèdent, qui se souviennent de mon nom et honorent ma mémoire, donnez-leur une bénédiction du ciel, et bénissez-les en toutes choses, comme vous avez béni Joseph à la fin, et ne vous êtes pas souvenu de son ancienne méchanceté au jour de son jugement. Beaucoup de ceux qui n'ont pas cru à ce livre seront brûlés comme Sodome et Gomorrhe. »

Une voix lui parvint, disant : « Esdras, mon bien-aimé, tout ce que tu as demandé, je le donnerai à chacun. »

Aussitôt il rendit honorablement son précieux esprit, au mois d'octobre, le vingt-huit. On le prépara à la sépulture avec de l'encens et des psaumes, et son corps précieux et sacré dispense perpétuellement la force de l'esprit et du corps à ceux qui ont recours à lui par un désir ardent. À qui reviennent la gloire, la force, l'honneur et l'adoration du Père, du Fils et du Saint-Esprit, maintenant et toujours, et dans les siècles des siècles.

Amen.

Introduction à l'vision d'Esdras

La Vision d'Esdras est une œuvre similaire à l'Apocalypse grecque d'Esdras, mais elle ne subsiste que dans des manuscrits latins datant du 11ᵉ au 13ᵉ siècle. La Vision est unique parmi les Apocalypses d'Esdras qui ont survécu, en raison de son influence égyptienne significative. Il se peut que la Vision soit née d'un remaniement chrétien d'une ancienne description égyptienne du monde souterrain, car elle fait référence à une grande partie de l'iconographie du monde souterrain de l'Égypte ancienne.

Dans la Vision, Esdras fait le tour des enfers avec des messagers des enfers (le Tartare), puis il est emmené au ciel où il implore la miséricorde pour ceux qui se trouvent dans les enfers. Cela ressemble à l'Apocalypse grecque, sauf que dans l'Apocalypse, Esdras est d'abord emmené dans le ciel, où il rencontre Dieu, puis Dieu l'envoie dans le monde souterrain avec les messagers du ciel pour le guider et le protéger. L'Apocalypse grecque semble être une tentative de « correction » du texte, car les « messagers du Tartare » pourraient être lus comme des « messagers du monde souterrain » ou des « messagers du dieu du monde souterrain. »

Au 8ᵉ siècle avant JC, le poète grec Hésiode écrivit dans sa Théogonie que le Tartare était le troisième dieu le plus ancien, apparu après Chaos (la création) et Ge (la Terre). Il a également décrit le Tartare comme étant aussi éloigné de l'Hadès que la Terre l'est du ciel. Il a décrit la distance entre le ciel et la terre, la terre et l'Hadès, et l'Hadès et le Tartare comme étant la distance nécessaire à la chute d'une enclume pendant une semaine. Par conséquent, dans la mentalité grecque du début de l'ère chrétienne, la vision aurait été lue comme celle de messagers envoyés soit par la partie la plus profonde du monde souterrain, soit par le chef de ce lieu, qui aurait été le diable. Cette interprétation étant contraire aux enseignements orthodoxes, selon lesquels les messagers travaillent pour Dieu et les démons pour le diable, elle aurait dû être corrigée sur le plan théologique pour pouvoir circuler dans l'Empire byzantin.

La Vision elle-même semble avoir été écrite par un chrétien copte ou un gnostique, car le monde souterrain est largement inspiré de l'ancien monde souterrain égyptien. Plusieurs éléments uniques du monde souterrain dans la Vision confirment une origine copte, notamment des chiens attaquant les morts, deux grands lions et un immense ver, tous à l'horizon occidental. Bien que les chiens dévorant les cadavres ne soient pas propres à l'Égypte, ils constituaient une préoccupation importante dans ce pays. Les chiens étaient si étroitement associés aux morts que le dieu de l'embaumement Anubis était représenté avec une tête de chacal. À l'origine, l'embaumement des morts avait pour but d'empêcher les chiens et les chacals de les dévorer.

Dans l'ancienne religion égyptienne, deux grands lions protégeaient le soleil lors de sa traversée du monde souterrain chaque nuit. Les représentations du soleil à l'horizon, gardé par les deux lions, sont courantes, bien que les différents cultes égyptiens considèrent que les lions sont des divinités lionnes spécifiques différentes. La version la plus ancienne est probablement celle de la théologie héliopolitaine, selon laquelle les lions étaient Shou et Tefnout, les premiers ayant été créés par Atoum, le créateur. Dans la théologie héliopolitaine, Shu et Tefnut, qui signifie « sécheresse » et « humidité, » étaient les deux éléments primordiaux à partir desquels l'univers a été créé, qui ont à leur tour créé Geb (la Terre) et Nout (le ciel). Ils étaient également considérés comme le premier homme et la première femme, un peu comme Adam et Ève. Ils étaient souvent représentés sous la forme d'un ensemble d'humains, de lions ou d'un hybride d'humains et de lions. Plus tard dans l'histoire égyptienne, d'autres divinités lionnes étaient censées garder le soleil dans le monde souterrain, notamment Sékhmet et Maahès, qui étaient également représentées sous la forme d'hybrides homme-lion. Il est peu probable qu'un chrétien non égyptien ait conçu le monde souterrain comme étant gardé par deux lions.

Le « ver » immortel de la Vision, dont la taille est incalculable, est sans doute à l'origine du « ver qui ne dort pas » de l'Apocalypse grecque. Il s'agit soit d'un élément unique dans les textes chrétiens, soit d'une traduction erronée d'une langue dans laquelle le même mot est utilisé pour « ver » et « serpent. » Le latin vermis, qui signifie « ver, » est probablement une traduction erronée du mot copte fnt (ϥⲚⲦ), qui signifie à la fois « ver » et « serpent. » Si les termes « serpent » et « ver » sont identiques dans de nombreuses langues, ils ne l'étaient pas en grec ou en latin, ce qui plaide en faveur de l'origine du texte dans une autre langue, comme le copte.

Le serpent géant du monde souterrain était Ôåpp (𓇇 ⲰⲘ) dans les anciennes croyances égyptiennes, qui vivait dans la région extrême ouest du monde souterrain, près de l'endroit où le soleil se couchait chaque soir. Au début de l'âge du fer, il est devenu connu sous le nom de Åpåp (𓆙𓏤𓆙𓂝), un serpent démoniaque du monde souterrain dans les croyances égyptiennes. Les Grecs l'interprétaient comme Apophis (Αποφις), un dieu serpent des enfers. Au début de l'ère chrétienne, il a été interprété comme Aphoph (ⲁϥⲱϥ) par les chrétiens coptes, le ver/serpent (ϥⲚⲦ) du jardin d'Éden qui a été envoyé pour vivre éternellement dans le monde souterrain. Il est peu probable que quelqu'un d'autre qu'un chrétien copte de la première heure ait écrit une vision du monde souterrain incluant ce ver/serpent géant.

Alors que la Vision est censée émaner d'Esdras, l'Esdras en question n'est pas précisé. Sa généalogie n'est pas mentionnée et aucune année n'est donnée qui permettrait d'identifier soit l'exilarque Salathiel, soit Esdras le scribe. Néanmoins, le concept est très similaire à celui de l'Apocalypse grecque et, à ce titre, ce serait l'exilarque Salathiel qui aurait eu cette vision. Cependant, à part le nom d'Esdras, rien ne permet de rattacher le texte aux anciens Judéens. De plus, le fait d'avoir des relations sexuelles le jour du sabbat étant considéré comme un péché majeur, au même titre que l'infanticide et le fait de donner de mauvaises indications aux gens, il est peu probable que l'auteur ait été juif. Il n'est pas interdit aux couples mariés d'avoir des relations sexuelles le jour du sabbat, et certaines écoles de pensée les encouragent, car elles satisfont à la fois au commandement de profiter du sabbat et à celui d'être fécond et de se multiplier.

Contrairement à l'Apocalypse grecque, Dieu répond aux questions d'Esdras, mais ne renonce pas à punir les gens pour leurs péchés avant la mort. Le motif selon lequel Esdras demande des réponses à Dieu est courant dans les diverses Apocalypses d'Esdras, et c'est probablement la raison pour laquelle l'Église byzantine n'a finale-

ment pas inclus le prophète Esdras dans la Bible orthodoxe byzantine. Les dirigeants de l'Église byzantine
étaient trop absorbés par des questions importantes telles
que l'adoption ou la Trinité, et le débat sur la virginité
perpétuelle de Marie, pour s'inquiéter de voir leurs
membres demander des réponses à des questions
mineures telles que «Pourquoi Dieu permet-il que de
mauvaises choses arrivent à de bonnes personnes?»

Ce débat semble avoir filtré dans la Vision, où les
docteurs de l'Église qui confondaient «le baptême et la
loi» passeraient l'éternité à se faire verser du plomb
fondu sur la tête. Ce verset indique que la Vision a probablement vu le jour quelque temps après le schisme entre
l'Église copte et l'Église orthodoxe byzantine, en 325
avant JC. L'Église copte a refusé d'accepter l'interprétation proto-orthodoxe de l'origine du fils de Dieu et a
affirmé que Dieu a engendré son fils, alors que l'Église
orthodoxe considère que les deux ont existé éternellement. L'argument copte était fondé sur l'interprétation
des Écritures, tandis que le point de vue orthodoxe était
soutenu par la mère de l'empereur Constantin, de sorte
que la référence au «baptême contre la loi» était probablement en rapport avec cela. Il est peu probable que les
éléments égyptiens anciens de la Vision aient été trouvés
dans des ouvrages coptes après 340 JC, lorsque les églises
orthodoxe et copte ont purgé les textes qu'elles esti-

maient provenir des gnostiques. Des caches de textes anciens datant de cette purge ont été retrouvées en Égypte, qui comprennent parfois une iconographie égyptienne ancienne similaire à la Vision d'Esdras.

Vision d'Esdras

Esdras pria le Seigneur : « Accorde-moi du courage, Seigneur, afin que je ne craigne pas en voyant les jugements des pécheurs. »

Sept anges du Tartare[1] lui furent envoyés, qui le transportèrent au-delà du soixante-dixième niveau des régions infernales, et il vit les portes enflammées. À ces portes, il vit deux lions[2] couchés, et de leurs bouches, de leurs narines et de leurs yeux sortaient les flammes les plus puissantes. Les hommes les plus puissants entraient et passaient à travers le feu, et celui-ci ne les touchait pas.

Esdras demanda : « Qui sont-ils, ceux qui marchent en sécurité ? »

Les anges lui répondirent : « Ce sont les justes dont la réputation est montée au ciel, qui ont donné généreusement à la charité, qui ont vêtu ceux qui étaient nus, et qui ont voulu être bons. »

D'autres entraient, ceux qui pouvaient franchir les portes, et les chiens[3] les déchiraient, et le feu les consumait. Esdras demanda : « Qui sont-ils ? »

Les messagers répondirent : « Ils ont renié le Seigneur, et ils ont péché avec des femmes le jour du Seigneur. »[4]

Esdras répondit : « Seigneur, aie pitié des pécheurs ! »

On le conduisit plus bas, au-delà du cinquantième niveau, et il vit en ce lieu des hommes en proie aux tourments. Les uns leur jetaient du feu au visage, les autres les frappaient avec des fouets enflammés. La terre criait à haute voix : « Fouettez-les et n'ayez pas pitié d'eux, parce qu'ils ont commis l'impiété à mon égard. »

Esdras demanda : « Qui sont-ils, eux qui sont tourmentés ainsi chaque jour ? »

Les messagers répondirent : « Ils ont été excités par des femmes mariées. Les femmes mariées sont celles qui se sont parées non pour leurs maris, mais pour plaire à d'autres, dans un désir diabolique. »

Esdras dit : « Seigneur, aie pitié des pécheurs ! »

On le conduisit encore au midi, et il vit un feu, des pauvres et des femmes pendus, et des messagers qui les frappaient avec des bâtons enflammés. Esdras dit : « Seigneur, aie pitié des pécheurs ! Qui sont-ils ? »

Les messagers répondirent : « Ils habitaient avec leurs mères, et ils avaient de mauvais désirs. »

Esdras dit : « Seigneur, aie pitié des pécheurs ! »

On le fit descendre dans les régions infernales, et il vit un chaudron dans lequel il y avait du soufre et du bitume, et qui était agité comme les vagues de la mer. Ils y entraient, et ils marchaient au milieu des flots enflammés, louant hautement le nom du Seigneur, comme ceux qui marchent sur la glace de l'eau froide. Esdras demanda : « Qui sont-ils ? »

Les messagers dirent : « Ce sont ceux qui, chaque jour, se confessaient mieux devant Dieu et les saints prêtres, qui apportaient librement l'aumône et qui résistaient aux péchés. »

Les pécheurs vinrent, voulant passer, et les messagers du Tartare vinrent les submerger dans le torrent enflammé. Du feu, ils criaient : « Seigneur, aie pitié de nous ! » Mais il n'eut pas pitié.

On entendit une voix, mais on ne vit pas de corps à cause du feu et de l'angoisse, et Esdras demanda : « Qui sont-ils ? »

Les messagers répondirent : « Ils ont été consumés par la luxure pendant toute leur vie. Ils ne recevaient pas les étrangers, et ils ne faisaient pas l'aumône. Ils s'appropriaient injustement les biens d'autrui, et ils avaient de mauvais désirs. C'est pourquoi ils sont dans l'angoisse. »

Esdras dit : « Seigneur, aie pitié des pécheurs ! »

Il marchait comme auparavant et il vit dans un lieu obscur un serpent,[5] immortel, dont il ne pouvait mesurer la taille. Devant sa gueule se tenaient beaucoup de pécheurs, et quand il respirait, ils étaient aspirés dans sa gueule comme des mouches, et quand il expirait, ils sortaient tous d'une couleur différente. Esdras demanda : « Qui sont-ils ? »

Ils répondirent : « Ils étaient pleins de toutes les mauvaises choses, et ils allaient sans confession ni pénitence. »

Il vit un homme assis sur un trône de feu ; ses conseillers se tenaient autour de lui dans le feu, et ils le servaient du feu et de tous les côtés. Esdras demanda : « Qui est-ce ? »

Les messagers répondirent : « Cet homme, qui s'appelle Hérode, a été longtemps roi, et il a fait mourir à Bethléem de Judée les enfants mâles à cause du Seigneur. »

Esdras dit : « Le jugement du Seigneur est exact ! »

Il marcha et vit des hommes ligotés, auxquels les messagers du Tartare piquaient les yeux avec des épines. Esdras demanda : « Qui sont-ils ? »

Les messagers répondirent : « Ils ont montré les mauvais chemins à ceux qui étaient perdus. »

Esdras dit : « Seigneur, aie pitié des pécheurs ! »

Il vit des vierges portant des fers de cinq cents livres au cou, proches de la mort et se dirigeant vers l'ouest. Esdras demanda : « Qui sont-elles ? »

Les messagers répondirent : « Elles ont violé leur virginité avant le mariage. »

Il y avait une multitude de vieillards prosternés, sur lesquels on versait du fer et du plomb en fusion. Il demanda : « Qui sont-ils ? »

Les messagers répondirent : « Ce sont les docteurs de la loi qui confondent le baptême et la loi du Seigneur, parce qu'ils enseignaient par des paroles, mais n'incitaient pas à l'œuvre. C'est pour cela qu'ils sont jugés. »[6]

Esdras disait : « Seigneur, ayez pitié des pécheurs ! »

Il eut la vision d'une fournaise, contre le soleil couchant, brûlant à grand feu, dans laquelle étaient envoyés beaucoup de rois et de princes de ce monde, et des milliers de pauvres gens qui les accusaient et disaient : « Ils nous ont fait du mal par leur pouvoir et ont entraîné des hommes libres dans l'esclavage. »

Il vit une autre fournaise, brûlante de poix et de soufre, dans laquelle on jetait les fils qui avaient mal agi par la faute de leurs parents et causé du tort par leur bouche. Il vit, dans un lieu très obscur, une autre fournaise qui brûlait, dans laquelle on jetait beaucoup de femmes. Il demanda : « Qui sont-elles ? »

Les messagers répondirent : « Elles ont eu des fils adultérins et les ont tués, et ces petits eux-mêmes les ont accusés en disant : ‹ Seigneur, les âmes que tu nous as données, ces femmes les ont enlevées. › »

Il demanda : « Qui sont-elles ? »

Les messagers répondirent : « Elles ont tué leurs fils. »

Esdras dit : « Seigneur, aie pitié des pécheurs ! »

Alors Michel et Gabriel s'approchèrent et lui dirent : « Viens au ciel ! »

Esdras répondit : « Aussi vrai que mon Seigneur est vivant, je ne peux pas venir avant d'avoir vu tous les jugements des pécheurs. »

Ils le firent descendre dans les régions infernales, au-delà du quatorzième niveau, et il vit des lions et des petits chiens couchés autour de flammes ardentes. Les justes les traversaient et passaient au Paradis ; il vit des milliers de justes et leurs habitations étaient les plus splendides de tous les temps.

Après avoir vu cela, il fut élevé au ciel, et il arriva auprès d'une multitude de messagers, qui lui dirent : « Prie le Seigneur pour les pécheurs, » et ils le firent descendre sous le regard du Seigneur.

Il dit : « Seigneur, aie pitié des pécheurs. »

Le Seigneur répondit : « Esdras, qu'ils reçoivent selon leurs œuvres. »

Esdras dit : «Seigneur, tu as montré plus de clémence envers les animaux qui mangent l'herbe et qui ne t'ont pas rendu ta louange, qu'envers nous. Ils meurent et n'ont pas de péché, mais vous nous torturez, vivants et morts. »

Le Seigneur répondit : «J'ai formé l'homme à mon image et j'ai ordonné qu'il ne pèche pas, mais il a péché. C'est pourquoi ils sont dans les tourments. Les élus sont ceux qui accèdent au repos éternel en raison de leur confession, de leur pénitence et de leur générosité dans la charité. »

Esdras demanda : «Seigneur, que doivent faire les justes pour ne pas entrer en jugement ? »

Le Seigneur lui répondit : « De même que l'esclave qui a bien travaillé pour son maître sera affranchi, de même les justes seront affranchis dans le royaume des cieux ! »

Vision d'Esdras Notes

1 Manuscrit AI/6 : Tartare

Tartaros (Τάρτᾰρος) était le monde souterrain de la Grèce antique qui, comme le monde souterrain égyptien plus ancien, était pénétré quelque part à l'extrême ouest. L'historien grec ancien Strabon pensait que ce mot avait été inventé par Homère, en se basant sur la ville de Tartêssos (Ταρτησσός), située à l'ouest des piliers d'Héraclès, où le soleil s'enfonçait dans l'Océan. Tartêssos était une ancienne cité-État du sud-ouest de l'Espagne, mentionnée dans les documents néo-assyriens d'Assarhaddon sous le nom de Tarsisi (⟨cunéiforme⟩), où elle était utilisée comme métaphore pour désigner la terre connue la plus éloignée. Il a également été enregistré sous le nom de Tršš (⟨phénicien⟩), sur la pierre de Nora en langue phénicienne découverte en Sardaigne, qui daterait également de la même époque. Plus tard, les mythes grecs l'ont appelée Tartêssos (Ταρτησσος), mais elle n'était plus considérée comme une terre connue vers laquelle les gens naviguaient. Au 4e siècle avant JC, Aristote a identifié Tartêssos comme étant sur la côte atlantique de l'Ibérie. À peu près à la même époque, le géographe et explorateur grec Pythéas a rapporté que la civilisation avait existé sur le fleuve Baetis, l'actuel fleuve Guadalquivir, dans le sud-ouest de l'Espagne.

Bien que la localisation de la civilisation ait été débattue pendant des milliers d'années, il est communément admis qu'il s'agit de la culture « tartessienne » du sud-ouest de l'Ibérie. Au cours des années 1900, des archéologues travaillant dans le sud-ouest de l'Espagne et le sud du Portugal ont découvert de nombreux vestiges d'une civilisation de l'âge du bronze. Cette civilisation a existé entre 1900 et 700 avant JC. Elle contrôlait de vastes mines dans le sud-ouest de l'Ibérie, qui produisaient à la fois des métaux et des pierres précieuses, et il semble qu'elle ait beaucoup commercé avec les Phéniciens et les Celtes.

Le Tartare était également le nom du dieu du Tartare, que le poète grec Hésiode considérait comme l'un des dieux primordiaux, qui avait engendré le monstre Typhon. Les philosophes grecs de l'époque classique pensaient que Typhon et l'Apophis égyptien étaient le même dieu, ce qui confirme l'interprétation du ver/serpent géant de la Vision comme étant Apophis. Comme aucun dieu des enfers n'est présent, il est probable que le mot soit utilisé pour désigner le lieu et non le dieu, ce qui signifie que ces messagers du Tartare travaillaient pour Dieu.

2 Dans l'ancienne religion égyptienne, deux grands lions protégeaient le soleil lors de sa traversée du monde souterrain chaque nuit. Les représentations du soleil à l'horizon, gardé par les deux lions, sont courantes, bien que les différents cultes égyptiens considèrent que les lions sont des divinités spécifiques différentes. La version la plus ancienne était probablement la théologie héliopolitaine, qui enseignait qu'ils étaient Shou et Tefnout, le premier créé par Atoum, le créateur. Dans la théologie héliopolitaine, Shou et Tefnout, qui signifie «sécheresse» et «humidité,» étaient les deux éléments primordiaux à partir desquels l'univers a été créé, qui ont à leur tour créé Geb (la Terre) et Nout (le ciel). Ils étaient également considérés comme le premier homme et la première femme, un peu comme Adam et Ève. Ils étaient souvent représentés sous la forme d'un ensemble d'humains, de lions ou d'un hybride d'humains et de lions. Plus tard dans l'histoire égyptienne, d'autres divinités lionnes étaient censées garder le soleil dans le monde souterrain, notamment Sékhmet et Maahès, qui étaient également représentées sous la forme d'hybrides homme-lion. Il est peu probable qu'un chrétien non égyptien ait conçu le monde souterrain comme étant gardé par deux lions.

3 La référence aux chiens déchirant les corps des morts est un motif courant dans la religion égyptienne ancienne, où des rituels funéraires élaborés étaient mis en œuvre pour éviter que les corps ne soient dévorés par les chacals. Le dieu de l'embaumement était Anubis, un dieu à tête de chacal. Bien que cela ne constitue pas une preuve irréfutable de l'origine égyptienne du texte, cela la conforte, car peu de cultures imaginent des chiens souillant des cadavres humains dans le monde souterrain.

4 Le judaïsme n'interdit pas les relations sexuelles le jour du shabbat. En fait, certains courants de pensée juifs considèrent les relations sexuelles entre couples mariés comme une double mitzvah, puisqu'elles répondent à la fois au devoir de profiter du shabbat et au commandement d'être fécond et de se multiplier. Cette ligne indique clairement que la Vision n'a pas été écrite par un ancien Judéen, qu'il s'agisse de Salathiel ou d'Esdras.

5 Manuscrit AI/6 : vermis. Traduction : ver
Il semble s'agir d'une mauvaise traduction du mot copte fnt (ϧⲛⲧ), qui signifie à la fois « ver » et « serpent. » Si les termes « serpent » et « ver » sont identiques dans de nombreuses langues, ils ne l'étaient pas en grec ou en latin, ce qui indique que le texte a été rédigé dans une autre langue. Le serpent géant du monde souterrain était Ôåpp (𓂀 ⲙ) dans les

anciennes croyances égyptiennes, qui vivait dans la région ouest du monde souterrain, près de l'endroit où le soleil se couchait chaque soir. Au début de l'âge du fer, il est devenu connu sous le nom de Åpåp (ⲕⲣⲕⲥ), un serpent démoniaque du monde souterrain dans les croyances égyptiennes. Les Grecs l'interprétaient comme Apophis (Αποφις), un dieu serpent des enfers.

Au début de l'ère chrétienne, il a été interprété comme Aphoph (ⲁⲫⲱⲫ) par les chrétiens coptes, le ver/serpent (ϥⲛⲧ) du jardin d'Éden qui a été envoyé pour vivre éternellement dans le monde souterrain. Il est peu probable que quelqu'un d'autre qu'un chrétien copte de la première heure ait écrit une vision des enfers incluant ce ver/serpent géant. Comme la version originale de l'Apocalypse aurait parlé d'un serpent, et non d'un ver, le mot « serpent » est utilisé dans cette traduction.

6 Cette ligne, concernant les docteurs de l'Église jugés pour avoir confondu « le baptême et la loi, » indique que le texte a probablement vu le jour quelque temps après le schisme entre l'Église copte et l'Église orthodoxe byzantine, en 325 avant JC. L'Église copte a refusé d'accepter l'interprétation proto-orthodoxe de l'origine du fils de Dieu et a affirmé que Dieu a engendré son fils, alors que l'Église orthodoxe considère que les deux ont existé éternellement. L'argument copte était basé sur l'interprétation des écritures, tandis que le point de vue orthodoxe était soutenu par la mère de l'empereur Constantin, de sorte que la référence au « baptême contre la loi » était probablement en rapport avec cela. Les

Églises ne se sont jamais réunifiées, et le texte peut donc avoir été rédigé à n'importe quel moment après le début du schisme.

Introduction à l'Apocalypse syriaque d'Esdras et à l'Apocalypse arabe de Daniel

L'Apocalypse syriaque d'Esdras est une apocalypse distincte, parfois appelée Révélation d'Esdras. Comme l'Apocalypse catholique d'Esdras, elle semble avoir été remaniée au cours du haut Moyen Âge. Une autre version de l'apocalypse a survécu en arabe, mais elle est attribuée à Daniel et non à Esdras ; elle est communément appelée l'Apocalypse arabe de Daniel. La version arabe est plus courte et semble plus ancienne, datant probablement d'avant l'époque de Mahomet, tandis que la version syriaque a été remaniée en une apocalypse anti-islamique, probablement entre 1229 et 1244. L'apocalypse comprend une référence du haut Moyen-Âge aux musulmans en tant qu'Ismaélites, et aux Mongols en tant que Gog et Magog, formant une alliance et conquérant Jérusalem. Cette idée n'aurait pas été concevable avant que les Mongols ne battent l'empire Khwarezm, un empire islamique turco-persan situé en Iran et en Asie centrale. Avant cela, l'idée que les Mongols puissent atteindre Jérusalem n'était pas envisageable.

L'Apocalypse indique que la ville de Jérusalem était alors occupée par les chrétiens, ce qui situerait la rédaction anti-islamique entre 1229 et 1244. Les croisés latins avaient été chassés de Jérusalem en 1187, mais le

royaume de Jérusalem a continué d'exister, d'abord à
partir de sa capitale Tyr, puis d'Acre, mais en 1229,
Jérusalem a été reconquise et est restée jusqu'en 1244.
Comme la Principauté d'Antioche était un autre État
croisé au nord et que le nom « Antioche » semble avoir
été ajouté plus tôt dans l'Apocalypse, le rédacteur a peut-
être voulu y voir un élément de propagande destiné à
obtenir le soutien des chrétiens byzantins, qui n'avaient
généralement pas participé aux croisades et entretenaient
de meilleures relations avec les musulmans que les
catholiques.

La version arabe plus ancienne de l'apocalypse semble
également avoir été utilisée à des fins de propagande,
mais elle était anti-juive et non anti-islamique et semble
avoir été traduite en arabe avant l'époque de Mahomet.
D'après le dialecte arabe, il est très probable qu'il ait été
traduit en Palestine par les premiers chrétiens. La
version arabe est beaucoup plus courte et se compose
essentiellement de paraphrases des évangiles et d'autres
ouvrages chrétiens anciens, mais le contenu de l'apocalypse a manifestement été intégré à l'apocalypse syriaque, plus longue. Si le contenu de l'apocalypse arabe est
répété dans l'apocalypse syriaque, il ne s'agit pas d'une
traduction directe, mais d'une série de paraphrases réin-
terprétées de manière anti-islamique. Néanmoins, bien

que l'apocalypse syriaque, plus longue, doive avoir une origine beaucoup plus tardive que l'apocalypse arabe préislamique, elle a un contenu beaucoup plus important, dont la majeure partie semble avoir été composée en néo-babylonien quelque part entre 597 et 592 avant JC.

L'apocalypse syriaque contient de nombreux mots empruntés au grec, ce qui confirme qu'elle a été écrite en grec, ainsi qu'un mot arabe que le traducteur syriaque a préféré à un mot syriaque, ce qui suggère que la traduction syriaque a été effectuée longtemps après que le nord de l'Irak est devenu arabophone. Toutes les copies connues de l'Apocalypse en syriaque proviennent du Kurdistan irakien ou des anciennes églises chrétiennes de Mossoul, au sud du Kurdistan. Tous les manuscrits qui ont survécu sont également rédigés en syriaque oriental, et dix des quinze manuscrits connus peuvent être reliés au monastère Rabban Hormizd, de l'Église catholique chaldéenne, ce qui laisse supposer que toutes les copies connues sont dérivées des textes conservés dans ce monastère.

Le plus ancien manuscrit connu date de 1702 et est connu sous le nom de MS Mingana Syriac 11, ou simplifié en Mingana 11. Il a été copié le 16 janvier 1702 par un certain Hoshabo, fils de Daniel, fils du prêtre Joseph, fils de Hoshabo, et acheté par Alphonse Mingana dans les années 1920. Minanga était un orientaliste britannique né dans le Kurdistan ottoman. Dans les années 1920, il a effectué de nombreux voyages dans le nord de l'Irak pour acquérir des manuscrits anciens, qui sont devenus plus tard la collection Mingana à l'université de Birmingham, en Angleterre. L'apocalypse syriaque a été commentée par des théologiens européens au début des années 1700. Joseph-Simonius Assemani a noté dans la Bibliotheca Orientalis Clementino-Vaticana que l'apocalypse ne pouvait pas remonter à l'époque d'Esdras, puisqu'elle mentionnait Constantin. Ce point de vue domine toujours l'analyse académique du texte, et presque tous les érudits qui ont pris la peine de publier leur point de vue sur l'Apocalypse l'interprètent comme un texte chrétien médiéval anti-islamique.

En 1887, Ludwig Iselin a rompu avec cette tradition en affirmant qu'il s'agissait d'une reprise d'une apocalypse préchrétienne, écrite en araméen. Son argumentation repose sur le parallèle entre les quatre rois liés sur l'Euphrate dans l'Apocalypse syriaque et les quatre messagers liés sur l'Euphrate dans l'Apocalypse de Jean. Les mots mlkyå (ܢ^ܝܠܟ), qui signifie « rois, » et mlåkyå (ܢ^ܝܢܠܟ), qui signifie « messagers, » sont orthographiés de façon très similaire en araméen, et l'argument d'Iselin était que l'auteur de l'Apocalypse de Jean avait mal

compris une référence dans une Apocalypse plus ancienne. Cependant, l'Apocalypse de Jean n'a jamais été
acceptée comme canon par les églises syriaques, et il est
peu probable que quelqu'un ait mal traduit le mot grec
angelos (ἄγγελος), qui signifie « messagers, » par archontes
(ἄρχοντες), qui signifie « rois. »

Plus tard, en 1887, la première traduction occidentale
de l'Apocalypse arabe de Daniel a été publiée dans
Hebraica. Le manuscrit était étiqueté comme Paris Ms.
107 dans Hebraica, mais il est aujourd'hui étiqueté
comme BnF Ms. Arabe 150. Le manuscrit est né en
Égypte en 1606, soit un siècle plus tôt que tous les
manuscrits syriaques qui ont survécu. Les parallèles avec
l'apocalypse syriaque ont été notés et discutés avec
prudence, sans qu'il soit question de savoir lequel des
deux est apparu en premier, car l'apocalypse arabe ne
mentionne pas les quatre rois ou les messagers de
l'Euphrate.

En 1894, Jean-Baptiste Chabot a produit une traduction
du manuscrit BnF 326 et a rejeté les affirmations d'Iselin
selon lesquelles les apocalypses d'Esdras et de Jean étaient
basées sur d'anciennes apocalypses juives araméennes.
Les points de vue d'Iselin et de Chabot avaient tous deux
été façonnés par leurs préjugés religieux, Iselin estimant
que les deux apocalypses provenaient de Juifs, et Chabot

estimant que les deux apocalypses provenaient de Chrétiens. L'analyse de Chabot supposait que l'apocalypse était d'origine syriaque, et non grecque, et que l'auteur syriaque avait une mauvaise traduction de l'Apocalypse de Jean, qui incluait quatre rois liés sur l'Euphrate, au lieu de quatre messagers liés sur l'Euphrate.

La plupart des analyses ultérieures s'appuient sur les conclusions de Chabot tout en ignorant ses hypothèses. La version syriaque est aujourd'hui généralement acceptée comme étant une traduction d'une apocalypse grecque, et l'on croit généralement que l'Apocalypse de Jean n'était pas disponible jusqu'à une date plus récente en syriaque oriental. L'Apocalypse et l'Évangile de Jean ont tous deux été initialement rejetés par l'Église d'Orient, et l'Apocalypse de Jean est toujours rejetée par de nombreuses Églises qui descendent de l'Église d'Orient. Les églises spécifiques qui ont accepté l'Apocalypse de Jean se sont converties à l'Église catholique orientale après le schisme de l'Église d'Orient de 1552 et auraient eu accès à l'Apocalypse de Jean après cela. Cependant, tous les spécialistes s'accordent à dire que la version anti-islamique devait déjà exister avant cette époque, la dernière date possible étant avant la chute de Constantinople en 1493.

INTRODUCTION À L'APOCALYPSE SYRIAQUE D'ESDRAS ET À L'APOCALYPSE ARABE DE DANIEL

En 1896, Wilhelm Bousset a fourni une analyse des figures de l'Apocalypse, basée sur le contexte du début de l'ère islamique, ignorant la version plus ancienne de l'Apocalypse attribuée à Daniel. Il a proposé que le serpent cornu représente les Omeyyades, l'aigle les Abbassides, la vipère les Fatimides, les quatre rois sur l'Euphrate et les corbeaux les Turcs, et le lionceau l'un des premiers croisés chrétiens. Cette forme originale de l'Apocalypse aurait ensuite été remaniée au 12ᵉ siècle en fonction de la guerre entre les Fatimides et les Turcs mamelouks, ce qui explique qu'elle ne reflète pas exactement l'une ou l'autre période.

En 1997, Robert G. Hoyland a interprété le Taureau comme étant Khosro II, le roi sassanide qui a assiégé Constantinople en 626, et le lionceau comme étant l'empereur Héraclius qui s'est allié aux Turcs d'Asie centrale pour repousser le siège et envahir la Perse. L'analyse de Hoyland place la rédaction ultérieure dans sa forme finale au 11e siècle, sur la base du conflit entre les Fatimides et les Turcs seldjoukides.

Cependant, toutes ceÔzrŏs explications ne permettent pas de comprendre pourquoi Mahomet serait qualifié de bon homme du sud dans un ouvrage anti-islamique, ce qui a été noté par certains des spécialistes dans leurs interprétations. Chaque interprétation a ses détracteurs,

car il n'existe aucun moyen de résoudre toutes les
« bêtes » du texte. Une façon courante de traiter cette
question est de supposer que la panthère (ܦܰܪܕܳܐ) du Nord
et le léopard (ܢܶܡܪܳܐ) du Sud sont le même personnage,
indépendamment de l'orthographe du mot et des directions opposées dans l'apocalypse.

L'une des principales hypothèses des analystes est que
le contenu supplémentaire de l'apocalypse syriaque a été
ajouté après la création de la version anti-islamique plus
longue de l'apocalypse, mais cela ne tient pas compte des
noms curieux du personnage central des apocalypses.
Dans l'apocalypse arabe, le prophète s'appelait Daniel et
son élève s'appelait Ôzrh (عزره), que les traductions occi-
dentales rendent généralement par Esdras, mais
l'orthographe arabe d'Esdras est Ôzrŏ (عزرا). Ôzrh (عزره)
est la translittération arabe du mot hébreu ôzrh (עזרה),
qui signifie « aide. » Dans l'apocalypse syriaque, le
prophète est Esdras, cependant, son élève porte le nom
grec de Carpos. Dans les deux cas, c'est l'étudiant et
l'auteur qui portent un nom étrange, mais ces deux noms
pourraient facilement s'expliquer comme descendant du
nom Azaria (עֲזַרְיָה), si l'apocalypse a été écrite à l'origine
en néo-babylonien et si, plus tard, deux traductions
distinctes, l'une en grec et l'autre en araméen, ont été
faites directement à partir du texte néo-babylonien.

Introduction à l'Apocalypse syriaque d'Esdras et à l'Apocalypse arabe de Daniel

Azaria, qui signifie « Aide de Yhů, » est l'un des trois jeunes associés à Daniel, qui fut jeté dans une fournaise lorsque Juda se rebella contre la domination babylonienne sous le règne du roi Sédécias. L'orthographe phonétique d'Azaria dans le cunéiforme néo-babylonien aurait été Eziraia (𒐌𒄷𒌍𒀭), mais cela inclurait le nom du dieu Ea (𒀭), le nom du « dieu terrible » des inondations, dont le nom n'était généralement pas mentionné. Les trois jeunes gens ont reçu d'autres noms dans le livre de Daniel, dont aucun ne semble être babylonien. Le nom alternatif d'Azaria était Aved Nego (עֲבֵד נְגוֹ) dans le Daniel massorétique, qui est une translittération de l'araméen Ôbd Ngh (עבד נגה), qui signifie « serviteur de (la planète) Vénus. » Le substitut logique d'Ea (𒀭) aurait été Ilu (𒀭), qui signifie « dieu, » ce qui rend l'orthographe néo-babylonienne Ezirailu (𒐌𒄷𒌍𒀭).

Si la traduction grecque originale a été faite directement à partir de la version cunéiforme, le nom aurait pu être lu logographiquement comme « dieu de la frappe du grain, » et comme Carpos était le dieu grec de la récolte du grain, dont le nom était dérivé du mot pour « couper, » Carpos (Καρπός) aurait été la traduction évidente. Cela indique que l'Esdras original de l'apocalypse était probablement le jeune Azaria, dont le nom a été simplifié en « aide » dans une traduction araméenne, sur laquelle l'apocalypse arabe est basée. La simplification du nom en araméen est probablement due au fait que le scribe a reconnu qu'il ne pouvait pas s'agir à l'origine d'Ôzryål (עזריאל), communément anglicisé en Azraël, le nom du psychopompe judaïque classique.

Si l'apocalypse trouve son origine dans une conversation néo-babylonienne entre Daniel et son élève Azaria, alors elle se situe entre 597 avant JC, date à laquelle ils sont faits prisonniers par les Babyloniens, et 587 avant JC, date à laquelle Azaria est jeté dans la fournaise par Nabuchodonosor. Le paysage politique de la région était tout à fait différent, et le monde de Daniel était divisé entre les quatre rois alliés qui avaient vaincu les Assyriens sur l'Euphrate, et les anciens alliés des Assyriens : l'Égypte et la Lydie. L'apocalypse fait référence aux quatre rois liés sur l'Euphrate, c'est-à-dire à Cyaxare Ier de Médie, à Nabuchodonosor II de Babylone et à Cyrus Ier de Perse, ainsi qu'au roi de Scythie. Les quatre rois étaient en guerre contre les Assyriens depuis vingt ans lorsqu'ils ont finalement vaincu les restes des forces néo-assyriennes et leurs alliés égyptiens en 905 avant JC, à la bataille de Karkemish sur l'Euphrate.

Après la bataille, les dernières forces assyriennes ont été vaincues et les Égyptiens se sont retirés définitivement de la région, cédant leurs prétentions historiques à la Syrie. C'était la fin d'une guerre de vingt ans, et les rois voulaient s'assurer que la paix était permanente, ils ont donc accepté de lier leurs empires par le mariage. Il n'existe aucune preuve que les Scythes se soient mariés dans le cadre de cette union, bien qu'ils fassent partie des vainqueurs. Cela s'explique peut-être par le fait que les tribus scythes n'avaient pas de chefs héréditaires. Les preuves qui subsistent de leur leadership à l'époque suggèrent une confédération des steppes, ce qui signifie que le roi n'était roi que jusqu'à ce qu'un autre Scythe le tue.

Les trois rois qui ont uni leurs familles sont Cyaxare Ier, Nabuchodonosor II et Cyrus Ier. Nabuchodonosor a épousé Amyris, la fille de Cyaxare et la sœur de l'héritier de Cyaxare, Astyage. Cyrus, bien qu'assez âgé, épousa plus tard la fille beaucoup plus jeune d'Astyage, également nommée Amytis, tandis que son fils et héritier Cambyse Ier épousa l'autre fille d'Astyage, Mandane. L'union des quatre rois s'est effondrée peu après le règne de Nabuchodonosor, lorsque la royauté de l'empire babylonien a été usurpée par Nériglissar en 560 avant JC. Les Perses et les Mèdes maintinrent leur union, qui constitua plus tard la base de l'empire perse. Cyrus II, le roi perse qui a conquis Babylone en 539 avant JC, était l'arrière-petit-fils du roi Cyaxare des Mèdes et du roi Cyrus Ier de

Perse, qui auraient tous deux participé à la bataille de Karkemish.

Nabuchodonosor et Amytis, la fille de Cyaxare, étaient les parents du futur roi Amel-Marduk. Par conséquent, lorsque Nériglissar a mené le coup d'État contre Amel-Marduk, il a également rompu l'union des quatre royaumes. Lorsque Nériglissar a usurpé le trône, Daniel a quitté Babylone et a été signalé plus tard comme étant en Médie et en Perse, ce qui indique qu'il avait soutenu Amel-Marduk et avait maintenu son allégeance à la famille royale médo-persane. Amel-Marduk avait des relations compliquées avec son père et semble avoir été emprisonné pendant des années pour avoir participé à une conspiration contre Nabuchodonosor. La nature de cette conspiration n'est pas connue, mais elle semble s'être déroulée quelques décennies après l'ère de l'apocalypse.

Selon le Leviticus Rabbah, un texte juif datant de l'époque byzantine, Amel-Marduk a été emprisonné par son père parce que des fonctionnaires babyloniens l'avaient proclamé roi en l'absence de Nabuchodonosor. Une tablette très abîmée datant du règne de Nabuchodonosor pourrait corroborer cette hypothèse. Dans cette tablette, Amel-Marduk accuse publiquement Nabuchodonosor de souiller les temples des dieux dans leurs villes d'origine et d'emporter leurs richesses à l'Esagila, le grand temple de Marduk à Babylone. Cela correspond à ce que Nabuchodonosor aurait fait à Jérusalem dans le Livre masorétique des Rois (4ᵉ Royaumes de la Septante), et suggère qu'il l'a fait dans de nombreuses villes conquises. Le Lévitique Rabba poursuit en affirmant qu'alors qu'Amel-Marduk était emprisonné, il a rencontré l'exilarque judéen Joachin, dont le fils était le futur exilarque Salathiel, également connu sous le nom d'Esdras dans l'Apocalypse judéenne d'Esdras.

Vers la fin de son règne, Nabuchodonosor semble avoir fait la paix avec Amel-Marduk et l'a de nouveau désigné comme son héritier en 566 avant JC, ce qui a permis une transition en douceur de l'autorité en 562 avant JC, à la mort de Nabuchodonosor. Cette nomination s'explique probablement par le fait qu'Amel-Marduk était le petit-fils de Cyaxare et que ne pas le déclarer prince couronné aurait été une déclaration de guerre à la Médie, à la Perse et à la Scythie, ainsi qu'à la Lydie, qui s'était jointe à l'union des royaumes. Lorsqu'il monte sur le trône, Amel-Marduk libère Joachin, l'exilarque de Juda, et Baal-Ezer, l'exilarque de Tyr. On ne sait pas s'il a également libéré d'autres exilarques, mais Juda et Tyr avaient déjà fait partie de l'alliance anti-babylonienne dans le sud de Canaan, ce qui indique qu'Amel-Marduk

était probablement préoccupé par la frontière égyptienne. L'Égypte ne fait toujours pas partie de l'union des
royaumes et constitue une menace majeure pour Babylone.

Dans le cas de Tyr, Amel-Marduk est allé jusqu'à
reconnaître Baal-Ezer comme roi, ce qui signifie que Tyr
est redevenue indépendante. Selon le 4e Royaumes de la
Septante, Amel-Marduk prévoyait également de libérer
les Judéens captifs à Babylone, ce qui suggère qu'il
voulait restaurer un État tampon entre Babylone et
l'Égypte. Malheureusement, le coup d'État de Nériglissar
a empêché cela de se produire, et c'est peut-être la raison
du coup d'État. Nériglissar est considéré comme un riche
homme d'affaires sous le règne de Nabuchodonosor, et
l'on suppose qu'une grande partie de sa fortune provient
de la destruction de Jérusalem. Cette théorie est basée sur
le rapport du livre de Jérémie, qui était présent lors de la
destruction de Jérusalem, selon lequel un fonctionnaire
du gouvernement nommé Nrgl Shr-tzr (נרגל שר־אצר)
était présent lorsque le temple et le palais ont été
détruits. S'il s'agit du même Nériglissar, il aurait alors
possédé un grand nombre d'esclaves judéens, qu'Amel-
Marduk aurait voulu libérer.

Nériglissar aurait épousé l'une des filles de Nabuchodonosor, ce qui, semble-t-il, aurait suffi à maintenir l'union des royaumes, mais la Médie et la Perse semblent avoir imposé un embargo aux Babyloniens. La raison en est probablement que le pouvoir de Nériglissar reposait sur sa richesse et que Babylone ne pouvait plus commercer qu'avec l'Égypte, sa plus grande menace, ainsi qu'avec les Arabes, les Cariens, les Lydiens et les Grecs. Comme les Babyloniens n'ont qu'une faible marine, ils sont très désavantagés en Méditerranée, où les Grecs et les Cariens sont étroitement alliés aux Égyptiens. Dans le sud, le commerce terrestre avec les Arabes est dominé par les Qédarites, qui attaquent les routes commerciales babyloniennes depuis qu'ils ont renversé l'empire néo-assyrien.

En 599 avant JC, Nabuchodonosor II a déplacé sa résidence à Damas, faisant de cette ville la capitale de facto de l'Empire néo-babylonien. Il s'installe à Damas afin de pouvoir mener personnellement la guerre pour arrêter les bandes organisées de pillards qui opéraient en Syrie à l'époque. Au bout d'un an, il apprend que les pillards sont en fait des Qédarites et fait marcher son armée vers le sud jusqu'à l'oasis de Dumat, la capitale des Qédarites, où il s'empare des statues de leurs dieux. Il s'agissait d'une stratégie mésopotamienne traditionnelle pour conquérir des nations, les dieux de ces nations devenant des otages dans la capitale. En 598 avant JC, après avoir capturé les

dieux de Dumat, Nabuchodonosor retourna à Babylone.
Cependant, les Qédarites avaient plus de dieux dans
l'ancienne ville sainte de Tayma, et ils continuèrent donc
à faire des raids sur les routes commerciales babyloniennes jusqu'à ce que Nabonide, le dernier roi babylonien,
occupe Tayma en 552 avant JC. Nabonide a personnellement maintenu une occupation constante de Tayma
pendant une décennie, faisant d'elle la capitale de facto de
l'empire néo-babylonien.

Tayma est mentionnée à plusieurs reprises dans
l'Apocalypse syrienne, mais comme le nom peut également être traduit en syriaque par les directions « droite »
ou « sud, » ces directions sont plus souvent utilisées par les
traducteurs, car Tayma n'était pas importante au Haut
Moyen Âge. Tayma est importante dans l'apocalypse car
elle abrite le nmrå (ܢܡܪܐ), qui est généralement traduit
par « léopard, » mais qui est aussi le mot syriaque pour
« ashéras. » Il en résulte la traduction « Léopard du Sud »
pour ce qui pourrait également être traduit par « ashéras
de Tayma. » Là encore, la traduction d'ashéras n'a plus de
sens après la montée de l'islam, et c'est donc « Léopard du
Sud » qui est généralement préféré par la plupart des
traducteurs. Néanmoins, sur la stèle de Tayma, qui date
du 6ᵉ siècle avant JC, Åshyrå (𐡀𐡔𐡉𐡓𐡀) était l'une des
quatre divinités adorées à Tayma, ce qui indique que

l'apocalypse originale faisait référence aux prêtresses d'Ashéra à Tayma.

Les ashéras de Tayma (ou Léopard du Sud) ont été introduits lorsque quelqu'un identifié comme le Lionceau (ܟܕܠܐ ܕܒܪܐ) leur a envoyé un messager leur demandant d'intervenir pour protéger le Jeune Poussin de la Vipère contre les Corbeaux, qui tentaient de le tuer. L'expression « petit du Lion » est utilisée de manière interchangeable avec « petit de la Lionne » dans certains manuscrits, ce qui indique qu'il s'agit d'une référence au roi Sédécias de Juda, désigné comme le petit de la Lionne dans les écrits d'Ézéchiel, qui vivait à l'époque où les événements se sont déroulés. Ashéra était l'une des divinités adorées en Juda avant que le père de Sédécias, le roi Josias, n'interdise son culte quelques décennies plus tôt.

Sédécias aurait eu une raison pratique de contacter les prêtresses d'Ashéra à Tayma, car les Corbeaux (ܡܕܡܠܐ), que l'on peut également traduire par corbeaux ou vautours, semblent être une référence aux Qédarites, dont le nom se traduit par « sombre » ou « noir. » À l'époque des quatre rois, la tribu des Qédar (�) régnait sur le centre-nord de l'Arabie, à partir de sa capitale Dumat (���). Les documents cunéiformes akkadiens antérieurs au 10e siècle avant JC mentionnent Dumat comme se trouvant dans le pays d'Édom (⧈⧈⧈⧈), ce qui suggère que, comme Édom, Dumat et Tayma faisaient partie du royaume de Juda avant qu'Édom ne se rebelle au 9ᵉ siècle avant JC. Une inscription en hiéroglyphes égyptiens datant du règne de Ramsès III, à l'époque du Nouvel Empire, a également été trouvée, indiquant que la colonie faisait probablement partie de l'Empire égyptien, qui incluait Edom.

Le nom plus long de l'oasis est Dumat al-Jandal (دُومَة الْجَنْدَل), ce qui se traduit par « les palmiers de la pierre. » La pierre en question a probablement commencé comme une référence au mégalithe triangulaire de 35 mètres de long de l'oasis, qui aurait été construit au 6ᵉ millénaire avant JC. Si c'est là l'origine du nom, cela indique que le site a été continuellement occupé depuis que le mégalithe a été exposé à la surface, mais qu'il a été enterré tout au long de l'histoire et n'a été redécouvert qu'en 2020. On pense que le mégalithe était à l'origine utilisé à des fins cérémonielles, mais on ne sait pas exactement de quoi il s'agissait, ni s'il était associé aux divinités qui y étaient vénérées à l'époque historique.

La plupart des divinités vénérées à Dumat avant Mahomet étaient des divinités de la fertilité, et des sacrifices d'animaux et d'êtres humains ont été rapportés. Au 3ᵉ siècle après JC, le philosophe néoplatonicien Porphyre de Tyr rapporte que chaque année, un garçon était sacrifié et enterré sous un autel à Dumat. Cette pratique est similaire aux sacrifices humains pratiqués par d'autres cultes de fertilité au Moyen-Orient et en Méditerranée, et s'apparente au sacrifice humain qui a été interdit en Juda vers 625 avant JC. En Judée, le sacrifice humain a eu lieu sur un autel dans un cimetière (גֵּיא בֶן־הִנֹּם) près de Jérusalem, décrit comme ressemblant à un bosquet, ce qui suggère un asherim, un site funéraire sacré où l'on plantait des chênes.

Les Qédarites étaient l'une des tribus d'Arabie septentrionale désignées comme Ismaélites par les Israélites de l'époque. Les Ismaélites sont les descendants théoriques du fils abandonné d'Abraham, Ismaël. Selon la Thora, la mère d'Ismaël l'a emmené en Arabie après qu'Abraham les a abandonnés pour mourir dans le désert, où il a ensuite épousé une Égyptienne et a eu douze fils. Plusieurs tribus et oasis d'Arabie du Nord portaient à l'époque des noms associés aux fils d'Ismaël, notamment les Qédarites, Tayma et Dumah. Cette idée a perduré pendant longtemps et est acceptée dans l'islam, où, selon la source, Mahomet descend soit de Nebayoth (نابت) ou Qédar (قيدر), les deux fils aînés d'Ismaël, et donc, en fin de compte, d'Abraham.

Introduction à l'Apocalypse syriaque d'Esdras et à l'Apocalypse arabe de Daniel

À l'époque néo-assyrienne, Dumat est décrite comme la capitale des Qédarites dans les documents assyriens, bien que les Qédarites soient également décrits comme ayant migré en grand nombre vers Édom et épousé des Édomites à cette époque. C'est probablement l'origine du concept de l'apocalypse selon lequel le peuple devient « fuligineux » sous la montagne du Sud, Qédar (קֵדָר) se traduisant par « sombre » ou « noir. » La montagne du sud était probablement une référence à la montagne de l'autel, identifiée à l'époque pré-byzantine comme le mont Sinaï.

Lorsque l'empire néo-assyrien est tombé en 605 avant JC, les Qédarites ont rejoint l'alliance anti-babylonienne, avec Ammon, Édom, l'Égypte, Moab, Sidon et Tyr. Ces royaumes avaient été occupés ou attaqués par les Assyriens et ne voulaient pas tomber sous le contrôle des Babyloniens. Juda rejette l'alliance et s'allie à Babylone. Le roi Nabuchodonosor II tenta d'envahir l'Égypte en 601 avant JC, mais son armée fut vaincue, ce qui enhardit la faction anti-babylonienne, et Juda changea de camp, rejoignant l'alliance. Les Qédarites étaient particulièrement actifs aux abords du désert syrien et perturbaient le commerce entre Babylone et ses territoires syriens, ce qui amena Nabuchodonosor à déplacer sa résidence impériale, la capitale de facto de l'empire, à Damas

en 599 avant JC. Après que Nabuchodonosor se soit
emparé des dieux de Dumat en 598 avant JC, les
Ammonites et les Moabites changent de camp et s'allient
aux Babyloniens. Par la suite, les dieux de Tayma devinrent dominants parmi les Qédarites.

En 597 avant JC, Nabuchodonosor, avec ses alliés
ammonites et moabites, assiège Jérusalem et capture le
roi Joachin, qui est emmené en captivité à Babylone.
Une révolte en Babylonie en 594 avant JC a ramené
Nabuchodonosor à Babylone et a permis la formation
d'une nouvelle alliance anti-babylonienne, qui comprenait Ammon, Édom, l'Égypte, Juda, Moab, Sidon, Tyr et
les Qédarites. Après avoir réprimé la révolte à Babylone,
Nabuchodonosor retourne dans le sud de Canaan en 587
avant JC et détruit le royaume de Juda.

À cette époque, Nabuchodonosor entame le siège de
Tyr, qui durera 13 ans et se terminera à la mort du roi
Ithobaal III de Tyr, dont le fils Baal II négociera la reddition. Tyr étant située sur une île au large du Liban, elle
pouvait commercer avec ses colonies de l'autre côté de la
Méditerranée. Contrairement à la plupart des sièges de
Babylone, celui-ci fut un échec militaire et une source
d'embarras pour l'armée babylonienne. Les années
exactes du siège sont débattues mais généralement datées
entre 586 et 573 avant JC. Certains historiens pensent

qu'il a commencé en 598 avant JC, tandis que d'autres pensent qu'il était encore plus tôt, en 603 avant JC, cependant, toutes les sources s'accordent à dire qu'il a duré 13 ans.

À l'époque, il y avait deux villes à Tyr, l'emporium sur l'île dans le port et la ville plus importante sur le continent. Le roi Ithobaal III et sa cour se retirèrent du continent sur l'île, dont les Babyloniens ne purent s'emparer, et survécurent grâce au commerce à longue distance avec leurs colonies, ainsi qu'avec les Égyptiens, les Cariens, les Lydiens et les Grecs. La majorité des indicateurs de cette apocalypse suggèrent qu'elle a été rédigée après 602 JC, lorsque Nabû-shum-lishir a été impliqué dans une sorte de complot contre Nabuchodonosor, mais avant 592 JC, lorsque Psammétique II a détruit l'armée koushite. Cela plaide en faveur d'une date plus précoce pour le début du siège de Tyr, soit 602 ou 598 avant JC. L'option médiane de 598 à 585 avant JC semble la plus probable si cette Apocalypse concerne une guerre planifiée, car Tyr se serait rebellée avant la destruction de l'armée koushite et se serait rendue après la destruction de Jérusalem.

Peu après le siège de Jérusalem, l'armée de Nabuchodonosor détruit également les royaumes d'Ammon et de Moab, en 582 avant JC. Au sud, les Édomites et les

Qédarites continuent d'être les alliés de l'Égypte. La situation change en 553 avant JC, lorsque le roi Nabonide, dernier roi de l'empire néo-babylonien, conquiert Édom et les Qédarites. Il établit sa capitale de facto à Tayma, apparemment en raison d'une prophétie. Daniel ayant quitté la Babylonie pour la Médie lorsque Nériglissar s'est emparé du trône, il ne pouvait pas faire référence au dernier roi Nabonide comme étant l'homme bon venant de Tayma, ce qui suggère que Nabonide avait occupé Tayma à cause de la prophétie de Daniel. Si tel est le cas, la prophétie de Daniel a contribué à la défaite des Babyloniens, car la longue absence de Nabonide de Babylone, entre 553 et 543 avant JC, a permis à son héritier Balthazar de devenir le roi de facto, et a réduit la puissance de l'empire au point que Cyrus II a pu le conquérir en 539 avant JC.

L'apocalypse originale semble être la description d'une conspiration visant à déstabiliser l'union des quatre rois et à faire en sorte que tous les empires se détruisent les uns les autres. L'apocalypse commence par un serpent cornu venu de l'est ou, dans certains manuscrits, du désert, qui dévore tout ce qu'il voit. Il s'agit d'une référence assez claire au roi Nabuchodonosor, dont le nom vient du dieu Nabû, qui chevauchait un dragon cornu. Le Serpent Cornu (Nabuchodonosor) est attaqué par l'Aigle (ou le

vautour) de Tayma, bien qu'il soit révélé plus tard que
les Corbeaux (ou les vautours) de Tayma travaillent pour
le taureau, qui est probablement celui qui a engagé
l'Aigle. Comme les Corbeaux semblent avoir ensuite
traqué le Jeune Poussin de la Vipère pendant des années,
cela semble être une référence à un assassin Qédarite
engagé depuis Tayma par le Taureau pour tuer Nabuchodonosor.

L'Aigle a échoué et a été à son tour attaqué par la
Vipère, et comme l'Aigle disparaît de l'apocalypse, il
semble probable que la Vipère l'ait tué. Le mot généralement traduit par « vipère » est åkdnå (ܐܟܕܢܐ), un mot syriaque adopté à partir du mot grec echidna (ἔχιδνα), qui
signifiait à la fois « vipère » et « traître. » D'après le
contexte, le sens original était probablement « traître. »
Cette personne semble être Nabû-shum-lishir, le frère
cadet de Nabuchodonosor, qui a peut-être ou non mené
un coup d'État en 602 avant JC.

D'après les documents qui subsistent de cet événement, le gouvernement de Babylone ne semble pas avoir
compris ce qui s'était passé, et cette confusion se reflète
dans l'apocalypse. Nabû-shum-lishir et sa famille ont
disparu après cet événement, et ils n'ont pas été exécutés
comme l'étaient généralement les traîtres, ce qui
confirme l'idée qu'ils se sont enfuis quelque part. On ne

sait pas exactement combien d'enfants il a eus, mais l'apocalypse mentionne qu'il a eu deux Poussins, un aîné et un cadet, qui semblent être ses héritiers.

Le traître prit ses héritiers et s'enfuit vers la frontière égyptienne, mais il semble avoir été repoussé et s'enfuit vers le sud. On ne sait pas exactement où il s'est rendu, mais il a été signalé plus tard comme étant à Kush, ce qui suggère qu'ils ont descendu la mer Rouge jusqu'à Dômt (ꝗ°ꝗX), le royaume qui régnait sur le territoire du nord de l'Érythrée et des hauts plateaux éthiopiens adjacents. Dômt était une civilisation sémitique fortement interconnectée avec la culture sabéenne d'Arabie du Sud, de l'autre côté de la mer Rouge, partageant tout, de l'architecture à l'écriture. La capitale du royaume aurait été Ḥu (Ψ⊕), aujourd'hui appelée Yiḥa (ℒ៧), située dans le nord de l'Éthiopie, près de la future capitale impériale d'Axoum. Yiḥa est située entre les rivières Mareb et Tekezé, ce qui signifie qu'elle disposait d'une route commerciale directe vers le royaume de Kush et, de là, d'une route commerciale vers l'Égypte.

Il s'écoule plusieurs années entre le moment où le traître est détourné de la frontière égyptienne et celui où il se trouve à Koush. Dans l'intervalle, l'héritier aîné (poussin) s'est installé en Égypte et l'héritier cadet (poussin) en Juda. Sédécias envoie un message aux

ashéras de Tayma pour aider l'héritier cadet et apprend
que les Corbeaux travaillent pour le Taureau.

L'apocalypse semble passer à la prophétie à ce
moment-là, en prédisant que la Troisième Corne du
Taureau attaquera Jérusalem.

Cette Troisième Corne ne peut être que Nabuchodonosor, puisqu'elle est décrite comme un homme, et
elle disparaît plus tard lorsque les grandes villes de
Mésopotamie sont détruites, laissant le taureau avec deux
cornes. Le Taureau a d'abord été décrit comme ayant
trois cornes, et pendant la période où Sédécias a envoyé la
lettre aux ashéras de Tayma, le Taureau posait apparemment des problèmes à l'ouest. Sur la base de ces éléments,
le Taureau est sans aucun doute Cyaxare, le patriarche
des familles royales. Cyaxare était le beau-père de Nabuchodonosor et le grand-père du roi Cambyse Ier de Perse
à l'époque. Son propre fils Astyage était le chef de
l'armée mède et l'héritier du trône.

Après la chute de l'Assyrie, les Mèdes se sont battus
pendant six ans contre la Lydie, l'ancien allié des
Assyriens, et cette guerre s'est terminée lors de la bataille
de l'éclipse. On ne sait pas exactement quand les Mèdes
et les Lydiens ont commencé leur guerre, ni quand elle
s'est terminée, mais la bataille finale a été interrompue

par une éclipse de soleil, comme le rapporte Hérodote dans les *Histoires* :

> Par la suite, Alyatte ayant refusé d'abandonner ses partisans lorsque Cyaxare vint les lui réclamer, la guerre éclata entre les Lydiens et les Mèdes, et se poursuivit pendant cinq ans, avec des victoires diverses.

Au cours de cette guerre, les Mèdes remportèrent de nombreuses victoires sur les Lydiens, et les Lydiens remportèrent également de nombreuses victoires sur les Mèdes. Parmi les autres batailles, il y eut un engagement nocturne. Cependant, comme la balance ne penchait en faveur d'aucune des deux nations, la guerre se poursuivit la sixième année, au cours de laquelle, alors que la bataille s'intensifiait, le jour se transforma soudain en nuit. Cet événement avait été prédit par Thalès, le Milésien, qui en avait averti les Ioniens en fixant l'année même où il se produisit. Les Mèdes et les Lydiens, lorsqu'ils constatèrent ce changement, cessèrent de se battre et se montrèrent tous deux désireux de parvenir à un accord de paix.

Les deux rois décident de mettre fin à la guerre et les rois Nabuchodonosor de Babylone et Syennésis de Cilicie servent de médiateurs. La fille du roi Alyatte, Aryenis, est mariée à Astyage, faisant de la Lydie le cinquième royaume à rejoindre l'union des nations liées par le mariage. Alyatte meurt peu après la bataille et ses fils Pantaléon et Crésus se livrent à une lutte pour le pouvoir, que Crésus finit par remporter. La Lydie entretient des relations pacifiques avec les Mèdes, les Néo-Babyloniens, les Grecs et les Égyptiens pendant la majeure partie du règne de Crésus, qui prend fin lorsque Cyrus II de Perse annexe la Médie.

L'apocalypse fait référence à Jérusalem de manière énigmatique comme étant la ville du temple construite sur sept collines, mais plusieurs autres villes ont également été traditionnellement fondées sur sept collines, y compris Constantinople. L'apocalypse syriaque fait spécifiquement référence à la « ville du temple » en tant que « ville du temple de Constantin » ou « ville du temple de Constantinople » dans divers manuscrits, mais elle est également identifiée comme la ville de Sédécias (le lionceau), ce qui confirme qu'il s'agissait à l'origine de Jérusalem. L'apocalypse parle de Jérusalem comme d'une forteresse et affirme que Nabuchodonosor (la corne centrale du taureau) l'entourera de sang, ce qui indique que le siège de Jérusalem a été planifié à l'avance par les Judéens. Cela expliquerait pourquoi la ville avait suffisamment de nourriture dans ses murs pour tenir pendant trois ans.

L'apocalypse se poursuit avec l'héritier aîné du traître menant une armée depuis l'Égypte et attaquant les Babyloniens, ce qui aurait été une bonne stratégie. Jusqu'à

Introduction à l'Apocalypse syriaque d'Esdras et à l'Apocalypse arabe de Daniel

l'époque de Jules César, des centaines d'années plus tard, l'attaque d'une armée qui assiégeait une ville se soldait presque toujours par une victoire. C'est très certainement ce qu'espéraient les habitants de Jérusalem lors du siège en 597 avant JC, date à laquelle le stratagème a peut-être été planifié pour la première fois. Daniel, Azaria et Salathiel faisaient tous partie des captifs de ce siège qui ont été emmenés à Babylone en tant qu'otages.

Celui qui a élaboré ce plan n'aimait apparemment pas plus les Égyptiens que les Babyloniens, car le traître a été envoyé pour lever une armée à Koush, qui envahirait l'Égypte par le sud pendant que l'armée égyptienne était aux prises avec les Babyloniens en Judée. Les Égyptiens ont découvert l'invasion koushite planifiée et ont envoyé leur armée au sud pour une attaque préventive en 592 avant JC. Cette attaque contre Koush fut dévastatrice, détruisant non seulement l'armée qui s'amassait dans le nord, mais aussi la capitale Napata et toutes les villes jusqu'à la cinquième cataracte du Nil.

C'est la route que le traître a empruntée pour se rendre à Koush, en descendant soit la rivière Mareb-Atbara, soit la rivière Tekezé-Atbara, de Dômt à Koush. Bien que la rivière Mareb ne coule plus jusqu'à l'endroit où elle se connectait autrefois à la rivière Atbara, sauf après d'intenses tempêtes de pluie, elle était autrefois connue sous le nom de Nil rouge en raison du sable rouge qu'elle traversait dans le désert de l'est du Soudan. Le fleuve s'asséchait depuis des milliers d'années et était probablement déjà un oued au début de l'âge du fer. En revanche, la rivière Tekezé (ተከዘ) était si importante au début de l'âge du fer que son nom est basé sur l'ancien mot guèze signifiant « rivière. » La rivière Tekezé se jette dans la rivière Atbara, appelée Nil Noir par les anciens Égyptiens car l'eau était boueuse. Le Nil Noir se jette dans le Nil à la cinquième cataracte du Nil, où se trouvait la ville de Kerkis, mentionnée dans les archives de la campagne de Psammétique II à Koush en 592 avant JC. Un graffito bien documenté, inscrit à Abou Simbel par les mercenaires grecs de retour de la campagne, rapporte ce qui suit :

> Lorsque le roi Psammetichus (Psammétique II) arriva à Éléphantine, ceci fut écrit par ceux qui naviguaient avec Psammetichus, fils de Théoclès, et qui allèrent au-delà de Kerkis, jusqu'à ce que le fleuve le permette. Ceux qui parlaient des langues étrangères étaient conduits par Potasimto, les Égyptiens par Amasis (Apriès).

La campagne de Psammétique II dans Koush, menée par son héritier et futur roi Apries, est considérée comme une attaque préventive lorsqu'il apprend que le roi Aspelta rassemble une armée koushite et nubienne dans le nord de Koush. Kush a régné sur l'Égypte pendant des siècles avant d'être chassé par les Néo-Assyriens, et comme l'Égypte était la cible la plus probable de l'armée, Psammétique a décidé de détruire l'armée et tout le nord de Koush pour empêcher une autre tentative d'invasion de l'Égypte. Les forces égyptiennes et leurs mercenaires grecs et cariens ont traversé le nord de Kush en maraude, détruisant les principaux établissements situés aux cataractes, y compris la capitale Napata, située à la quatrième cataracte.

Après avoir détruit Kerkis à la cinquième cataracte, ils semblent s'être aventurés sur le Nil Noir (Atbara) « aussi loin que le fleuve le permet, » ce qui suggère qu'ils essayaient de détruire la route commerciale entre Koush et Dômt, et peut-être Dômt lui-même. Ils ne semblent pas avoir trouvé Ḥu, car il n'est fait mention d'aucun engagement majeur après Kerkis, ce qui suggère qu'ils ne savaient pas exactement où se trouvait Ḥu, et qu'ils ont suivi l'Atbara, plus large et plus rapide, en remontant dans les montagnes, trouvant peut-être sa source, mais pas de colonies importantes. Le prince Apries n'ayant pu être perçu que comme un dieu, il aurait déclaré que telle était son intention, fait faire demi-tour à l'armée et regagné l'Égypte.

Introduction à l'Apocalypse syriaque d'Esdras et à l'Apocalypse arabe de Daniel

Le livre classique éthiopien Kebra Nagast, généralement considéré comme une fiction, raconte l'histoire du
fils du roi Salomon et de la reine de Saba, qui s'est enfui
de Jérusalem et a remonté le Nil jusqu'aux hauts
plateaux éthiopiens. Sa route suivait le Nil Bleu et
aboutissait au lac Tana, mais il n'existe aucune preuve
qu'Apries se soit aventuré jusqu'à la sixième cataracte au
sud, et il a donc dû remonter le Nil Noir (Atbara).

Dans l'apocalypse, il y avait aussi un plan pour briser
l'union des quatre rois pendant que les Babyloniens et les
Égyptiens se battaient. Il n'est pas clairement indiqué,
mais fortement sous-entendu, qu'ils prévoyaient de tuer
Nabuchodonosor, et probablement sa femme et ses
enfants. La femme de Nabuchodonosor étant Amytis, la
fille du roi Cyaxare de Médie, placer le traître sur le
trône de Babylone aurait effectivement rompu le lien et
probablement déclenché une autre grande guerre au
nord. On ne sait pas si le lien médo-persan aurait été
rompu, car le prince perse et futur roi Cambyse Ier était
marié à la petite-fille de Cyaxare, Mandane. Cependant,
Babylone aurait été exclue de l'union si les rois mèdes
avaient été tués lors d'un coup d'État qui aurait placé
quelqu'un d'autre sur le trône.

C'est exactement ce qui s'est passé lorsque l'héritier de
Nabuchodonosor et d'Amytis, Amel-Marduk, et sa

famille ont été tués en 562 avant JC, et qu'un noble babylonien du nom de Nériglissar est monté sur le trône.
Nériglissar est marié à l'une des filles de Nabuchodonosor, mais Babylone ne fait plus partie de l'union.
Au lieu de faire la guerre, les Mèdes et les Perses
imposent un embargo à Babylone. Cette stratégie a probablement été choisie parce que le pouvoir de Nériglissar
reposait sur sa richesse. Il meurt après seulement six ans
sur le trône d'une Babylone en proie à des difficultés
économiques, et son fils est déposé presque immédiatement par le général Nabonide, qui assume la royauté et
épouse une autre fille de Nabuchodonosor pour rétablir
l'ordre. Babylone reste l'outsider de l'union des nations,
qui comprend alors la Médie, la Perse, la Lydie et la
Parthie.

Le plan se poursuit avec le retour des Égyptiens en
Égypte pour combattre les Koushites, et la victoire des
Judéens sur les Babyloniens et l'assujettissement des anciennes cités de Mésopotamie au paiement d'un tribut.
C'est alors que les Judéens sont attaqués par les deux
cornes restantes du taureau Cyaxare, Astygès de Médie
et Cyrus Ier de Perse. Les Judéens s'allient à la Panthère
du Nord et, ensemble, ils vainquent les Mèdes et les
Perses.

Introduction à l'Apocalypse syriaque d'Esdras et à l'Apocalypse arabe de Daniel

Le mot syriaque prdå (ܩܕܪܐ) peut être traduit par panthère ou léopard, et est souvent considéré comme une autre référence au Léopard du Sud. L'apocalypse utilise deux noms différents pour ces entités, nmrå (ܢܡܪܐ) et prdå (ܩܕܪܐ), ce qui signifie que le traducteur a reconnu que le « léopard » et la « panthère » étaient deux choses différentes. Le mot syriaque prdå (ܩܕܪܐ) a été adopté à partir du mot grec párdos (πάρδος), qui signifie panthère ou léopard.

Cette panthère venant du nord ne peut être le Léopard de Tayma (le sud), et il est donc possible qu'il s'agisse d'une référence aux Parthes, que Cyaxare avait conquis, car les Parthes étaient au nord-ouest des Mèdes, et se seraient probablement rebellés si l'union des quatre rois avait été rompue. L'orthographe la plus ancienne de Parthie remonte au début de l'ère perse, sous la forme Parithiva (𐎱𐎼𐎰𐎺). Cependant, si le même mot avait été orthographié phonétiquement en cunéiforme néo-babylonien, il aurait été orthographié Pariṭiå (𒉺𒀪𒋾𒅀𒀀), car les Babyloniens n'avaient pas le son « thi » dans leur langue. Le logogramme ṭi (𒋾) peut également être lu comme « di, » ce qui pourrait conduire à translittérer « Parthes » en grec comme parda (παρδα). Les Parthes attaquant les Mèdes et les Perses par l'arrière alors qu'ils affrontaient les Judéens en Mésopotamie, c'est essentiellement la même stratégie que celle prévue contre les Égyptiens, attaqués par l'arrière par les Koushites alors qu'ils combattaient les Babyloniens.

Au lendemain de la guerre, l'union des quatre royaumes est rompue. La Babylonie est soumise à Juda et l'Égypte à Koush. Tyr sera reconstruite en tant qu'alliée, puis les Judéens iront dans le désert et détruiront les Ismaélites. Il est probable que l'apocalypse originale faisait référence aux Qédarites, et non à tous les Ismaélites, cependant, au moins Dumat et Tayma auraient été détruits. On ne sait pas exactement d'où vient la haine des Qédarites, mais elle se retrouve dans d'autres écrits judaïques de l'époque. Selon cette apocalypse, les Qédarites (l'Aigle et les Corbeaux) travaillaient pour Cyaxare (le Taureau), afin d'attaquer secrètement Nabuchodonosor, la Corne du Milieu.

On ne sait pas si cela s'est produit, mais il est possible que Cyaraxe ait voulu la mort de Nabuchodonosor pour qu'Amytis puisse assurer la régence au nom de leur jeune fils Amel-Marduk. Amytis était respectée par les Babyloniens, probablement plus que n'importe lequel des rois qui ont régné sur l'empire néo-babylonien. Elle fut l'architecte de la reconstruction après la défaite des Assyriens et aurait personnellement supervisé la construction des jardins suspendus de Babylone. Cyaxare

aurait certainement eu un contrôle plus direct sur Babylone si Nabuchodonosor était mort.

En fin de compte, le plan ne s'est que très peu
concrétisé. L'apocalypse semble avoir vu le jour entre
597 avant JC, lorsque Daniel et Azaria ont été faits prisonniers à Babylone, et 592 avant JC, lorsque l'armée
Koushite a été détruite par les Égyptiens. Tyr et
Jérusalem se sont rebellées contre Babylone et Nabuchodonosor les a assiégées, mais les Égyptiens n'ont jamais
mordu à l'hameçon et les Tyriens et les Judéens ont fini
par se rendre à Nabuchodonosor. Amel-Marduk a peut-
être eu vent du complot, car il a libéré les exilarques de
Juda et de Tyr, mais il a été tué par l'un des chefs de ces
sièges avant d'avoir pu accorder l'indépendance à Juda.
L'octroi de l'indépendance à Juda et à Tyr aurait été
économiquement intéressant pour Babylone, qui entrete-
nait de mauvaises relations avec les pays méditerranéens.

Tyr et Juda auraient pu normaliser le commerce avec
les colonies phocéennes de la Méditerranée et de
l'Égypte, ouvrant ainsi des routes commerciales indi-
rectes pour Babylone. En outre, Babylone et l'Égypte
auraient bénéficié d'un État tampon. C'est exactement la
politique que Cyrus II a suivie lorsqu'il a conquis les
Babyloniens des décennies plus tard, en accordant
l'indépendance aux États cananéens du sud pour qu'ils

servent d'États tampons entre la Perse et l'Égypte. Cyrus n'avait pas besoin de faire cela, car son armée de Perses, de Mèdes, de Lydiens et de Parthes avait facilement conquis les Babyloniens. Il semble que le plan de normalisation des relations avec l'Égypte ait été élaboré depuis longtemps. Comme cela ne s'est pas produit, son héritier Cambyse II a annexé le sud de Canaan et envahi l'Égypte.

Malheureusement, aucun des plans de cette apocalypse n'avait de sens après 592 avant JC, et il semble donc que l'apocalypse ait été généralement mal comprise et recyclée pour la propagande chrétienne, d'abord contre les Juifs, puis contre les Musulmans. Les observations initiales d'Assemani concernant l'apocalypse au début des années 1700, à savoir qu'elle ne peut remonter à l'époque d'Esdras parce qu'elle mentionne Constantin, continuent de façonner l'analyse moderne de l'apocalypse, même après la publication en 1887 de la version préislamique de l'apocalypse attribuée à Daniel. L'analyse d'Iselin de 1887, selon laquelle l'Apocalypse semble dater d'avant la citation erronée de l'Apocalypse de Jean, est largement ignorée.

Cette traduction de l'Apocalypse syriaque d'Esdras et de l'Apocalypse arabe de Daniel est accompagnée d'une reconstruction de l'Apocalypse d'Azaria, dont les deux

apocalypses survivantes semblent être issues. L'analyse se
concentre sur l'apocalypse judaïque plus ancienne, plutôt
que sur le travail des rédacteurs anti-juifs et anti-
islamiques. Le rédacteur anti-juif était trop générique
pour être identifié, reflétant des sentiments similaires à
ceux des théologiens chrétiens, de Tertullien à Martin
Luther. La langue indique qu'il est probablement né en
Palestine byzantine avant l'époque de Mahomet. Le
rédacteur anti-islamique se trouvait probablement à
Jérusalem entre 1229 et 1244, mais il n'a fait que
fusionner l'Apocalypse grecque plus ancienne et l'Apocalypse arabe, tout en ajoutant les mots «Constantin» et
«Antioche.» Si l'Apocalypse originale date effectivement
d'entre 597 et 592 avant JC, toute analyse des créatures
qui s'y battent n'est pas pertinente pour le début de l'ère
islamique.

Apocalypse syriaque d'Esdras

[De nouveau, par Dieu, j'écris sur la question qu'Esdras le scribe[1] a posée lorsqu'il était dans le désert avec son disciple (dont le nom était Carpos). Il a demandé à Dieu de lui révéler les choses qui vont se passer à la fin des temps. Puis il dit à Carpos, son disciple :][2]

Écoute, mon fils Carpos,[3] et je vais te parler de la fin des temps. Cela s'est passé soudainement, à la manière d'une vision épouvantable. J'ai demandé à Dieu de m'expliquer(-moi)[4] la fin des temps des Ismaélites.[5] Je vis alors un jeune homme comme je n'en avais jamais vu, vêtu de blanc, et qui tenait dans sa (main) droite[6] l'image d'un rouleau. Il me dit : « Sache que ta prière a été entendue devant Dieu, et que j'ai été envoyé pour t'expliquer la fin des temps des fils d'Ismaël, ce qui a été caché à beaucoup. Ouvrez ce livre du rouleau, lisez-y et voyez ce qui va arriver à la fin des temps. »

J'ai ouvert le rouleau et j'ai lu les temps et les terreurs qui vont venir. Mes larmes ont coulé avec des gémissements et j'ai dit : « Aie pitié de moi, Dieu, et aie pitié de ta création, » car un serpent du désert les avait dévorés. Je vis douze cornes sur la tête du serpent, et neuf petites cornes cruelles sur sa queue. Il montait du désert,[7] luttant contre toute la création (sous le ciel)[8] et opprimant le peuple de Dieu. Je vis alors un messager, revêtu d'une flamme (de feu),[9] qui descendit du ciel et arracha les douze grandes cornes de la tête du serpent.

[Je dis alors : « Je crois en toi, Seigneur,[10] (parce) qu'aujourd'hui s'accomplit la prophétie de Moïse. »[11]

Le messager du Seigneur[12] me dit : « Prends courage, Esdras,[13] car il a aussi été révélé à Daniel[14] au sujet de ces neuf petites cornes cruelles. »][15]

Je vis soudain une grande corne s'élever sur la queue du serpent, et il y avait deux petites cornes sur sa tête. Un aigle[16] vint du midi[17] brisa la grande corne et dévora les petites. Le monde fut rempli de ténèbres et d'un tourbillon ; le tourbillon frappa l'aigle et lui arracha les deux serres. Alors on entendit du ciel une voix qui disait : « L'aigle sera rendu selon sa récompense. »

Puis j'ai vu une vipère qui venait de l'est. Elle versa du poison sur toute chair et monta jusqu'aux limites des ancêtres.[18] Il y eut un grand tremblement de terre, des grondements et des tonnerres dans le ciel, et une voix (du ciel)[19] se fit entendre : « Qu'on relâche les quatre rois qui sont liés sur le grand fleuve Euphrate,[20] ceux qui sont prêts à faire périr un homme sur trois. » Ils furent relâchés, et il y eut un grand tumulte.

De l'obscurité, des corbeaux[21] arrivèrent de l'est et transpercèrent la vipère.[22] La vipère s'échappa jusqu'aux frontières de l'Égypte,[23] et là, son esprit devint triste. Elle prit les deux poussins[24] et se dirigea vers le sud.[25] Le plus jeune poussin se rendit chez le Lionceau[26] et se réfugia auprès de lui. Le lionceau le reçut avec joie, et le plus jeune poussin persuada le lionceau de le sauver des corbeaux qui cherchaient à le faire périr. Le Lionceau envoya (un ambassadeur)[27] au léopard[28] du sud[29] pour qu'il vienne à son secours, car le taureau[30] troublait le pays de l'ouest par de nombreux maux. Comme il était le roi des corbeaux, il grinça des dents contre le lionceau. Il avait trois cornes sur la tête.[31] Avec celle de droite, il fait la guerre ; avec celle de gauche, il détruit ; avec celle du milieu, il ravage.

Il commencera à ravager les enfants de sa maison, il amassera de l'or et beaucoup d'argent, et il commencera à affliger tous ceux qui sont sous son pouvoir. Il deviendra arrogant et ne louera pas Dieu.[32] L'une de ses cornes ira faire la guerre au lionceau et ravagera la forteresse rebelle. Ils se disputeront et se ravageront l'un l'autre, et beaucoup de sang sera versé entre les deux puissants. Le taureau formera un mauvais projet contre les sept collines et la ville de la maison (de Constantin),[33] et il s'y opposera, et beaucoup de sang sera répandu autour de la ville.

Le poussin de la vipère emmènera une (grande)[34] armée de Thrace[35] avec ses envahisseurs,[36] et il entrera dans le sang. Le père du jeune poussin l'apprendra, et il

311

rassemblera une grande nation parmi les Koushites[37] et les nations d'alentour ; il viendra au secours du poussin, et il ravagera l'Égypte. Puis le poussin descendra du pays des ancêtres[38] et il ravagera les grandes villes. Il les laissera dépourvues de leurs habitants, parce qu'une grande iniquité s'y commettait. Il jettera les morts par terre en tas, et il ravagera Damas[39] en ce temps-là.

Alors le Lionceau s'enflammera d'une colère ardente, et il se lancera à la poursuite de ces corbeaux, les ravagera, les chassera et les détruira depuis Antioche de Syrie[40] jusqu'aux frontières de l'Orient, le pays qui appartient aux corbeaux. La panthère[41] sortira du nord,[42] (et avec elle) une nation nombreuse comme les sauterelles qui volent.[43] Elle montera jusqu'à l'Euphrate et s'élèvera au secours du lionceau, et de là tous deux descendront vers le pays de Perse. Le taureau sortira à leur rencontre avec une grande armée, mais le lionceau passera entre les cornes du taureau et les brisera toutes les deux.[44] Il ravagera et pillera le pays et le brûlera par le feu.

Les corbeaux s'enfuiront devant lui et descendront dans leur pays. Le lionceau[45] les poursuivra et les détruira par le tranchant de l'épée, parce que Dieu a détourné sa face d'eux à cause de leur grande impureté. Il s'emparera de leur pays, le pillera et le détruira jusqu'à ses fondements. Il ne sera plus jamais habité, parce qu'ils ont méprisé le Seigneur et se sont moqués de ses commandements. Il y aura une grande agitation dans le pays, des tremblements de terre, des famines et des pestes, et la peur et le tremblement domineront sur le peuple jusqu'à ce qu'il tombe mort, sans maladie ni malaise, à cause de la peur qui l'envahit.

Le lionceau[46] montera avec une grande armée vers le pays des ancêtres et le soumettra à un tribut; il y aura dans le pays une grande tribulation, telle qu'il n'y en a jamais eu. Il rebâtira les fortifications de la Phénicie, près de Hadera,[47] (et autour des lieux désolés qui s'y trouvent.)[48] Il détruira Damas, qui était l'objet de la plus grande dérision, jusqu'à ses fondements, à cause de sa grande amertume[49] contre Jérusalem. De là, il reviendra et montera dans sa ville royale.

50

[Après trois semaines et demie, un homme puissant viendra du midi avec une grande nation, et sa puissance s'étendra sur le pays des ancêtres. Il fera une grande paix, et il accomplira des prodiges dans le pays pendant trois ans et sept mois. Alors les quatre vents du ciel s'agiteront, et les nations s'élèveront l'une contre l'autre, et se ravageront mutuellement, jusqu'à ce que la terre crie à cause du sang répandu sur sa face.

Alors moi, Esdras, je tombai par terre, et je fus entièrement rempli de larmes. Le messager du Seigneur me dit : « Ne t'afflige pas, Esdras le scribe, car ces choses n'arriveront pas avant que l'impureté, la débauche et l'impudicité ne souillent la terre, quand les gens auront abandonné le lit conjugal et se seront souillés et auront souillé leur corps par l'impureté de l'impudicité, en buvant du vin et en pratiquant la sodomie, sans se soucier de l'ignominie qu'ils commettent. Alors la justice de Dieu sera provoquée, et la race rebelle sera livrée entre les mains de ses ennemis, parce que sa fin est venue, et que sa fin vient bientôt. »

Alors que je transpirais de peur, le messager du Seigneur étendit la main et me souleva, car je tremblais de peur. J'ai demandé : « Qui pourra vivre en ce temps-là ? »

Il m'a répondu : « Ceux en qui Dieu se complaît. Mais leurs cris et leurs gémissements monteront jusqu'au trône royal de la majesté de Dieu, afin qu'il envoie rapidement un messager redoutable, qu'il saisisse la pointe du glaive destructeur et qu'il anéantisse sans pitié la semence rebelle. Mais malheur aux femmes enceintes et à celles qui allaitent en ce temps-là, car il surviendra une tribulation telle qu'il n'y en a pas eu de semblable depuis la création des mondes. »

« Soudain, les enfants du nord s'ouvriront et sortiront de la maison de Gog et Magog pour commettre de terribles atrocités sur la terre. Deux tribus issues de la descendance d'Ismaël et celles qui se sont enfouies au pied de la montagne du sud viendront se réfugier avec eux. Ils boiront et monteront jusqu'à Jérusalem, la ville du grand roi. Là, Dieu enverra contre eux le redoutable messager Michel, qui les ravagera sans pitié. Si ces jours n'étaient pas abrégés, aucune chair ne vivrait, car en ce temps-là, une année est comme un mois, un mois comme une semaine, une semaine comme un jour, et un jour comme une heure. »

« Alors apparaîtra celui qui ressemble au Messie[51] et qui montrera sa cruauté et la véhémence de sa méchanceté. Il montera vers Hénoch et Élie[52] sur l'autel et répandra leur sang sur la terre avec de grandes souffrances. Alors des messagers redoutables seront envoyés et ils jetteront le Fils de Perdition dans la Géhenne de feu. C'est la fin. Mais conservez ces paroles jusqu'à leur terme. »

Alors, comme j'avais une grande crainte, je me prosternai pour adorer et remercier Dieu le Sauveur, qui m'avait jugé digne de cette vision. Et je dis : « Béni sois-tu, Dieu mon Sauveur, et que ton saint nom soit glorifié dans les siècles des siècles, Amen. »

Se termine avec l'aide de notre Seigneur la vision qu'a eue Esdras le scribe sur le royaume des Ismaélites. À Dieu soit la gloire].

Apocalypse syriaque d'Esdras Notes

1 Mingana 11: ôzrå språ (ܥܙܪܐ ܣܦܪܐ). Traduction: Esdras scribe (ou écrivain, juriste, greffier)

Esdras le Scribe était l'Esdras des livres d'Esdras de la Septante et du livre massorétique d'Esdras-Néhémie, et non pas Salathiel (qui s'appelait aussi Esdras), de l'Apocalypse judaïque d'Esdras, qui se trouvait en Babylonie à l'époque de Daniel et des quatre rois. Les deux ont souvent été confondus au début de l'ère chrétienne, comme en témoigne l'Apocalypse latine d'Esdras. Les Juifs avaient abandonné l'exilarque Salathiel et l'astrologue Daniel en tant que prophètes à l'époque perse. Ni les livres attribués à Daniel ni ceux attribués à Salathiel n'ont été traduits et standardisés en hébreu sous la dynastie hasmonéenne, bien qu'une version partiellement traduite en araméen et en hébreu de Daniel ait été adoptée plus tard par les Massorites. Les références à «Esdras le scribe» sont absentes de l'Apocalypse arabe et ne peuvent donc provenir que du rédacteur byzantin anti-islamique.

2 L'introduction et la conclusion de l'Apocalypse syriaque d'Esdras sont les mots d'un scribe inconnu, qui semble citer un texte source perdu. L'introduction et la conclusion se

316

retrouvent dans toutes les copies, mais ne sont pas toujours identiques. C'est pourquoi les mots qui ne se trouvent que dans certaines sources sont placés entre parenthèses. Si le scribe n'a pas réattribué l'apocalypse du texte de Daniel à Esdras, et changé l'étudiant d'Esdras en Carpos, alors il doit y avoir eu une apocalypse antérieure d'Esdras qui a servi de source. Comme l'Apocalypse existante contient de nombreux mots grecs qui ont été repris en syriaque, et que Carpos était un nom grec, il est probable que l'Apocalypse syriaque ait été traduite du grec. Comme toutes les copies de l'Apocalypse qui ont survécu sont en syriaque oriental, il semble probable que le scribe qui a ajouté l'introduction et la conclusion était le traducteur en syriaque oriental.

3 Mingana 11: qrpůs (ܩܪܦܘܣ). Generally anglicized as Carpos

• BnF Arabe 150: ôzrh (عزره)

Capros est inconnu des autres livres attribués à Esdras, à Salathiel et à Daniel. Ce nom n'apparaît pas dans le livre massorétique d'Esdras-Néhémie, ni dans les 1er et 2e Esdras de la Septante, ni dans la Vision d'Esdras, ni dans les Apocalypses judaïques, latines ou grecques d'Esdras. Son origine est discutée, mais il s'agit probablement de la translittération d'un nom figurant dans la traduction grecque antérieure, Carpos (Καρπός) étant le nom d'un dieu grec mineur de la fertilité.

Des variantes du nom se traduisent par « melon » dans de nombreuses langues, notamment l'arabe ḫirbiz (خِرْبِز), le géorgien xarbuzaki (ხარბუზაკი), le grec karpoúzi (καρπούζι), l'hindi xarbūzā (खरबूजा), le latin karpus, le moyen arménien xarbzak (խարբզակ), et le turc karpuz. Tous ces termes auraient été adoptés à partir du mot persan signifiant «melon,» xarboz (خربز). Néanmoins, le mot ne signifie pas «melon» dans les dialectes araméens ou cananéens.

Dans l'Apocalypse arabe de Daniel, qui est une version plus courte de cette apocalypse, le nom du maître est Daniel, et l'élève s'appelait Ôzrh (عزره) translittération du mot hébreu ôzrh (עזרה), et non le nom hébreu Ezra (עֶזְרָא), ou le nom arabe Ôzrŏ (عزرا). Ôzrh (עזרה) est le mot hébreu pour «aide,» ce qui suggère que le nom original dans l'Apocalypse était Azaria (עֲזַרְיָה), signifie «Aide de Yhŭ.» Azaria est l'un des trois jeunes associés à Daniel, qui a été jeté dans une fournaise lorsque Juda s'est rebellé contre la domination babylonienne sous le règne du roi Sédécias. L'orthographe phonétique d'Azaria dans le cunéiforme néo-babylonien aurait été Eziraia (𒐈𒂖𒌨𒅀), mais cela inclurait le nom du dieu Ea (𒂖𒅀), le nom du «dieu terrible» des inondations, dont le nom n'était généralement pas mentionné. Les trois jeunes gens ont reçu d'autres noms dans le livre de Daniel, dont aucun ne semble être babylonien. Le nom alternatif d'Azariah était Aved Nego (עֲבֵד נְגוֹ) dans le Daniel massorétique, qui est une translittération de l'araméen Ôbd Ngh (𒐈𒀭𒌨𒅀𒁺), qui signifie «serviteur de (la planète) Vénus.» Le substitut logique de Ea (𒂖𒅀) aurait été Ilu (𒀭), qui signifie «dieu,» ce qui rend l'orthographe néo-babylonienne Ezirailu (𒐈𒂖𒌨𒀭).

Si la traduction grecque originale a été faite directement à partir de la version cunéiforme, le nom aurait pu être lu logographiquement comme «dieu frappeur de grains,» et comme Carpos était le dieu grec de la récolte des grains, dont le nom était dérivé du mot pour «couper,» Carpos aurait été la traduction évidente. Cela indique que l'Esdras original de l'apocalypse était probablement le jeune Azaria, dont le nom a été simplifié en «aide» dans une traduction araméenne, sur laquelle l'arabe est basé. La simplification du nom en araméen est probablement due au fait que le scribe a reconnu qu'il ne pouvait pas s'agir à l'origine de Azraël (עֶזְרָאֵל) ou Ôzryâl (עזריאל), le nom du psychopompe judaïque classique.

4 La plupart des copies de l'Apocalypse ne contiennent pas ces mots, mais le manuscrit Sachau 131 inclut «à moi,» et les manuscrits BnF 326 et BL 28,875 incluent «à vous.»

5 Mingana 11: âyšmôyly (ܐܝܫܡܥܝܠܝ). Traduction: Ismaélites

Les Ismaélites sont les descendants théoriques du fils abandonné d'Abraham, Ismaël. Selon la Thora, la mère d'Ismaël l'a emmené en Arabie après qu'Abraham les a abandonnés pour mourir dans le désert, où il a ensuite épousé une Égyptienne et a eu douze fils. Plusieurs tribus et oasis d'Arabie du Nord portaient alors des noms associés à Ismaël, notamment les Qédarites, Tayma et Dumah. Cette idée a perduré pendant longtemps et est acceptée dans l'islam, où, selon la source, Mahomet descend soit de Nebayoth (نابت) ou Qédar (قيدر), les deux fils aînés d'Ismaël, et donc, en fin de compte, d'Abraham.

À l'époque des quatre rois, la tribu des Qédar (קדר) régnait sur le centre-nord de l'Arabie, à partir de sa capitale Dumat (דומת). Les documents cunéiformes akkadiens antérieurs au 10e siècle JC mentionnent Dumat comme se trouvant dans le pays d'Édom (𒆳𒌑𒁺𒈠𒀀), ce qui suggère que, comme Édom, Dumat et Tayma faisaient partie du royaume de Juda avant qu'Édom ne se rebelle au 9ᵉ siècle avant JC. Une inscription en hiéroglyphes égyptiens datant du règne de Ramsès III, à l'époque du Nouvel Empire, a également été découverte, indiquant que la colonie faisait probablement partie de l'Empire égyptien, qui incluait Edom.

Le nom plus long de l'oasis est Dumat al-Jandal (دُومَة أَلْجَ), ce qui se traduit par «les palmiers de la pierre.» La pierre en question a probablement commencé comme une référence au mégalithique triangulaire de 35 mètres de long de l'oasis, qui aurait été construit au 6ᵉ millénaire avant JC. Si c'est là l'origine du nom, cela indique que le site a été occupé en permanence depuis que le mégalithe a été exposé à la surface, mais qu'il a été enterré tout au long de l'histoire et n'a été redécouvert qu'en 2020. On pense que le mégalithe a été utilisé à l'origine pour certaines cérémonies, mais on ne sait pas exactement de quoi il s'agissait, ni s'il était associé aux divinités qui y étaient vénérées à l'époque historique. La plupart des divinités vénérées à Dumat à l'époque précédant Mohamemed étaient des divinités de la fertilité, et des sacrifices d'animaux et d'êtres humains auraient eu lieu. Au 3ᵉ siècle après JC, le philosophe néoplatonicien Porphyre de Tyr a rapporté que chaque année, un garçon était sacrifié et enterré sous un autel à Dumat. Cette pratique est similaire aux sacrifices humains pratiqués par d'autres cultes de fertilité au Moyen-Orient et en Méditerranée, et s'apparente au sacrifice humain qui a été interdit en Juda vers 625 avant JC. En Judée, le sacrifice humain a eu lieu sur un autel dans un cimetière (גֵּיא בֶן־הִנֹּם) près de Jérusalem, décrit comme ressemblant à un bosquet, ce qui suggère un asherim, un site funéraire sacré où l'on plantait des chênes.

À l'époque néo-assyrienne, Dumat est décrite comme la capitale des Qédarites dans les documents assyriens, bien que les Qédarites soient également décrits comme ayant migré en grand nombre vers Édom et épousé des Édomites à cette époque. C'est probablement l'origine du concept de peuple devenant « fuligineux » sous la montagne du Sud, car kedár (קֵדָר) se traduit par « sombre » ou « noir. » La montagne du sud était probablement une référence à la montagne de l'autel, identifiée à l'époque pré-byzantine comme le mont Sinaï.

Les Qédarites étaient indépendants à l'époque néo-assyrienne, mais ont finalement été conquis par les Néo-Babyloniens sous le règne de Nabonide. À la chute de l'empire néo-assyrien en 605 avant JC, les Qédarites ont rejoint l'alliance anti-babylonienne, avec Ammon, Édom, l'Égypte, Moab, Sidon et Tyr. Ces royaumes avaient été occupés ou attaqués par les Assyriens et ne voulaient pas tomber sous le contrôle des Babyloniens. Juda rejette l'alliance et s'allie à Babylone. Le roi Nabuchodonosor II tenta d'envahir l'Égypte en 601 avant JC, mais son armée fut vaincue, ce qui enhardit la faction anti-babylonienne, et Juda changea de camp, rejoignant l'alliance. Les Qédarites étaient particulièrement actifs aux abords du désert syrien et perturbaient le commerce entre Babylone et ses territoires syriens, ce qui amena Nabuchodonosor à déplacer sa résidence impériale, la capitale de facto de l'empire, à Damas en 599 avant JC. En 598 avant JC, Nabuchodonosor fait marcher son armée jusqu'à Dumat al-Jandal, la capitale des Qédarites, et s'empare des statues de leurs dieux. Les Ammonites et les Moabites changent alors de camp et s'allient aux Babyloniens. Par la suite, le dieu de Tayma devint dominant parmi les Qédarites.

En 597 avant JC, Nabuchodonosor, avec ses alliés ammonites et moabites, assiège Jérusalem et capture le roi Joachin, qui est emmené en captivité à Babylone. Une révolte en Babylonie en 594 avant JC a ramené Nabuchodonosor à Babylone et a permis la formation d'une nouvelle alliance anti-babylonienne, qui comprenait Ammon, Édom, l'Égypte, Juda, Moab, Sidon, Tyr et les Qédarites. Après avoir réprimé la révolte à Babylone, Nabuchodonosor retourne dans le sud de Canaan en 587 avant JC et détruit le royaume de Juda. Un an plus tard, il entame le siège de Tyr, qui durera 13 ans et prendra fin lorsque le roi Ithobaal III de Tyr mourra et que son fils Baal II négociera une reddition. Tyr étant située sur une île au large du Liban, elle pouvait commercer avec ses colonies de l'autre côté de la Méditerranée. Contrairement à la plupart des sièges de Babylone, celui-ci fut un échec militaire et une source d'embarras pour l'armée babylonienne.

Pendant le siège, l'armée de Nabuchodonosor a également détruit les royaumes d'Ammon et de Moab en 582 avant JC. Au sud, les Édomites et les Qédarites continuent d'être les alliés de l'Égypte. La situation changea en 553 avant JC, lorsque le roi Nabonide, dernier roi de l'empire néo-babylonien, conquit Édom et les Qédarites. Il établit sa capitale de facto à Tayma (تيماء) dans les montagnes du Hejaz, apparemment en raison d'une prophétie.

Après avoir conquis les Babyloniens, Cyrus libère les Arabes et les royaumes cananéens du sud, qui forment une zone tampon entre le jeune empire perse et le royaume égyptien. Cambyse, l'héritier de Cyrus, occupe les nations cananéennes du sud et conquiert l'Égypte et Cyrène. Bien qu'il n'ait pas conquis les Qédarites, ceux-ci étaient limités à l'Arabie, et Édom faisait partie de l'empire perse. Les Qédarites ont construit un vaste réseau commercial avec les Perses, mais n'ont pas pu s'adapter au monde hellénistique après la conquête des Perses par Alexandre. Leur ancien royaume, qui avait dominé le commerce dans le nord et le centre de l'Arabie, s'est effondré et les Nabatéens ont occupé la région qui avait été le sud d'Édom et de Madian. Dans la généalogie des nations, les Nabatéens étaient les descendants du fils aîné d'Ismaël, Nebayoth (נְבָיוֹת). La première mention grecque connue des Nabatéens (Ναβαταῖος) en tant que faction politique unique est datée d'environ 311 avant JC, mais des documents néo-babyloniens plus anciens traitent les Nabåatu (𒀭𒁀𒀀𒌓𒈾𒉌) comme les nobles des Qédarites, indiquant la raison pour laquelle la généalogie des nations affirme qu'ils descendent du frère aîné, même s'ils n'ont pas formé leur propre nation lorsque la généalogie a été écrite.

Par conséquent, si les Ishmalites sont le peuple originel dont parle l'Apocalypse, et si la référence au peuple près de la montagne du Sud devenant « fuligineux » est une référence aux Qédarites se mariant avec les Édomites vivant près de la montagne de l'Autel, elle ne peut vraiment être datée que de la fin de l'ère néo-assyrienne ou du début de l'ère néo-babylonienne, lorsque Édom était brièvement puissant avant

553 avant JC. À cette époque, les Qédarites constituaient un irritant majeur pour l'empire néo-babylonien, mais Nabuchodonosor ne pouvait pas prendre le risque d'une grande campagne pour les supprimer, car la Babylonie risquait de se rebeller à nouveau.

Les Ishmalites ne sont pas mentionnés dans l'apocalypse arabe la plus courte, mais il s'agit d'une interprétation anti-juive de l'apocalypse, qui semble être antérieure à la montée de l'islam. Cela pourrait être interprété comme un ajout, mais l'Apocalypse syriaque, plus longue, semble avoir survécu indépendamment, et il n'y a donc aucune raison de supposer que les Ishmalites n'étaient pas présents dans l'apocalypse d'origine.

Une fois que l'islam est apparu, à l'origine parmi les tribus associées aux Ismaélites, le terme Ismaélite est devenu une référence chrétienne et juive aux musulmans en général, ce qui a permis de réinterpréter cette prophétie sous un nouveau jour, en tant qu'apocalypse anti-islamique.

Daniel ayant quitté la Babylonie pour la Médie lorsque Nériglissar s'est emparé du trône, il ne pouvait pas faire référence au futur roi Nabonide comme étant l'homme de bien de Tayma, ce qui suggère que Nabonide avait occupé Tayma à cause de la prophétie de Daniel. Si tel est le cas, la prophétie de Daniel a contribué à la défaite des Babyloniens, car la longue absence de Nabonide de Babylone, entre 553 et 543 avant JC, a permis à son héritier Belshazzar de devenir le roi de facto, et a réduit la puissance de l'empire au point que Cyrus II a pu le conquérir en 539 avant JC.

6 La plupart des copies de l'Apocalypse ne précisent pas la main. Les manuscrits BnF 326 et BL 28,875 précisent qu'il s'agit de sa main droite. L'Apocalypse arabe de Daniel précise également qu'il s'agit de sa main droite. On ne sait pas si cette précision a été ajoutée par un scribe influencé par la pensée islamique, ou si elle a été supprimée en signe de rejet de l'influence islamique perçue.

7 Mingana 11: mdbrå (ܡܕܒܪܐ). Traduction: désert (ou région sauvage)
• Manuscrits BnF 326 et BL 28,875: mdnḥå (ܡܕܢܚܐ). Traduction: est

8 La spécification « sous le ciel » ne se trouve que dans les manuscrits BnF 326 et BL 28,875, et était probablement une note scribale pour clarifier que le serpent ne menaçait pas la demeure de Dieu.

9 La précision selon laquelle les flammes sont faites de feu est clarifiée dans la plupart des copies de l'Apocalypse, mais elle est absente du manuscrit BnF 326.

10 Mingana 11: mrå (ܡܪܐ). Traduction: maître (ou propriétaire, seigneur)
• BnF Arabe 150: ar-rabb (الرّبّ). Traduction: le seigneur (ou le maître, le gouverneur, l'autorité)

11 La clause « parce que » ne se trouve que dans les manuscrits BnF 326, BL 28,875, Sachau 131 et UTS 23. La prophétie de Moïse n'est pas précisée, mais on suppose qu'il s'agit d'une référence à la Genèse Cosmiquede la Septante (Bereshit Masorétique), chapitre 17, dans laquelle il y a une prophétie selon laquelle Ismaël serait le père de douze princes.

12 Mingana 11: mlåkh dmryå (ܡܠܐܟܗ ܕܡܪܝܐ). Traduction : messager du maître

13 Mingana 11: ôzrå (ܥܙܪܐ). Traduction : Esdras

• BnF Arabe 150: ôzrh (عزره)

L'orthographe du nom dans l'Apocalypse arabe de Daniel n'est pas l'orthographe arabe standard d'Esdras, qui est Ôzrå (عزرا), ni basée sur le grec Esdras (Ἐσδρας) ou l'hébreu Ezra (עֶזְרָא). Le nom arabe est une translittération du mot hébreu et araméen ôzrh (עָזְרָה), qui signifie aide. Cela indique que l'Apocalypse arabe a été traduite de l'araméen ou de l'hébreu. Ce n'est pas la même chose que la traduction syriaque, qui est basée sur une traduction grecque, et aucune traduction cananéenne (judaïque ou samaritaine) ou hébraïque n'est connue, de sorte que le texte source est vraisemblablement perdu. Comme la forme de l'arabe semble être palestinienne, il a probablement été traduit à partir d'une source araméenne.

14 Mingana 11: dnyåyl (ܕܢܝܠ). Traduction : Daniel

15 Aucune prophétie de Daniel concernant un serpent à neuf cornes n'a survécu. Il y a bien une bête à dix cornes dans le livre de Daniel, mais ce n'est pas un serpent. Cela suggère qu'une prophétie de Daniel a été perdue ou détruite à un moment donné. Étant donné qu'au moins 14 variantes significatives du livre de Daniel ont été documentées, dont deux dans divers manuscrits de la Septante, il n'est pas surprenant que quelque chose ait été perdu. Cette section du texte semble faire partie de la rédaction grecque ultérieure, car l'auteur reconnaît la similitude avec une apocalypse de Daniel, sans pour autant reconnaître que Carpos est Esdras.

Dans ce cas, le serpent à cornes semble être une référence pas particulièrement cryptique au roi Nabopolassar, qui portait le nom du dieu Nabu. La monture de Nabu était le serpent cornu Mušhuššu (𒈲𒄩𒄷𒊬). Les douze cornes sur sa tête et les neuf sur sa queue désignaient probablement ceux qui soutenaient Nabopolassar et ceux qui conspiraient contre lui.

16 Mingana 11: nšrå ḥd qn tymnå (ܢܫܪܐ ܚܕ ܩܢ ܬܝܡܢܐ). Traduction: aigle (ou vautour, plante mythique, colle) celui qui niche (ou travaille pour, possède) à droite (ou au sud, Tayma)

Le mot nšrå (ܢܫܪܐ) signifie « aigle » ou « vautour » en syriaque et dans d'autres langues sémitiques, et est le synonyme des qrqså (ܩܪܩܣܐ) plus loin dans le texte qui attaquent la vipère/le traître dans le pays des ancêtres, le faisant fuir. Dans ce cas, la phrase peut être interprétée comme provenant de tymnå, travaillant pour tymnå ou

possédant tymnå. Tymnå (ܬܝܡܢܐ) est clairement un lieu dans
le verset et non une direction, et la traduction de Tayma est
donc la plus logique. L'orthographe indigène du nom était
Tmô (ⵙⵏⵅ) at the time, which is believed to have been
pronounced similar to the modern Arabic name Taymā (تيماء).
The Aramaic name of Temya, Tymnå (ⵎ^ⵢ⵿ⵉ⵬ⵄ) was based on
the ancient Canaanite name Tymn (ⵢ⵿ⵡⵝⵜ), as preserved in
the Masoretic book of Habakkuk as Teiman (תֵּימָן).

D'après la prophétie d'Habacuc sur la montée en puissance
des Babyloniens et son apparition dans certaines versions du
livre de Daniel, on pense qu'il a été actif à Jérusalem quelque
temps entre 612 avant JC et 587 avant JC. En se référant à la
déesse (אֱלֹוהַּ) venant de Tayma, il est clair qu'il considérait la
déesse taymanite Åshyrå (ⵀⵝⵗⵓⵀ) comme la même déesse que
la déesse cananéenne Ashéra (אֲשֵׁרָה). Comme les Corbeaux
sont ensuite identifiés comme les «enfants du Taureau,» il
semble que Cyaraxes (le Taureau) essayait de déstabiliser
l'Empire néo-babylonien en utilisant des mercenaires
Qédarites (les Corbeaux), et qu'il ait peut-être tenté de tuer
Nabuchodonosor en utilisant un assassin Qédarite (l'Aigle).
Cela aurait permis à Amytis, la fille de Cyaraxe, d'assumer la
royauté avec un mari babylonien plus malléable.

17 Mingana 11: tymnå (ܬܝܡܢܐ). Traduction: droite (ou au
sud, Tayma)

Ce mot signifie «droite» en syriaque et dans d'autres
langues sémitiques, mais il signifie aussi «sud» en hébreu et
en araméen, et il était le nom araméen et syriaque de Tayma.
Dans ce cas, la «droite» ou le «sud» est un lieu récurrent, et

pas simplement une direction, ce qui suggère que Tayma est mentionnée. L'orthographe indigène du nom était Tmô (ⴲⵏX) à l'époque, dont la prononciation aurait été similaire à celle du nom arabe moderne Taymā (تيماء). Le nom araméen de Temya, Tymnǎ (𐡍𐡉𐡌𐡕) était basé sur l'ancien nom cananéen Tymn (𐤕𐤉𐤌𐤍), conservé dans le livre massorétique d'Habacuc sous le nom de Teiman (תֵּימָן).

18 Mingana 11: ûslqt lthûmǎ bmûldnǎ (ܣܘܠܩܬ ܠܬܚܘܡܐ ܒܡܘܠܕܢܐ). Traduction : et monta (?) à la limite (ou fin, limites) des ancêtres (ou procréateurs)

L'expression est obscure et le mot sltq (ܣܠܩܬ) est probablement un emprunt au mot arabe salaqa (سَلَقَ), qui signifie «enflammer,» «insulter» ou «bouillir.» L'équivalent syriaque est šāliq (ܫܠܩ), qui ne signifie toutefois que «bouillir,» ce qui suggère que le traducteur syriaque a essayé de traduire un grec qui signifiait «enflammer» ou «insulter.»

Le terme mûldnǎ (ܡܘܠܕܢܐ) est généralement interprété comme la «(terre) promise,» mais la vipère/traître (Nabû-shum-lishir) n'était pas originaire de Canaan, mais de Mésopotamie. L'expression provient probablement d'un Judéen utilisant le terme néo-babylonien qudmu (𒄰𒈠𒊭), pour traduire le terme judéen qdm (𐤒𐤃𐤌), qui signifie «orientaux» ou «anciens.» Le terme a été utilisé dans ce contexte pour désigner les Mésopotamiens sous le nom de benê-qedem (בְּנֵי־קֶדֶם) dans les Juges massorètes. Cependant, le terme araméen qdm (𐡒𐡃𐡌) et le néo-babylonien qudmu (𒄰𒈠𒊭) ne signifient pas «orientaux,» mais «venus avant,» ce qui explique que les traductions grecques et araméennes rendent par «ancêtres.» Sur la base de cette lecture, la phrase originale aurait été «insulté jusqu'aux limites des ancêtres.»

19 La spécification «du ciel» ne se trouve que dans les manuscrits BnF 326, BL 28,875, Sachau 131 et UTS 23.

20 Ce verset est mis en parallèle avec l'Apocalypse de Jean, chapitre 13, sauf que les quatre rois liés sur l'Euphrate étaient quatre messagers (ἀγγέλους). En 1887, Ludwig Iselin a proposé que la référence dans Jean était basée sur une mauvaise interprétation des quatre rois de l'Apocalypse d'Esdras, sur la base de la similitude du mot araméen mlkyå (ܡܠܟܝܐ), signifiant «rois,» et mlåkyå (ܡܠܐܟܝܐ), signifiant «messagers.» Cette idée a été rejetée par les théologiens chrétiens, qui ont soutenu que l'apocalypse de Jean était originale et que l'erreur avait donc dû être commise à l'origine dans la traduction syriaque. Cependant, l'Apocalypse de Jean n'a jamais été acceptée comme canon par les églises syriaques, et il est peu probable que quelqu'un ait mal traduit le mot grec angelos (ἄγγελος), qui signifie «messagers,» par archontes (ἄρχοντες), qui signifie «rois.»

Dans le contexte de l'époque de l'astrologue Daniel et de son élève Azaria, les quatre rois liés sur l'Euphrate étaient le roi Cyaxare de Médie, Nabuchodonosor II de Babylone, Cyrus Ier de Perse et le roi de Scythie dont le nom n'est pas parvenu jusqu'à nous. La bataille de Cerchemish en 605 avant JC, qui eut lieu sur l'Euphrate, fut la dernière bataille de l'alliance contre l'Assyrie. Les dernières forces assyriennes ayant été vaincues, les Égyptiens se retirent définitivement de la région, cédant leurs prétentions historiques à la Syrie. C'était la fin d'une guerre de vingt ans et les rois voulaient s'assurer que la paix était permanente, ils ont donc accepté de lier leurs empires par le mariage. Rien ne prouve que les Scythes se soient mariés dans le cadre de cette union, mais ils ont fait partie des vainqueurs. Cela s'explique peut-être par le fait que les tribus scythes n'avaient pas de chefs héréditaires. Les preuves qui subsistent de leur leadership à l'époque suggèrent une confédération steppique, ce qui signifie que le roi n'était roi que jusqu'à ce qu'un autre Scythe le tue.

L'union de quatre empires s'est effondrée peu après le règne de Nabuchodonosor, lorsque la royauté de l'empire babylonien a été usurpée par Nériglissar en 560 avant JC. Les Perses et les Mèdes maintinrent leur union, qui forma plus tard la base de l'empire perse. Cyrus II, le roi perse qui a conquis Babylone en 539 avant JC, était le petit-fils du roi Cyaxare des Mèdes et du roi Cyrus Ier de Perse, qui auraient tous deux participé à la bataille de Karkemish.

Nabuchodonosor a épousé Amytis, la fille de Cyaxare, et ils sont les parents du futur roi Amel-Marduk. Par conséquent, lorsque Nériglissar a mené le coup d'État contre Amel-Marduk, il a également rompu l'union des quatre royaumes. Il convient de noter que Daniel a quitté Babylone lorsque Nériglissar a usurpé le trône, et que l'on rapporte plus tard qu'il se trouvait en Médie et en Perse, ce qui appuie cette interprétation des quatre rois liés sur l'Euphrate.

Cela permettrait également de fixer une limite approximative à la date d'origine de l'Apocalypse, entre 605 et

560 avant JC. Elle coïncide aussi chronologiquement avec l'interprétation selon laquelle Carpos est Azaria, qui a été emmené en captivité à Babylone en 597 avant JC.

21 Mingana 11: qrqså (ܩܪܩܣܐ). Traduction: corbeaux (ou vautours, corneilles, pies)

Le mot peut être traduit par plusieurs types d'oiseaux prédateurs, mais il est généralement accepté comme «corbeaux» sur la base du mot grec corax (κόραξ). Le mot syriaque peut être au singulier ou au pluriel, mais le contexte dans lequel il est utilisé plus loin dans l'apocalypse indique qu'il s'agit du pluriel. Le mot grec corax peut également être interprété comme «crochet» ou comme le nom d'un moteur qui était utilisé pour saisir les navires, cependant, sur la base de l'iconographie animale dans le reste de l'Apocalypse, la traduction de «corbeaux» était probablement correcte.

Les corbeaux de l'Apocalypse devaient probablement représenter les Qédarites, car ils ont attaqué la vipère/le traître de l'est lorsqu'il se trouvait dans le pays des ancêtres, les Qédarites contrôlant le désert syrien à l'époque. Kedár (קֵדָר) se traduit également par «sombre» ou «crépusculaire,» et les Qédarites vivaient dans des tentes noires afin d'être reconnus de loin, ce qui signifie que le symbolisme était évident à l'époque.

22 Mingana 11: åkdnå (ܐܟܕܢܐ). Traduction: vipère (ou asp)

Le mot syriaque åkdnå (ܐܟܕܢܐ) a été emprunté au mot grec echidna (ἔχιδνα), qui signifie à la fois «vipère» et «traître.»

D'après le contexte, le sens originel était probablement «traître.» Cette personne semble être Nabû-shum-lishir, le frère cadet de Nabuchodonosor, qui a peut-être ou non mené un coup d'État en 602 avant JC. Quoi qu'il en soit, le gouvernement de Babylone ne semble pas avoir compris, et les archives de l'époque sont confuses. Il a disparu avec sa famille après cela, et ils n'ont pas été exécutés, comme c'est généralement le cas pour les traîtres, ce qui confirme l'idée qu'ils se sont échappés quelque part.

23 Mingana 11: mṣyrn (ܡܨܪܝܢ). Traduction : Egypte

Le nom syriaque de l'Égypte est le même que l'araméen impérial Mṣyrn (ܠܨܪܝܢ), et pratiquement identique au cananéen ougaritique Mṣrm (𐎎𐎕𐎗𐎎), et à l'hébreu Mitzrayim (מִצְרַיִם). À l'époque des quatre rois, l'Égypte était le principal ennemi des quatre empires. L'Égypte avait envoyé son armée pour soutenir les Assyriens, qui avaient été vaincus et s'étaient retirés au-delà de l'Euphrate. L'Égypte soutient également les royaumes arabes et cananéens du sud dans leur alliance anti-babylonienne. Tout Assyrien fuyant les armées des quatre rois se serait dirigé vers le sud, vers Tyr, Sidon, Juda, Ammon, Moab, Édom ou, s'il en avait les moyens, vers l'Égypte. Nabû-shum-lishir (la vipère/le traître) a été refoulé à la frontière égyptienne, ce qui semble être un choix étrange pour le gouvernement égyptien, qui a plus tard accepté l'aîné poussin, vraisemblablement le fils aîné de Nabû-shum-lishir. Il est possible que les gardes-frontières aient été soudoyés ou aient fait l'objet d'un chantage pour refouler Nabû-shum-lishir. Comme Nabû-shum-lishir était en fuite à ce moment-là, le gouvernement égyptien n'a probablement pas eu le temps de recevoir un message l'informant de sa présence à la frontière et d'ordonner son renvoi.

24 Mingana 11: prûgyh (ܦܪܘܓ̈ܝܗ). Traduction : poussins (ou oisillons)

Le traître (la vipère) semble être Nabû-shum-lishir, qui pourrait avoir mené un coup d'État manqué en 602 avant JC. Les archives babyloniennes ne précisent pas s'il a été impliqué dans un coup d'État ou non, et il est probable qu'il ait été impliqué, qu'il l'ait été ou non. Il n'y a aucune trace de son arrestation ou de son exécution, mais ni lui ni sa famille ne sont mentionnés à nouveau dans les archives néo-babyloniennes, ce qui suggère qu'ils ont fui vers un autre pays, qui n'aurait pas pu être l'un des quatre empires asservis. Les options qui s'offraient à eux étaient peu nombreuses, et l'Égypte était la meilleure solution. L'Égypte était l'ennemie des quatre rois, car elle avait soutenu les Assyriens. Après avoir été refoulé à la frontière égyptienne, il se dirigea vers le sud avec ses deux poussins, probablement ses fils. Plus tard, l'un de ses fils se rendit en Juda pour vivre avec le Lionceau. L'autre poussin se retrouve en Thrace, qui semble être une rédaction de l'Égypte.

25 Mingana 11: ymynå (ܝܡܝܢܐ). Traduction : droit (ou gage, ordination)

Le terme ymynå avait des équivalents dans toutes les langues sémitiques, ainsi qu'en égyptien, tous signifiant

« droite. » Cependant, il signifie également « sud » dans les langues sémitiques, ce qui est plus logique dans le contexte des mouvements de la Vipère. Si l'on se base sur le fait que le traître (la vipère) organisa plus tard une armée à Koush, il semble probable qu'ils se soient d'abord enfuis au sud de la frontière égyptienne jusqu'à Dômt, dans la région du nord moderne de l'Érythrée et de l'Éthiopie. Le traître disposait ainsi d'une route directe vers Koush via le Nil Noir. Les deux poussins semblent avoir quitté le traître plus tôt, l'un se réfugiant auprès de Sédécias (le Lionceau), et l'autre en Égypte (ou en Thrace).

26 Mingana 11: gůynå ůårynå (ܐܘܪܝܢܐ ܓܘܝܢܐ). Traduction : petit du lion

Dans cette apocalypse, le titre « petit de lion » est utilisé de manière interchangeable avec le titre « petit de lionne. » Le petit de la lionne est une métaphore utilisée dans le livre d'Ézéchiel chapitre 17 pour les rois Joachin et Sédécias, les deux derniers rois de Juda. Joachin n'a été roi de Juda que pendant quelques mois, en 598 et 597 avant JC, lorsque le roi Nabuchodonosor II l'a emmené en captivité à Babylone, laissant son frère Sédécias sur le trône de Juda. Joachin survécut à Sédécias et devint le premier exilarque des Judéens après la conquête de leur pays par les Babyloniens. Salathiel, également appelé Esdras dans l'Apocalypse d'Esdras, était le fils de Joachin et le deuxième exilarque des Judéens après la destruction de Jérusalem. Joachin ne pouvant être le lionceau en question que si l'apocalypse date de son règne de trois mois, le lionceau en question doit être Sédécias, qui a régné entre 597 et 586 avant JC. Après qu'Apries soit devenu roi d'Égypte en 589 avant JC, Sédécias s'est rebellé contre la domination de Babylone et s'est allié aux Égyptiens. Il s'ensuivit un siège de 30 mois qui conduisit directement à la destruction de la ville.

D'après les documents limités sur le siège que l'on trouve dans les écrits de Jérémie et les livres des 4e Royaumes de la Septante (Rois massorétiques), les Judéens étaient préparés à un long siège, mais s'attendaient à ce que des alliés égyptiens attaquent les Babyloniens pendant le siège, moment où les forces judéennes attaqueraient depuis Jérusalem, forçant les Babyloniens à se battre sur deux fronts. Cependant, les Égyptiens ne sont jamais venus.

L'apocalypse poursuit en indiquant que les Koushites attaqueront alors l'Égypte pendant que l'armée égyptienne sera engagée à Jérusalem. Cela indique que cette prophétie s'est produite avant que Sédécias ne se rebelle contre les Babyloniens. Comme Jérusalem aurait été l'une des premières cibles d'une invasion égyptienne et que les nouveaux rois lançaient souvent des invasions dans leurs premières années, il est probable que Sédécias s'attendait à une invasion des Égyptiens et qu'il s'est allié à eux pour les empêcher d'attaquer. Au lieu de cela, les Égyptiens découvrirent que l'armée koushite était rassemblée et marchèrent vers le sud pour la détruire.

27 La référence à l'ambassadeur est absente du manuscrit BnF 326.

28 Mingana 11: nmrå (ܢܡܪܐ). Traduction : léopard (ou ashéras)

Plus d'un mot signifiant « léopard » est utilisé dans l'Apocalypse. Ce mot est sémitique, apparenté à l'akkadien nimrum (𒉈𒈥), à l'araméen nmrå (נמרא), à l'hébreu namer (נָמֵר), et à l'arabe namir (نَمِر). Le mot syriaque est également la traduction de l'hébreu asherim (אֲשֵׁרִים), les chênes sacrés qui marquaient autrefois les tombes importantes. Comme les léopards ou les Ashéra se trouvaient presque certainement à Tamya, il s'agissait probablement d'une référence aux prophétesses d'Ashéra à Tayma, car, d'après la stèle de Tayma, qui date du 6ᵉ siècle avant JC, Åshyrå (𐡀𐡔𐡉𐡓𐡀) était l'un des quatre dieux vénérés à Tayma à l'époque. Le roi Sédécias a été considéré comme un roi hérétique par les scribes yahvistes, qui l'ont rendu responsable de la chute de Jérusalem.

29 Mingana 11: tymnå (ܬܝܡܢܐ). Traduction : à droite (ou au sud, Tayma)

L'orthographe indigène du nom de l'oasis de Tayma était à l'époque Tmô (𐪉𐪃𐪚) dont la prononciation aurait été similaire à celle du nom arabe moderne Taymā (تيماء). Le nom syriaque de Temya est basé sur l'ancien nom cananéen Tymn (𐤕𐤉𐤌𐤍), conservé dans le livre massorétique d'Habacuc sous le nom de Teiman (תֵּימָן). À l'époque, les Qédarites contrôlaient le nord de l'Arabie, y compris l'ancienne colonie de l'oasis de Tamya, où l'un des quatre dieux adorés était Ashéra, dont la forme plurielle se trouve être orthographiée de la même

337

manière que «Léopard» en syriaque. Alors que Sédécias aurait pu envoyer un message à n'importe quel léopard du sud, la traduction «ashéras of Tayma» est plus logique.

30 Mingana 11: tůrå (ܬܘܪܐ). Traduction : taureau (ou Taureau, confusion, étonnement)

Le Taureau est identifié comme attaquant d'abord l'ouest, puis défendant la Perse, ce qui indique qu'à l'époque des quatre rois, il s'agissait d'une référence aux Mèdes, ou plus précisément au roi Cyaxare des Mèdes. Après la chute de la Babylonie, ses anciens alliés, l'Égypte et la Lydie, sont devenus les ennemis des quatre rois. Les Scythes marchent jusqu'à la frontière de l'Égypte, mais les Égyptiens leur versent un tribut pour qu'ils n'attaquent pas, si bien qu'ils retournent en Scythie, les terres situées au nord des montagnes du Caucase et de la mer Noire. La Médie et la Lydie, dans l'ouest de l'Anatolie, se livrent une guerre de six ans, qui ne prend fin que parce qu'une bataille majeure est interrompue par une éclipse de soleil. Hérodote rapporte la bataille dans *les Histoires* comme suit :

> Par la suite, Alyatte ayant refusé d'abandonner ses partisans lorsque Cyaxare vint les lui réclamer, la guerre éclata entre les Lydiens et les Mèdes, et se poursuivit pendant cinq ans, avec des victoires diverses.

> Au cours de cette guerre, les Mèdes remportèrent de nombreuses victoires sur les Lydiens, et les Lydiens remportèrent également de nombreuses victoires sur les Mèdes. Parmi les autres batailles, il y eut un engagement

nocturne. Cependant, comme la balance ne penchait en faveur d'aucune des deux nations, la guerre se poursuivit la sixième année, au cours de laquelle, alors que la bataille s'intensifiait, le jour se transforma soudain en nuit. Cet événement avait été prédit par Thalès, le Milésien, qui en avait averti les Ioniens en fixant l'année même où il se produisit. Les Mèdes et les Lydiens, lorsqu'ils constatèrent ce changement, cessèrent de se battre et se montrèrent tous deux désireux de parvenir à un accord de paix.

Les deux rois décident de mettre fin à la guerre et les rois Nabuchodonosor de Babylone et Syennésis de Cilicie servent de médiateurs. La fille du roi Alyatte, Aryénis, est mariée à Astyage, faisant de la Lydie le cinquième empire à rejoindre l'union des nations liées par le mariage. Alyatte mourut peu après la bataille et ses fils Pantaléon et Crésus se livrèrent à une lutte pour le pouvoir, que Crésus finit par remporter. La Lydie entretient des relations pacifiques avec les Mèdes, les Néo-Babyloniens, les Grecs et les Égyptiens pendant la majeure partie du règne de Crésus, qui prend fin lorsque Cyrus II de Perse annexe la Médie.

31 L'une des trois cornes est ensuite décrite comme un homme qui ferait la guerre au lionceau (Sédécias de Juda), ce qui indique que les trois cornes étaient des hommes. Comme la corne du milieu a également disparu après avoir été vaincue par le lionceau, qui a été décrit comme détruisant les villes du pays des ancêtres (Mésopotamie), il s'agirait de Nabuchodonosor, qui a assiégé Jérusalem à deux reprises. Nabuchodonosor a épousé Amytis, la fille de Cyaxare, ce qui fait de lui le beau-fils de Cyaxare (le Taureau). Les positions des cornes gauche et droite auraient été basées sur le lever du soleil, faisant de la corne droite le roi Cyrus Ier, et de la corne gauche le prince Astyge, l'héritier désigné de Cyaxare. Cyrus Ier épouse la fille d'Astyge, également appelée Amytis, bien qu'il soit âgé à l'époque et qu'elle soit un nouveau-né, de sorte que le mariage semble avoir été cérémoniel. Son fils et héritier Cambyse Ier a épousé sa sœur aînée, mais elle n'était pas assez âgée pour aller vivre avec lui avant qu'il ne soit roi depuis plus de dix ans. Néanmoins, les rois qui allaient régner sur les trois royaumes après la mort de Cyaxare étaient son fils, son gendre et son petit-fils, faisant de lui la personne la plus influente de la région jusqu'à sa mort en 585 avant JC.

32 Mingana 11: lålhå (ܐܠܗܐ). Traduction : le dieu

L'Alha est la forme chrétienne araméenne et syriaque de l'hébreu le'Elah (לְאֱלָה) et du grec tô Theô (τω Θεω), adopté plus tard en arabe sous le nom d'Allāh (الله). La religion de Cyaxare n'est pas documentée, cependant, sur la base des documents perses et grecs ultérieurs, la principale déesse adorée dans la capitale mède d'Ecbatana était Anahita, la déesse de la sagesse et de la chasteté féminine. Les deux autres dieux dont l'existence est attestée à Ecbatana étaient le dieu suprême zoroastrien Ahura Mazda et Mithra, le dieu qui mourait et ressuscitait chaque hiver lors du solstice de trois jours. D'après les écrits de nombreux prophètes et de l'auteur du 1er Esdras de la Septante, il est clair que les Judéens de l'époque pensaient que les dieux suprêmes des autres nations étaient les mêmes que leur Dieu. L'auteur du 1er et 2e Esdras et du 2ᵉ Maccabée a assimilé le dieu de Jérusalem à Ahura Mazda, ce qui laisse supposer que c'est à ce dieu que l'auteur de l'Apocalypse faisait référence. Si c'est le cas, c'est qu'il était exact, car les Mèdes préféraient apparemment Anahita.

33 Mingana 11: mdyntå dbtå dqůstntynůs (ܟܕܬܐ ܡܕܝܢܬܐ ܕܩܘܣܛܢܛܝܢܘܣ). Traduction: ville (ou région) de la maison (ou temple, chambre, étable, urne) de Constantin (translittéré du grec Κωνσταντίνος)

• Manuscrit BnF 326: mdyntå dbtå dqůstntyn (ܟܕܬܐ ܡܕܝܢܬܐ ܕܩܘܣܛܢܛܝܢ). Traduction: ville (ou région) de la maison (ou temple, chambre, étable, urne) de Constantin

• Manuscrits BL 28,875, Sachau 131, et UTS 23: mdyntå dbtå dqůštntynůpůlyš (ܟܕܬܐ ܟܕܬܐ ܕܩܘܣܛܢܛܝܢܘܦܘܠܝܣ). Traduction: ville (ou région) de maison (ou temple, chambre, étable, urne) de Constantinople (translittéré du grec Κωνσταντινούπολις)

Le plus ancien commentaire de l'Apocalypse syrienne d'Esdras, datant du début des années 1700, a été rédigé par Joseph-Simonius Assemani, dans la Bibliotheca Orientalis Clementino-Vaticana, où il rejette l'idée que l'Apocalypse puisse remonter à l'époque d'Esdras, car elle mentionne Constantin. Ce point de vue domine toujours l'analyse académique du texte, et presque tous les érudits qui ont pris la peine de publier leur point de vue sur l'Apocalypse l'interprètent comme un texte chrétien médiéval anti-islamique. Parfois, des chercheurs ont suggéré qu'il s'agissait d'un remaniement d'une apocalypse araméenne plus ancienne, ce qui est généralement lié à la relation entre les quatre rois liés sur l'Euphrate et l'Apocalypse des quatre messagers de Jean liés sur l'Euphrate.

Depuis la découverte de l'Apocalypse arabe de Daniel, qui reprend une partie du texte de cette apocalypse, mais dont Daniel est le maître et Esdras l'élève, il est clair que l'Apocalypse a connu d'importantes variations dans l'Antiquité. Il est clair que si l'apocalypse syriaque est une refonte d'une apocalypse plus ancienne, le nom de Constantin est un ajout tardif. Néanmoins, la plupart des érudits qui ont accepté l'idée qu'il s'agit d'un texte remanié continuent de considérer la référence au sang versé autour de la « ville du temple de Constantin » comme une référence à l'un des sièges arabes de Constantinople, dont le plus ancien s'est déroulé entre 674 et 678 JC.

Sans le nom de Constantin dans la phrase, il s'agit d'une simple référence à Jérusalem, car Jérusalem était construite sur sept collines et était la ville du temple pour les Judéens. Cependant, avec le nom attaché à la phrase, celle-ci devient confuse, car elle pourrait être traduite par « Ville de la Maison de Constantin, » « Ville du Temple de Constantin, » ou même « Ville de l'Urne de Constantin. » Ce problème est généralement résolu par l'expression « Grande ville de Constantin, » qui n'est cependant pas exacte. Constantin n'est pas né à Constantinople, mais à Naissus, l'actuelle Niš en Serbie. Il est donc peu probable que le rédacteur grec ait fait référence à Niš en tant que « ville de la maison de Constantin. » L'empereur Constantin n'a pas été incinéré mais enterré dans l'église des Saints-Apôtres à Constantinople. Il semble donc étrange que le rédacteur grec désigne Constantinople comme la « ville du temple de Constantin. » L'origine la plus probable de cette phrase étrange est que le rédacteur grec a simplement ajouté « de Constantin » à la référence originale à la « ville du temple. »

La ville est désignée comme la demeure du lionceau de la lionne, ce qui est une référence au roi Sédécias que l'on trouve également dans le livre d'Ézéchiel, indiquant qu'il s'agissait à l'origine de Jérusalem. Il est cependant peu probable qu'elle ait été nommée ainsi à l'origine, car le roi ne l'était pas, et le nom a donc probablement été ajouté lorsque l'Apocalypse a été réinterprétée comme un ouvrage anti-islamique. L'orthographe de Constantin et de Constantinople dans tous les manuscrits autres que la BnF 326 confirme que l'ajout a été fait en grec. La BnF 326 présente une curieuse orthographe pour Constantine, qui ne peut être dérivée du grec et qui n'est pas non plus syriaque. Elle a probablement été influencée par la prononciation arabe de Qusṭanṭīn (قُسْطَنْطِين).

34 La plupart des manuscrits affirment que l'armée était grande, comme dans large, mais les manuscrits BnF 326, BL 28,875, Sachau 131 et UTS 23 n'incluent pas ce mot.

35 Mingana 11: thrqnå (ܬܪܩܢܐ)

Il est généralement admis qu'il s'agit d'une erreur de scribe de Thrqyå (ܬܪܩܝܐ), qui signifie « Thrace. » Bien que le terme puisse être Thrace, il s'agit très probablement d'une erreur de traduction grecque, probablement dans la traduction grecque

343

originale du néo-babylonien. La Thrace n'est même pas mentionnée dans les documents grecs avant le 4e siècle avant JC. Lorsque les Perses ont conquis la région en 513 avant JC, ils l'ont appelée Scythie (𒅖𒄿𒌋), car les Scythes la contrôlaient à l'époque. Bien que «Thace» ait pu être une rédaction de Scythie, il semble, d'après le contexte, qu'il s'agisse à l'origine de l'Égypte. Il a été prophétisé que ce Thrqyå envahirait la Mésopotamie et qu'il serait à son tour envahi par Kush. À l'époque du roi Sédécias, cela paraissait hautement probable dès qu'Apries hériterait du trône d'Égypte, ce qui se produisit en 595 avant JC.

La version originale de l'Apocalypse n'aurait presque certainement pas nommé le pays, car les autres noms sont tous cachés, et donc, il est possible que ce nom soit une variante de Tåhårqå (𓉐𓅯𓂋𓅱), enregistré dans les livres massorétiques des Rois et d'Isaïe sous le nom de Tirhakah (תִּרְהָקָה). Tåhårqå était le roi de Koush et d'Égypte vers 700 avant JC, alors que l'Assyrie était en train de conquérir la majeure partie du sud de Canaan. Tåhårqå a aidé les Judéens à maintenir leur indépendance et a également travaillé avec Tyr et d'autres royaumes cananéens. Il est donc possible que Tåhårqå ait été utilisé comme mot de code pour indiquer que Koush avait l'intention de reconquérir l'Égypte. Dans le cunéiforme néo-babylonien, son nom s'écrit Tarquú (𒁕𒅈𒄀𒄢), mais il est peu probable qu'un traducteur grec ait reconnu que ce nom était différent du nom araméen Trqyå (ܬܪܩܝܐ), qui signifie Thrace. Si la référence à la Thrace est apparue tôt dans la traduction, avant la montée de Byzance, qui était un autre nom pour la Thrace, elle aurait semblé prophétiser quelque chose à propos de l'Empire byzantin, ce qui aurait naturellement conduit à identifier la ville du temple sur les sept collines comme Constantinople, qui était également construite sur sept collines.

36 Mingana 11: ûntktš gmh (ܘܢܬܟܬܫ ܓܡܗ). Traduction : et les envahisseurs de son

- Manuscrit UTS 23: ûntkš gmh (ܘܢܬܟܫ ܓܡܗ). Traduction : et ntksh de son

Le terme ntktš (ܢܬܟܬܫ) est quelque peu débattu, car il n'est pas orthographié de manière cohérente dans tous les manuscrits. Il est composé des mots « saillie » (ܬܫ) et « combat » (ܢܬܟ). Le mot original signifiait probablement « combattants étrangers » ou « mercenaires. »

37 Mingana 11: kůšyå (ܟܘܫܝܐ). Traduction : Kushites

Il existe des preuves que les Koushites, ou quelqu'un de Koush, ont coordonné l'alliance anti-babylonienne dans le sud de Canaan entre 603 et 553 avant JC. La référence au père de la jeune fille suggère une référence au traître (vipère) lui-même, qui s'est rendu à Koush. S'il n'a pas été autorisé à entrer en Égypte, ce qui semble évident, la route vers Koush aurait consisté à traverser la mer Rouge jusqu'à Dômt (𐩵𐩥𐩣𐩩), le royaume qui régnait sur le territoire de l'Érythrée septentrionale moderne et des hauts plateaux éthiopiens adjacents. Dômt était une civilisation sémitique fortement interconnectée avec la culture sabéenne d'Arabie du Sud, de l'autre côté de la mer Rouge, partageant tout, de l'architecture à l'écriture. La capitale du royaume aurait été Hu (Ψの), aujourd'hui appelée Yiha (ይሐ), située dans le nord de l'Éthiopie, près de la future capitale régionale d'Axoum. Yiha est située entre les rivières Mareb et Tekezé, ce qui signifie qu'elle disposait d'une route commerciale directe vers le royaume de Kush et, de là, d'une route commerciale vers l'Égypte.

Bien que la rivière Mareb ne coule plus jusqu'à l'endroit où elle était autrefois reliée à la rivière Atbarah, sauf après d'intenses tempêtes de pluie, elle était autrefois connue sous le nom de Nil Rouge en raison du sable rouge qu'elle traversait dans le désert de l'est du Soudan. Le fleuve s'asséchait depuis des milliers d'années et était probablement déjà un oued au début de l'âge du fer. En revanche, la rivière Tekezé (ተከዘ) La rivière Tekezé se jette dans la rivière Atbara, appelée Nil Noir par les anciens Égyptiens car l'eau était boueuse. Le Nil Noir se jette dans le Nil à la cinquième cataracte du Nil, où se trouvait la ville de Kerkis, mentionnée dans les archives de la campagne de Psammétique II à Koush en 592 avant JC. Un graffito bien documenté, inscrit à Abou Simbel par les mercenaires grecs de retour de la campagne, rapporte ce qui suit:

Lorsque le roi Psammetichus (Psammétique II) arriva à Éléphantine, ceci fut écrit par ceux qui naviguaient avec Psammetichus, fils de Théoclès, et qui allèrent au-delà de Kerkis, jusqu'à ce que le fleuve le permette. Ceux qui parlaient des langues étrangères étaient conduits par Potasimto, les Égyptiens par Amasis (Apriès).

La campagne de Psammétique II dans Koush, menée par son héritier et futur roi Apries, est considérée comme une attaque préventive lorsqu'il apprend que le roi Aspelta amasse une armée koushite et nubienne dans le nord de Koush. Comme l'Égypte était la cible la plus probable de l'armée, Psammétique a décidé de détruire l'armée et tout le nord de Koush pour empêcher une autre tentative d'invasion de l'Égypte. Les forces égyptiennes et leurs mercenaires grecs et cariens ont traversé le nord de Koush en maraude, détruisant les principaux établissements aux cataractes, y compris la capitale Napata à la quatrième cataracte. Après avoir détruit Kerkis à la cinquième cataracte, ils semblent s'être aventurés sur le Nil Noir (Atbara) «aussi loin que le fleuve le permet,» ce qui suggère qu'ils essayaient de détruire la route commerciale entre Koush et Dômt, et peut-être Dômt elle-même. Ils ne semblent pas avoir trouvé Ḥu, car il n'est fait mention d'aucun engagement majeur après Kerkis, ce qui suggère qu'ils ne savaient pas exactement où se trouvait Ḥu, et qu'ils ont suivi le fleuve Atbara, plus large et plus rapide, en remontant dans les montagnes, trouvant peut-être sa source, mais pas d'établissements importants. Le prince Apries n'ayant pu être perçu que comme un dieu, il aurait déclaré que telle était son intention, fait faire demi-tour à l'armée et regagné l'Égypte.

Le livre classique éthiopien Kebra Nagast, généralement considéré comme une fiction, raconte l'histoire du fils du roi Salomon et de la reine de Saba, qui s'est enfui de Jérusalem et a remonté le Nil jusqu'aux hauts plateaux éthiopiens. Sa route suivait le Nil Bleu et aboutissait au lac Tana, mais il n'y a aucune preuve qu'Apries se soit aventuré jusqu'à la sixième cataracte au sud, il a donc dû remonter le Nil Noir (Atbara).

C'est la route que le traître (la vipère) aurait empruntée de Dômt à Kush, et probablement l'armée à laquelle l'apocalypse a été prédite, ce qui suggère qu'il y avait un plan pour utiliser Jérusalem (la Grande Ville) comme un piège pour les Babyloniens et les Égyptiens. La rébellion de Sédécias amènerait les Babyloniens à assiéger la ville, comme ils l'avaient fait en 597 avant JC, permettant aux Égyptiens de les attaquer alors qu'ils campaient autour de la ville. L'attaque d'une armée assiégeant une ville était généralement considérée comme très avantageuse pour l'armée extérieure mobile, jusqu'à ce que Jules César invente un contre cinq siècles plus tard. Pendant ce temps, Koush lançait une campagne en Égypte, reprenant peut-être le royaume, mais l'affaiblissant certainement.

Les comploteurs pensaient également avoir un moyen de briser les liens entre les quatre rois, ce qui suggère qu'ils prévoyaient de tuer Nabuchodonosor, et probablement sa femme et ses enfants. L'épouse de Nabuchodonosor étant Amytis, la fille du roi Astyage de Médie, placer le traître sur le trône de Babylone aurait effectivement rompu le lien et peut-être déclenché une nouvelle grande guerre au nord. On ne sait pas si le lien médo-persan aurait été rompu, car le prince perse et futur roi Cambyse Ier était marié à l'autre fille d'Astyage, Mandane, mais Babylone aurait été exclue de l'union si les rois mèdes avaient été tués lors d'un coup d'État qui aurait placé quelqu'un d'autre sur le trône. C'est exactement ce qui s'est produit lorsque l'héritier de

Nabuchodonosor et d'Amytis, Amel-Marduk, et sa famille ont
été tués en 562 avant JC, et qu'un noble babylonien nommé
Nériglissar est monté sur le trône. Babylone ne fait plus partie
de l'union, mais les Mèdes et les Perses mettent Babylone
sous embargo au lieu de l'attaquer. Cette stratégie a
probablement été choisie parce que le pouvoir de Nériglissar
reposait sur sa richesse. Il meurt après seulement six ans sur
le trône d'une Babylone en proie à des difficultés
économiques, et son fils est déposé presque immédiatement
par le général Nabonide, qui assume la royauté et épouse
l'une des filles de Nabuchodonosor pour rétablir l'ordre.

38 Mingana 11: lårôå bmůldnå (ܠܐܪܥܐ ܕܡܘܠܕܢܐ). Traduction :
la terre (ou le pays) des ancêtres (ou des géniteurs)

Ce terme est généralement interprété comme la « terre
promise, » mais le poussin (Nabû-shum-lishir) n'était pas
originaire de Canaan, mais de Mésopotamie. L'expression
provient probablement d'un Judéen utilisant le terme néo-
babylonien qudmu (𒆪𒌇𒈬), comme traduction du Judéen
qdm (𐤒𐤃𐤌), signifiant « les orientaux » ou « les anciens. » Le
terme a été utilisé dans ce contexte pour désigner les
Mésopotamiens sous le nom de venei-kedem (בְּנֵי־קֶדֶם) dans
les Juges massorètes. Cependant, le terme araméen qdm
(𐡒𐡃𐡌) et le néo-babylonien qudmu (𒆪𒌇𒈬) ne signifient pas
« orientaux, » mais « venus avant, » ce qui explique que les
traductions grecques et araméennes rendent « terre des
ancêtres. »

39 Mingana 11: drmsôq (ܕܪܡܣܘܩ). Traduction : Damas

En 599 avant JC, Nabuchodonosor II transfère sa résidence à Damas, qui devient ainsi la capitale de facto de l'empire néo-babylonien. Il s'installe à Damas pour pouvoir mener personnellement la guerre contre les bandes organisées de pillards qui opéraient en Syrie à l'époque. Au bout d'un an, il apprit que les pillards étaient en fait des Qédarites et fit marcher son armée vers le sud jusqu'à l'oasis de Dumat, la capitale des Qédarites, où il s'empara des statues de leurs dieux. Il s'agissait d'une stratégie mésopotamienne traditionnelle pour conquérir des nations, les dieux de ces nations devenant des otages dans la capitale. En 598 avant JC, après avoir capturé les dieux de Dumat, Nabuchodonosor retourna à Babylone, mais les Qédarites avaient d'autres dieux dans l'ancienne ville sainte de Tayma.

40 Mingana 11: ȧntykyȧ dsôryȧ (ܐܢܛܝܟܝܐ ܕܣܘܪܝܐ).
Traduction : Antioche de Syrie

Antioche de Syrie est probablement une référence à Antioche sur l'Oronte (Ἀντιόχεια ἡ ἐπὶ Ὀρόντου), qui se trouvait en Syrie. Le nom de la ville était à l'origine Méroé, cependant, Séleucus I Nicator, le premier roi de l'Empire séleucide, changea le nom en Antioche sur l'Oronte en 300 avant JC. Comme la référence à Constantin, cette référence pourrait être utilisée pour dater l'apocalypse bien plus tard que la vie de Daniel et Azaria. Cependant, la géographie du texte n'a pas de sens, car Antioche sur l'Oronte se trouvait au nord-ouest de Damas, et non à l'est. Cela suggère que l'apocalypse originale faisait simplement référence à la Syrie, et qu'Antioche faisait partie de la révision anti-islamique. Sur la base de plusieurs indicateurs dans le texte qui semble faire partie de la rédaction, la version anti-islamique a probablement été créée dans l'État croisé de Jérusalem, entre 1229 et 1244. Au nord, Antioche était un autre État croisé, mais tous deux luttaient pour leur survie. Après plus d'un siècle de croisades, les chrétiens latins n'avaient plus envie de soutenir les États croisés et les croisés s'étaient aliénés les chrétiens grecs, coptes, syriaques et éthiopiens. La création de l'apocalypse anti-islamique semble avoir eu pour but de susciter l'adhésion des chrétiens grecs.

41 Mingana 11: prdå (ܦܪܕܐ). Traduction : panthère

Le mot syriaque est supposé être une forme adoptée du mot grec párdos (πάρδος), un mot grec signifiant panthère ou léopard. Il s'agit d'un mot différent pour « léopard » de celui utilisé dans la plus grande partie de l'Apocalypse syriaque, nmrå (ܢܡܪܐ), qui se traduit également par « ashères. » Cette panthère venant du nord ne peut être le léopard de Tayma (le sud), et il est donc possible qu'il ne s'agisse pas d'une relique de la traduction grecque, mais d'une référence au roi de Scythie. Inversement, il peut s'agir au départ d'une référence aux Parthes, que Cyaxare avait conquis, car les Parthes étaient au nord-ouest des Mèdes, et se seraient probablement rebellés si l'union des quatre rois avait été perturbée. L'orthographe la plus ancienne de Parthie remonte au début de l'ère perse, sous la forme Parithiva (𐎱𐎼𐎰𐎺). Cependant, si le même mot avait été orthographié phonétiquement en cunéiforme néo-babylonien, il aurait été orthographié Pariṭiå (☩–╫╢╡╪╪), car les Babyloniens n'avaient pas le son «thi» dans leur langue. Le logogramme ṭi (╡╪) peut également être lu comme «di,» ce qui pourrait conduire à translittérer «Parthes» en grec comme parda (παρδα). En tout état de cause, les nmrå (léopards ou ashéras) du Tayma (le sud) ne peuvent pas être les prdå du nord, et c'est pourquoi prdå est traduit par «panthère.»

42 Mingana 11: grbyå (ܓܪܒܝܐ). Traduction: nord (ou vent du nord)

43 Mingana 11: ômq ômå śgyåå åyk qmṣå dprḥ (ܥܡܗ ܥܡܐ ܣܓܝܐܐ ܐܝܟ ܩܡܨܐ ܕܦܪܚ). Traduction: avec lui une nation (ou peuple, oncle paternel) nombreuse (ou plus que nombreuse) comme (ou à peu près) des sauterelles (ou des panais) qui volent

- Manuscrit UTS 23: ômå śgyåå åyk qmṣå dprḥ (ܥܡܐ ܣܓܝܐܐ ܐܝܟ ܩܡܨܐ ܕܦܪܚ). Traduction: nation (ou peuple, oncle paternel) nombreuse (ou plus que nombreuse) comme (ou à peu près) des sauterelles (ou des panais) qui volent

44 Plus tôt dans l'apocalypse, le taureau a trois cornes, ce qui confirme qu'il s'agit d'un plan visant à briser l'union des quatre rois. Cyaxare semble être le taureau, et les trois cornes sont les trois royaumes qu'il contrôlait ou influençait. Son fils Astyage est son successeur désigné en Médie, et sa fille Amytis est mariée à Nabuchodonosor II de Babylone. La fille d'Astyage, Mandane, petite-fille de Cyaraxe, a épousé le roi

Cambyse Ier de Perse. Si la Panthère est le roi de Scythie, alors les deux cornes restantes après la mort de Nabuchodonosor auraient été Astyage et Cambyse.

45 Mingana 11: gûynå ůårytå (ܐܘܪܝܬܐ ܓܘܝܢܐ). Traduction : lionceau (ou petit) de la lionne

• Manuscrits BnF 326, Sachau 131, et UTS 23: gûynå ůåryå (ܐܘܪܝܐ ܓܘܝܢܐ). Traduction : lionceau (ou petit) du lion

La plupart des manuscrits s'en écartent ici, affirmant qu'il s'agissait d'un lionceau de lionne, et non d'un lionceau de lion, mais cette erreur semble avoir été corrigée dans certains manuscrits. Dans la plupart des références au lionceau, celui-ci est masculin, et cette modification aurait donc été logique pour un rédacteur, mais il est difficile de comprendre pourquoi le mot masculin aurait été féminisé en premier lieu. Le petit de la lionne est une métaphore utilisée par Ézéchiel pour désigner le roi Sédécias, ce qui laisse penser qu'il s'agit de la forme originale utilisée dans l'Apocalypse, qui a ensuite été masculinisée par des éditeurs qui ne comprenaient pas qui était le petit de la lionne.

46 Mingana 11: gûynå (ܓܘܝܢܐ). Traduction : petit

• Manuscrips BL 28,875, BnF 326, Sachau 131, et UTS 23: gûynå ůårynå (ܐܘܪܝܢܐ ܓܘܝܢܐ). Traduction : petit du lion

La plupart des manuscrits ne précisent pas qu'il s'agissait du lionceau, mais certains rédacteurs ont dû l'interpréter ainsi. Les manuscrits qui contiennent « lionceau » sont pour la plupart des manuscrits qui utilisaient « lion » alors que les autres manuscrits utilisent «lionne,» ce qui suggère que le terme manquant pourrait être une relique de la masculinisation de la lionne.

47 Mingana 11: nbnå šůrå dpůnyqyå kd ḥdrå (ܠܚܒܢ ܚܡܕܝ ܟܕ ܚܪܐ ܕܦܘܢܝܩܝܐ). Traduction: reconstruire la fortification (ou le rempart) de la Phénicie par (ou comme) Hadera

Cette phrase est souvent considérée comme une paraphrase de «construire des murs autour de la Phénicie,» tirée de l'Apocalypse de Pierre, mais il pourrait s'agir d'un vestige de l'accord d'alliance entre Juda et Tyr. Le dernier mot de la phrase est traité différemment par chaque traducteur car il n'est pas araméen et pourrait être soit une référence à un lieu appelé Khdrå, soit le mot arabe ḵudra (خُضْرَة), qui signifie «vert.» Le mot peut aussi être une erreur scribale du mot ḥbrå (ܚܒܪܐ), qui signifie «allié,» ce qui ferait dire au verset original: «Il reconstruira les fortifications de la Phénicie en tant qu'allié.»

Il existe aujourd'hui une ville appelée Hadera sur la côte israélienne, mais elle a été fondée dans les années 1800. La ville a été nommée d'après l'oued al-Khudeira (وادي الخضيرة), connu dans la littérature arabe classique sous le nom de Nahr Akhdar (نهر الأخضر), ce qui signifie «rivière verte,» mais en utilisant un mot arabe différent de celui utilisé dans l'Apocalypse. On ne sait pas exactement pendant combien de temps le nom «Khudeira» a été appliqué à cet oued, mais il a été utilisé avant les croisades, car les croisés ont corrompu le nom arabe en Lictera. Si cet oued est la référence originale, alors les Judéens promettaient de restaurer la côte sous la domination du père de Tyr, comme c'était le cas avant le roi David.

Le mythe de la construction d'un mur autour de la Phénicie faisait partie intégrante de la littérature chrétienne médiévale sur la fin du monde. La version grecque de l'Apocalypse aurait certainement inclus le concept d'un mur, mais si un Judéen avait écrit l'Apocalypse en néo-babylonien, le mot utilisé aurait probablement été Şurru (𒋳𒊒), qui signifie Tyr, et qui est apparenté au nom judéen Sr (צר). Le mot néo-babylonien pouvait également être traduit par falaise, ou paroi rocheuse, que le traducteur grec a interprété comme mur.

À l'époque des quatre rois, Tyr fut alliée à la ligue anti-babylonienne et assiégée par Nabuchodonosor pendant 13 ans, généralement entre 586 et 573 avant JC. Il existe un débat sur la date exacte du début de la guerre, certains historiens estimant qu'elle a commencé en 598 avant JC, tandis que d'autres pensent qu'elle a commencé plus tôt, en 603 avant JC, mais toutes les sources s'accordent à dire qu'elle a duré 13 ans.

À l'époque, il y avait deux villes à Tyr, l'emporium sur l'île dans le port, et la ville plus importante sur le continent. Le roi Ithobaal III et sa cour se retirèrent du continent sur l'île, dont les Babyloniens ne purent s'emparer, et survécurent grâce au commerce à longue distance avec leurs colonies, ainsi qu'avec les Égyptiens, les Cariens, les Lydiens et les Grecs. La majorité des indicateurs de cette apocalypse suggèrent qu'elle a été rédigée après 602 JC, lorsque Nabû-shum-lishir a été impliqué dans une sorte de complot contre Nabuchodonosor, mais avant 592 JC, lorsque Psammétique II a détruit l'armée koushite. Cela plaide en faveur d'une date plus précoce pour le début du siège de Tyr, soit 602 ou 598 avant JC. L'option médiane de 598 à 585 avant JC semble la plus probable si cette Apocalypse concerne une guerre planifiée, car Tyr se serait rebellée avant la destruction de l'armée koushite et se serait rendue après la destruction de Jérusalem.

48 Cette section du texte est absente des manuscrits BnF 326, BL 28,875, Sachau 131 et UTS 23.

49 Mingana 11: qrqrt lmryqa (ܡܕܡܕܬ ܠܡܕܝܩܐ). Traduction : a remonté l'amertume

50 Hormis les déclarations finales, cela semble être la fin de l'Apocalypse originale, qui traitait de la fin des Ismaélites. Ce qui suit est essentiellement une répétition des chapitres 7 à 10 de Daniel, mais sans contexte. Les événements se sont déjà produits dans l'Apocalypse, l'homme de bien qui a dirigé la nation du sud est le lionceau de la lionne, qui a déjà conquis la Mésopotamie.

Le reste est tiré de la littérature ultérieure et paraphrase des ouvrages de l'ère chrétienne, tels que l'Évangile de Luc et l'Apocalypse de Jean. La première partie du texte était parfois similaire à des ouvrages de l'ère chrétienne, mais ces derniers paraphrasaient des livres plus anciens, principalement Daniel et Ezéchiel.

La dernière partie présente un faux messie, qui est vaincu dans une bataille avant la fin imminente du monde. Cela rejoint de nombreuses œuvres chrétiennes médiévales sur le dernier empereur romain, l'empereur qui serait sur le trône lorsque Dieu reviendrait pour régner sur le monde. La plupart de ces théories sur le dernier empereur romain ont vu le jour dans les années 400 JC, alors que le monde approchait de l'an 6000 selon la chronologie de la Septante. Beaucoup pensaient que l'an 6000 clôturerait le jour de repos de Dieu et qu'à son réveil, il rétablirait l'ordre dans le monde, faisant de Constantinople la capitale de son gouvernement sur Terre. Les chrétiens latins ont remplacé Rome par Constantinople et les chrétiens araméens par Jérusalem.

Comme cela ne s'est pas produit, l'Église byzantine est revenue à l'ancien calendrier grec basé sur la conquête d'Alexandre, et l'Église de Rome a utilisé l'astrologie pour déterminer que la fin du monde aurait lieu en l'an 2000 JC, ce qui leur a permis de calculer que Jésus était en fait né en l'an 1 JC, au lieu de naître du vivant d'Hérode. Lorsque Muhammad est apparu en Arabie, il est devenu un faux messie ou un anti-Christ pour les chrétiens, et l'ennemi que le dernier empereur romain devait vaincre pour ramener Dieu dans le monde. Tel semble être l'état d'esprit du rédacteur byzantin, ce qui suggère que la version grecque finale de l'Apocalypse a été élaborée quelque temps après le 8ᵉ siècle.

La référence aux armées de Gog et Magog descendant du nord et s'alliant aux Ismaélites avant de s'approcher de Jérusalem indique que Jérusalem n'était pas sous contrôle islamique à l'époque, ce qui laisse supposer qu'il s'agit de l'État croisé de Jérusalem. Le concept de Gog et Magog était fluide dans le christianisme primitif, faisant référence aux tribus germaniques lorsqu'elles ont envahi la moitié occidentale de l'Empire romain au 5ᵉ siècle. Au 6ᵉ siècle, le terme a été appliqué aux Göktürks qui ont conquis l'Asie centrale. À l'époque des croisades, il a été appliqué aux Mongols, qui ont progressé rapidement à travers l'Eurasie au 13ᵉ siècle.

Le royaume latin de Jérusalem a existé sous une forme ou une autre jusqu'en 1291 JC, ce qui laisse supposer que l'Apocalypse date d'avant cette date. La référence aux Ismaélites et à la combinaison de Gog et Mogog ferait remonter la rédaction grecque finale à une date postérieure à 1221, lorsque les Mongols ont conquis l'empire khwarazmien, un empire islamique turco-persan situé en Iran et en Asie centrale. Avant cela, l'idée que les Mongols puissent atteindre Jérusalem n'était pas envisageable. L'Apocalypse indique que la ville de Jérusalem était alors occupée par des chrétiens, ce qui situerait la rédaction anti-islamique entre 1229 et 1244. Les croisés latins avaient été chassés de Jérusalem en 1187, mais le royaume de Jérusalem a continué d'exister, d'abord à partir de sa capitale Tyr, puis d'Acre, mais en 1229, Jérusalem a été reprise et conservée jusqu'en 1244. Comme la Principauté d'Antioche était un autre État croisé au nord et que le nom « Antioche » semble avoir été ajouté plus tôt dans l'Apocalypse, le rédacteur a peut-être voulu y voir un élément de propagande destiné à obtenir le soutien des chrétiens byzantins, qui n'avaient généralement pas participé aux croisades et entretenaient de meilleures relations avec les musulmans que les chrétiens latins.

51 Mingana 11: mšyhå (ܡܫܝܚܐ). Traduction : Christ (ou Messie)

- BnF Arabe 150: ālmsyḥ (المسيح). Traduction : le Messie (ou l'oint)

52 Mingana 11: lhnůk ůlålyå (ܠܣܘܟ ܘܠܠܝܐ). Traduction : l'Hénoch et l'Élie

- BnF Arabe 150: lalyas . . . ůāḥnůḥ (النّاس . . . واحنوح). Traduction : l'Élie . . . et l'Hénoch

Apocalypse arabe de Daniel

[Au nom du Père, du Fils et du Saint-Esprit,[1] Dieu unique et glorieux, Amen!

Avec l'aide de Dieu, l'exalté, et sa belle direction, nous allons commencer l'explication de l'histoire du prophète Daniel, qu'il a racontée à Esdras, son élève, en référence à ce qui devait arriver dans l'histoire des enfants d'Ismaël, le fils d'Agar, l'Égyptienne. Avec la paix de Dieu!

Amen! Amen! Amen!]

Daniel,[2] le prophète, disait à Esdras,[3] son élève:

Écoute mon récit, mon fils, et émerveille-toi devant les œuvres de Dieu, le fidèle, et devant sa justice, et devant [... texte abîmé...] de sa parole, et la stabilité de sa parole auprès de tous les êtres vivants et existants.

Sachez que j'ai vu un messager, vêtu de vêtements blancs, le visage brillant comme l'éclair, les mains et les avant-bras et les bras comme du cuivre, les yeux comme les rayons du soleil. Il venait du ciel en louant et en glorifiant, et dans sa main droite[4] il y avait un rouleau plein d'écriture. Il me dit alors: « Dieu a déjà entendu vos prières et m'a envoyé vers vous pour vous dire ce qui arrivera à la fin des temps. Ce rouleau est pour vous; ouvrez-le et lisez ce qu'il contient. »

Je pris le rouleau de sa main avec crainte et tremblement, je l'ouvris et le lus. Il y était question de fléaux et de maux terribles à venir, terribles par [. . . texte abîmé. . .] Puis je louai Dieu, qui élève qui il veut, et qui abaisse qui il veut. C'est à lui qu'appartiennent le règne et la puissance.

Puis j'ai dit : « Seigneur ! Préservez et gardez votre peuple du serpent sanglant, dont la bouche est pleine de poison. Il n'y a de salut qu'en toi. Tu es Dieu, le fort, le puissant. »

Je regardai dans le livre, et je vis un serpent dont la tête avait douze cornes et la queue neuf os saillants, et je vis qu'il ferait la guerre à tous les hommes et à toutes les nations. Son chef était cruel envers toute chair, et il était redoutable ; il crachait du poison comme de l'eau, et il crachait sur quiconque l'approchait. Alors je vis un messager descendre du ciel, le tuer et briser ses cornes.

Les Judéens[5] feront la fête et diront qu'il est le Messie[6] qu'ils ont attendu, et il les rassemblera, et la plupart des hommes le suivront, à l'exception de quelques irréductibles qui resteront dans la contestation. Alors Élie reviendra, ainsi qu'Hénoch,[7] et tous deux le pousseront à bout, mais il se battra avec acharnement, et il versera leur sang de ses mains. Alors le Seigneur[8] descendra du ciel avec ses messagers qui l'entoureront et détruiront le méchant.

Ceux qui sont dans le tombeau entendront la corne puissante. Ils se lèveront et se prosterneront devant Dieu, et ils verront le signe sacré qu'ils avaient renié. Les bons se réjouiront et les damnés s'attristeront. Les bons entreront dans la présence de leur Dieu sur les nuées, dans le royaume, et les méchants iront dans la détresse et dans un châtiment épouvantable.

Quand moi, Daniel, j'ai eu cette vision, je l'ai écrite et je l'ai laissée pour ceux qui viendront après moi. Loué soit Dieu, l'éternel, le perpétuel, l'éternel.

Amen! Amen! Amen!

Apocalypse arabe de Daniel Notes

1 BnF Arabe 150: bāsm ālŏb ŭālābn ŭālrŭh ālqds (بِاسْمِ الآبِ وَالإِبْنِ وَالرُّوحِ الْقُدُس). Traduction: au nom du père, du fils et du saint-esprit

La forme de l'arabe indique une origine chrétienne palestinienne.

2 BnF Arabe 150: dānyāl (دانيال). Traduction: Daniel
- Mingana 11: ôzrå (ܥܕܪ). Traduction: Esdras

3 BnF Arabe 150: ôzrh (عزره)
- Mingana 11: qrpŭs (ܩܪܦܘܣ). Généralement translittéré en Carpos

L'orthographe du nom dans l'Apocalyse arabe de Daniel n'est pas l'orthographe arabe standard d'Esdras, qui est Ôzrŏ (عزرا), ni basée sur le grec Esdras ('Εσδρας) ou l'hébreu Ezra (עֶזְרָא). Le nom arabe est une translittération du mot hébreu et araméen ôzrh (עזרה), qui signifie aide. Cela indique que l'Apocalypse arabe a été traduite de l'araméen ou de l'hébreu. Ce n'est pas la même chose que la traduction syriaque, qui est basée sur une traduction grecque, et aucune traduction cananéenne (judahote ou samaritaine) ou hébraïque n'est connue, de sorte que le texte source est vraisemblablement perdu. Comme la forme arabe semble être palestinienne, elle a probablement été traduite à partir d'une source araméenne. Le mot ôzrh (עזרה) est parfois considéré comme étant à l'origine du nom Ezra (עֶזְרָא), et pratiquement identique au nom Azariah (עֲזַרְיָה), le nom de l'un des trois jeunes associés à Daniel dans le Livre de Daniel. Les trois jeunes ont été jetés dans une fournaise par Nabuchodonosor l'année de la rébellion de Sédécias, ce qui suggère qu'ils étaient considérés comme faisant partie d'une conspiration judéenne.

L'orthographe phonétique d'Azaria en cunéiforme néo-babylonien aurait été Eziraia (𒀊𒍣𒊏𒀀), mais cela inclurait le nom du dieu Ea (𒂍𒀀), le nom du «dieu terrible» mésopotamien des inondations, dont le nom n'était généralement pas mentionné. Les trois jeunes gens ont reçu d'autres noms dans le livre de Daniel, dont aucun ne semble être babylonien. Le nom alternatif d'Azaria était Aved Nego (עֲבֵד נְגוֹ) dans le Daniel massorétique, qui est une translittération de l'araméen Ôbd Ngh (עׁבד נגה), qui signifie «serviteur de (la planète) Vénus.» Le substitut logique de Ea

(𒂗𒆠) aurait été Ilu (𒀭), qui signifie «dieu,» ce qui rend l'orthographe néo-babylonienne Ezirailu (𒐊𒄿𒀭).

Si la traduction grecque originale a été faite directement à partir de la version cunéiforme, le nom aurait pu être lu logographiquement comme «dieu frappeur de grains,» et comme Carpos était le dieu grec de la récolte des grains, dont le nom était dérivé du mot pour «couper,» Carpos aurait été la traduction évidente. Cela indique que l'Esdras original de l'apocalypse était probablement le jeune Azaria, dont le nom a été simplifié en «aide» dans une traduction araméenne, sur laquelle l'arabe est basé. La simplification du nom en araméen est probablement due au fait que le scribe a reconnu qu'il ne pouvait pas s'agir à l'origine d'Azraël (עֲזַרְאֵל) ou Ôzryål (עזריאל), le nom du psychopompe judaïque ou araméen classique.

4 L'Apocalypse arabe de Daniel fait référence à la main comme étant la «main droite,» mais la plupart des copies de l'Apocalypse syriaque d'Esdras ne précisent pas de quelle main il s'agit. Les manuscrits syriaques BnF 326 et BL 28,875 précisent qu'il s'agit de sa main droite. On ne sait pas si cette précision a été ajoutée par un scribe influencé par la pensée islamique, ou si elle a été supprimée en signe de rejet de l'influence islamique perçue.

5 BnF Arabe 150: yhůd (يهود). Traduction: Juifs (ou Judéens)

Le nom arabe typique des Juifs est yhůdy (يَهُودِي). Cette forme est dérivée du nom araméen yhůd (ܝܗܘܕ) ce qui confirme que l'Apocalypse arabe a été traduite à partir d'une source araméenne.

6 BnF Arabe 150: ālmsyh (المسيح). Traduction : le messie (ou l'oint)

• Mingana 11: mšyhå (ܡܫܝܚܐ). Traduction : Christ (ou Messie, oint)

7 BnF Arabe 150: lalyas . . . ůāhnůh (واحنوح . . . النّاس). Traduction : l'Élie . . . et l'Hénoch

• Mingana 11: lhnůk ůlålyå (ܠܚܢܘܟ ܘܠܐܠܝܐ). Traduction : l'Hénoch et l'Élie

L'orthographe arabe d'Elie est la version arabe du nom basée sur le grec Elias (Ἡλίας), et non sur l'hébreu Eliyyahu (אֵלִיָּהוּ), qui est rendu par Iylya (إِيلِيَا) en arabe. Cela confirme que la traduction arabe a été faite par un chrétien. L'orthographe d'Hénoch n'est pas spécifiquement islamique, où un prophète qui pourrait être le même prophète est nommé Idrys (إِدْرِيس). Hnůh (احنوح) est l'orthographe arabe chrétienne et juive du nom hébreu classique Hnůk (חנוך) et syriaque Hnůk (ܚܢܘܟ). La forme grecque ancienne du nom était Anôchos (Ἀνωχος), ce qui suggère que l'ajout de Hénoch et d'Élie s'est produit dans une version araméenne ou syriaque de l'Apocalypse, et a été importé plus tard en grec. La formulation des apocalypses arabe et syriaque est très différente, ce qui indique que si le concept a été importé dans la traduction grecque (sur laquelle est basée la traduction syriaque), il ne s'agissait pas d'une traduction directe.

8 BnF Arabe 150: ar-rabb (الرّبّ). Traduction : le seigneur (ou le maître, le gouverneur, l'autorité)

Reconstruction de l'Apocalypse d'Azaria

Daniel[1] dit à son élève Azaria[2] :

Écoute, mon fils Azaria, et je te parlerai de la fin des temps. Cela s'est passé soudainement, à la manière d'une vision épouvantable. J'ai demandé à Dieu de m'expliquer la fin des temps des Qédarites.[3] Je vis alors un jeune homme comme je n'en avais jamais vu, vêtu de blanc, le visage brillant comme l'éclair, les mains, les avant-bras et les bras comme du cuivre, les yeux comme les rayons du soleil, et il tenait dans sa main droite[4] la forme d'un rouleau. Il me dit : « Sache que ta prière a été exaucée devant Dieu, et que j'ai été envoyé pour t'expliquer la fin des temps des fils d'Ismaël, ce qui a été caché à beaucoup. Ouvrez ce rouleau, lisez-y et voyez ce qui va se passer à la fin des temps. »

J'ai ouvert le rouleau et j'ai lu les temps et les terreurs qui vont venir. Mes larmes ont coulé avec des gémissements et j'ai dit : « Aie pitié de moi, Dieu, et aie pitié de ta création, » car un serpent de Mésopotamie les avait dévorés. Je vis douze cornes sur la tête du serpent, et neuf os petits et cruels qui sortaient de sa queue. Il était monté de Mésopotamie,[5] contestant toute la création et opprimant le peuple de Dieu. Je vis alors un messager, revêtu d'une flamme, qui descendit du ciel et arracha les douze grandes cornes de la tête du serpent.

Je vis alors un grand os se dresser soudain sur la queue du serpent, et il y avait deux petites cornes sur sa tête. Un aigle[6] vint de Tayma[7] brisa le grand os et dévora les petites cornes. Le monde fut rempli de ténèbres et d'un tourbillon, et le tourbillon frappa l'aigle et lui arracha ses deux serres. Alors, du ciel, une voix s'éleva et dit : »L'aigle sera rendu selon sa récompense. »

Puis j'ai vu un traître qui venait de Mésopotamie. Il versait du poison sur toute chair, et insultait jusqu'à la limite les ancêtres.[8] Il y eut un grand tremblement de terre, des grondements et des tonnerres dans le ciel, et l'on entendit une voix qui disait : «Qu'on relâche ces quatre rois qui étaient unis sur le grand fleuve Euphrate,[9] ceux qui sont prêts à détruire un peuple sur trois. » Ils furent relâchés, et il y eut un grand tumulte.

Des Qédarites[10] sortirent de l'obscurité, venant de l'est, et transpercèrent le traître.[11] Le traître s'enfuit vers les frontières de l'Égypte,[12] et là son esprit devint triste. Il prit les deux héritiers[13] et se dirigea vers le sud.[14] Le plus jeune héritier se rendit auprès du roi Sédécias[15] et se réfugia chez lui. Le roi Sédécias le reçut avec joie, et le jeune héritier persuada le roi Sédécias de le sauver des Qédarites qui cherchaient à le faire périr. Le roi Sédécias envoya un ambassadeur auprès des Ashéras[16] de Tayma[17] pour qu'ils lui viennent en aide, car Cyaxare[18] troublait le pays de l'ouest par de nombreux maux. Comme il était le chef des Qédarites, il grinça des dents contre le roi Sédécias. Il avait trois cornes sur la tête.[19] Il fait la guerre avec celle de droite, il détruit avec celle de gauche, et il ravage avec celle du milieu.

Il commencera à ravager les enfants de sa maison, il amassera de l'or et beaucoup d'argent, et il commencera à affliger tous ceux qui sont sous son pouvoir. Il deviendra arrogant et ne louera pas Dieu.[20] Nabuchodonosor ira faire la guerre au roi Sédécias et ravagera la forteresse rebelle. Ils se disputeront et se ravageront l'un l'autre, et beaucoup de sang sera versé entre ces deux puissants. Ensuite, Cyaxare concevra un complot diabolique contre les sept collines et la ville du temple,[21] et il s'y opposera, et beaucoup de sang sera versé autour de la ville.

L'héritier du traître prendra une armée d'Égypte[22] et ses mercenaires,[23] et il entrera dans le sang. Le père de l'héritier cadet l'apprendra, et il rassemblera une grande nation de Koushites[24] et de Nubiens, qui viendra au secours de l'héritier et ravagera l'Égypte. Puis l'héritier descendra en Mésopotamie[25] et il ravagera les grandes villes. Il les laissera dépourvues de leurs habitants parce qu'une grande iniquité s'y commettait. Il jettera les morts par terre en tas, et il ravagera Damas[26] à ce moment-là.

Alors le roi Sédécias s'enflammera d'une colère ardente, et il se lancera à la poursuite de ces Qédarites, les ravagera, les chassera et les détruira depuis la Syrie[27] jusqu'aux frontières de l'Orient, le pays qui appartient aux Qédarites. Les Parthes[28] sortiront du nord,[29] nation nombreuse comme les sauterelles qui volent.[30] Ils monteront jusqu'à l'Euphrate et se soulèveront pour aider le roi Sédécias, et de là ils descendront tous deux au pays de Perse. Cyaxare sortira à leur rencontre avec une grande armée, mais le roi Sédécias passera entre les cornes de Cyaxare et les brisera toutes les deux.[31] Il ravagera et pillera le pays et le brûlera par le feu.

Les Qédarites fuiront sa présence et descendront dans leur pays. Le roi Sédécias[32] les poursuivra et les détruira par le tranchant de l'épée, car Dieu a détourné sa face d'eux à cause de leur grande impureté. Il s'emparera de leur pays, le pillera et le détruira jusqu'aux fondations. Il ne sera plus jamais habité, parce qu'ils ont méprisé le Seigneur et se sont moqués de ses commandements. Il y aura une grande agitation dans le pays, des tremblements de terre, des famines et des pestes, et la peur et le tremblement domineront sur le peuple jusqu'à ce qu'il tombe mort, sans maladie ni malaise, à cause de la peur qui le domine.

Le roi Sédécias[33] montera avec une grande armée en Mésopotamie, qu'il soumettra à un tribut, et il y aura dans le pays une grande tribulation, comme il n'y en a jamais eu. Il reconstruira les fortifications de la Phénicie comme alliée.[34] Il détruira Damas (qui a suscité la plus grande moquerie), jusqu'à ses fondations, à cause de sa grande amertume[35] contre Jérusalem. De là, il reviendra et montera dans sa ville royale.

Deux tribus issues de la descendance d'Ismaël et celles qui se sont enfouies au pied de la montagne du sud viendront se réfugier chez eux. Ils boiront et monteront jusqu'à Jérusalem, la ville du grand roi.[36]

Lorsque j'eus vu cette vision, moi, Daniel, je fus saisi d'une grande crainte, je me prosternai et je rendis grâces à Dieu qui m'avait jugé digne de cette vision. Et je dis : « Béni sois-tu, Dieu mon sauveur, et que ton saint nom soit glorifié dans les siècles des siècles, Amen ! »

C'est la fin. Mais conservez ces paroles jusqu'à leur terme. Louange à Dieu, l'éternel, le perpétuel, l'éternel.

Reconstruction de l'Apocalypse d'Azaria Notes

1 Voir note 1 à la page 316 et note 2 à la page 363.

2 Voir note 3 à la page 317 et note 3 à la page 363.

3 Voir note 5 à la page 319.

4 Voir note 6 à la page 325 et note 4 à la page 365.

5 Mingana 11 : mdbrå (ܡܕܒܪܐ). Traduction : désert (ou région sauvage)

- Manuscrits BnF 326 et BL 28,875 : mdnhå (ܡܕܢܚܐ).

Traduction : est

Il semble que ce soit le même endroit que l'expression syriaque lårôå bmůldnå (ܠܐܪܥܐ ܒܡܘܠܕܢܐ) utilisée plus loin dans l'apocalypse, qui se traduit par « la terre (ou le pays) des ancêtres (ou des procréateurs) » Ce terme est généralement interprété comme la « terre promise, » cependant, le poussin (Nabû-shum-lishir) n'était pas originaire de Canaan, mais de Mésopotamie. L'expression provient probablement d'un Judéen utilisant le terme néo-babylonien qudmu (𒋡𒁴𒈬), comme traduction du judaïque qdm (קדם), signifiant « les orientaux » ou « les anciens. » Le terme a été utilisé dans ce contexte pour désigner les Mésopotamiens sous le nom de beni-qedem (בְּנֵי־קֶדֶם) dans les Juges massorètes. Cependant, le terme araméen qdm (קדם) et le néo-babylonien qudmu (𒋡𒁴𒈬) ne signifient pas « Easteners, » mais « est arrivé avant, » d'où les traductions grecques et araméennes « terre des ancêtres. »

6 Voir la note 16 à la page 327.

7 Voir la note 17 à la page 328.

8 Voir la note 18 à la page 329.

9 Voir la note 20 à la page 330.

10 Mingana 11: qrqså (ܩܪܩܣܐ). Traduction : corbeaux (ou vautours, corneilles, pies)

Le mot peut être traduit par plusieurs types d'oiseaux prédateurs, mais il est généralement accepté comme « corbeaux » sur la base du mot grec corax (κόραξ). Le mot syriaque peut être au singulier ou au pluriel, mais le contexte dans lequel il est utilisé plus loin dans l'apocalypse indique qu'il s'agit du pluriel. Le mot grec corax peut également être interprété comme « crochet » ou comme le nom d'un moteur qui était utilisé pour saisir les navires, cependant, sur la base de l'iconographie animale dans le reste de l'Apocalypse, la traduction de « corbeaux » était probablement correcte.

Les corbeaux de l'Apocalypse devaient probablement représenter les Qédarites, car ils ont attaqué la vipère/le traître de l'est lorsqu'il se trouvait dans le pays des ancêtres, les Qédarites contrôlant le désert syrien à l'époque. Kedár (קֵדָר) se traduit également par « sombre » ou « crépusculaire, » et les Qédarites vivaient dans des tentes noires afin d'être reconnus de loin, ce qui signifie que le symbolisme était évident à l'époque.

Il convient de noter que qrqså (ܩܪܩܣܐ) est le synonyme de nšrå (ܢܫܪܐ), utilisé plus tôt et généralement traduit par « Aigle. » L'Aigle est celui qui a déclenché le chaos qui a conduit la Vipère/Traître à quitter la terre qui est vraisemblablement la Babylonie. Comme les Corbeaux et l'Aigle travaillaient tous deux pour les Asherahs de Tayma, il semble que les prêtresses de Tayma aient chargé l'Aigle de tuer Nabopolassar et certains de ses partisans dans le cadre d'un complot visant à le remplacer en tant que roi. La Vipère, qui peut également être interprétée comme « Traître » dans le texte grec à partir duquel le texte syriaque a été traduit, s'est enfuie à Canaan avec ses deux poussins, vraisemblablement ses enfants. Après avoir été attaqué à Canaan par des corbeaux, qui s'avèrent également travailler pour les prêtresses de Tayma, la Vipère/Traître s'est enfuie en Égypte, mais a été refoulée à la frontière et s'est dirigée vers Tayma.

Les deux poussins se rendent chacun dans un pays différent, l'aîné en Thrace, qui semble avoir été à l'origine l'Égypte dans le texte, et le cadet chez le lionceau, qui est une référence au roi Sédécias de Juda que l'on trouve dans le chapitre 19 d'Ézéchiel. Finalement, une guerre est prédite, où Thace (Égypte) attaque la grande ville de Constantine (Jérusalem), et le traître (Vipère) lève une armée de Koush qui ravage l'Égypte. La dernière partie ne s'est pas produite, car les Égyptiens ont découvert l'armée que les Koushites étaient en train de constituer et l'ont détruite, ainsi que tout le territoire de Koush au nord de la cinquième cataracte, en 592 avant JC.

Le traître était probablement le frère cadet de Nebuchadnezzar II, Nabû-shum-lishir, qui aurait été impliqué dans un complot visant à renverser Nebuchadnezzar en 602 avant JC. On ne sait pas grand-chose de cet événement, et il semble que même le gouvernement babylonien n'ait pas compris ce qui se passait, ce qui reflète la confusion du texte. Si l'on en croit l'Apocalypse, le but du complot n'était pas de tuer Nabuchodonosor, mais de semer une telle confusion que les liens entre les quatre royaumes se sont rompus et qu'ils se sont déclarés la guerre. Les petits États du Sud auraient ainsi eu le temps de se reconstruire avant qu'un nouvel empire n'émerge au Nord.

11 Voir la note 22 à la page 332.

12 Voir la note 23 à la page 333.

13 Voir la note 24 à la page 334.

14 Mingana 11: ymynå (ܝܡܝܢܐ). Traduction : droit (ou gage, ordination)

Le terme ymynå avait des équivalents dans toutes les langues sémitiques, ainsi qu'en égyptien, tous signifiant « droite. » Cependant, il signifie également « sud » dans les langues sémitiques, ce qui est plus logique dans le contexte des mouvements de la Vipère. Plus loin dans le texte, la jeune fille du traître envoie une lettre aux Ashéras (ou léopards) de tymnå (ܠܬܝܡܢܐ), which also translates as 'right,' or 'south,' or in this case 'Tayma. ' In this sentence, the word could be read as 'right' or 'south,' but not Tayma, suggesting it was somewhere else. qui se traduit également par « droite » ou « sud » ou, dans le cas présent, « Tayma. » Dans cette phrase, le mot peut être lu comme « droite » ou « sud, » mais pas Tayma, ce qui suggère qu'il s'agit d'un autre endroit. Si l'on se base sur le fait que le traître (la vipère) organisa plus tard une armée à Koush, il semble probable qu'ils se soient d'abord enfuis au sud de la frontière égyptienne jusqu'à Dômt, dans la région du nord moderne de l'Érythrée et de l'Éthiopie. Le traître disposait ainsi d'une route directe vers Koush via le Nil Noir (Rivière Atbara-Tekezé).

15 Voir la note 26 à la page 335.

16 Voir la note 28 à la page 337.

17 Voir la note 29 à la page 337.

18 Voir la note 30 à la page 338.

19 Voir la note 31 à la page 339.

20 Voir la note 32 à la page 340.

21 Voir la note 33 à la page 341.

22 Voir la note 35 à la page 343.

23 Voir la note 36 à la page 345.

24 Voir la note 37 à la page 345.

25 Voir la note 38 à la page 349.

26 Voir la note 39 à la page 350.

27 Voir la note 40 à la page 350.

28 Voir la note 41 à la page 351.

29 Voir la note 42 à la page 352.

30 Voir la note 43 à la page 352.

31 Voir la note 44 à la page 352.

32 Voir la note 45 à la page 353.

33 Voir la note 46 à la page 353.

34 Mingana 11: nbnå šůrå dpůnyqyå kd hdrå (ܒܚܠ ܚܡܕܠ ܟܕ ܚܕܪܐ ܕܦܘܢܝܩܝܐ). Traduction: reconstruire la fortification (ou le rempart) de la Phénicie par (ou comme) Khdrå

Cette phrase est souvent considérée comme une paraphrase de «construire des murs autour de la Phénicie,» tirée de l'Apocalypse de Pierre, mais il semble qu'il s'agisse d'une corruption de «reconstruire Tyr en Phénicie en tant qu'alliée.» Le dernier mot de la phrase est traité différemment par chaque traducteur car il n'est pas araméen et pourrait être soit une référence à un lieu appelé Khdrå, soit le mot arabe ḵudra (خُضْرَة), qui signifie «vert.» Le mot est probablement une ère scribale du mot ḥbrå (ܣܚܒܪܐ), qui signifie «allié,» ce qui est la traduction suivie ici, car il n'y a pas d'établissement connu de Khadra dans la région.

RECONSTRUCTION DE L'APOCALYPSE D'AZARIA

Le mythe de la construction d'un mur autour de la Phénicie faisait partie intégrante de la littérature chrétienne médiévale sur la fin du monde. La version grecque de l'Apocalypse aurait certainement inclus le concept d'un mur, mais si un Judéen avait écrit l'Apocalypse en néo-babylonien, le mot utilisé aurait probablement été Ṣurru (𒋡𒁕), qui signifie Tyr, et qui est apparenté au nom judéen Ṣr (צר). Le mot néo-babylonien pouvait également être traduit par falaise, ou paroi rocheuse, que le traducteur grec a interprété comme mur.

À l'époque des quatre rois, Tyr fut alliée à la ligue anti-babylonienne, et assiégée par Nabuchodonosor pendant 13 ans, généralement datés entre 586 et 573 avant JC. Certains historiens pensent qu'elle a commencé en 598 avant JC, tandis que d'autres pensent qu'elle a commencé plus tôt, en 603 avant JC, mais toutes les sources s'accordent à dire qu'elle a duré 13 ans.

À l'époque, Tyr comptait deux villes : l'emporium sur l'île du port et la ville plus importante sur le continent. Le roi Ithobaal III et sa cour se retirèrent du continent sur l'île, dont les Babyloniens ne purent s'emparer, et survécurent grâce au commerce à longue distance avec leurs colonies, ainsi qu'avec les Égyptiens, les Cariens, les Lydiens et les Grecs. La majorité des indicateurs de cette apocalypse suggèrent qu'elle a été rédigée après 602 JC, lorsque Nabû-shum-lishir a été impliqué dans une sorte de complot contre Nabuchodonosor, mais avant 592 JC, lorsque Psammétique II a détruit l'armée koushite. Cela plaide en faveur d'une date plus précoce pour le début du siège de Tyr, soit 602 ou 598 avant JC. L'option médiane de 598 à 585 avant JC semble la plus probable si cette apocalypse concerne une guerre planifiée, car Tyr se serait rebellée avant la destruction de l'armée koushite et se serait rendue après la destruction de Jérusalem.

35 Voir la note 49 à la page 356.

36 Cette référence aux deux tribus d'Ismaélites se joignant «à eux» est tirée de l'Apocalypse syriaque, où ils se sont joints à Gog et Magog pour attaquer Jérusalem, mais elle semble extraite de l'Apocalypse plus ancienne, car il n'y a pas de grand roi auprès duquel ils se réfugient dans l'Apocalypse syriaque. Comme Tayma et Dedan étaient considérés par les Israélites à l'époque de Sédécias comme des sites religieux, tout comme la montagne de l'autel (le mont Sinaï), il semble qu'il s'agisse d'une liste de tribus que les Judaïsants ne détruiraient pas. Les deux tribus survivantes d'Ismaélites seraient un miroir des deux tribus survivantes d'Israélites, les Judéens et les Lévites, tandis que les Édomites descendaient d'Ésaü, et les Israélites n'avaient pas le droit de les attaquer.

Manuscrits

Voici une liste des manuscrits référencés dans les notes de ce livre.

<u>APOCALYPSES JUDAÏQUES D'ESDRAS</u>

Le Codex Ambianensis est daté du 9ᵉ siècle de notre ère. Il se trouve actuellement à la Bibliothèque communale d'Amiens (numéro 10).

Le Codex Sangermanensis (Latin 11505, f. 11v) est daté de 822. Il se trouve actuellement à la Bibliothèque nationale de France à Paris.

Le manuscrit éthiopien de l'Ancien Testament Add. 1570 est daté de 1597. Il se trouve actuellement à l'Université de Cambridge (Add. 1570) à Cambridge, et est disponible en ligne à partir de la bibliothèque universitaire (https://cudl.lib.cam.ac.uk/collections/ethiopian-manuscripts/1).

Le manuscrit B.21 Inf. (fols. 267a-276b) est daté du 6ᵉ ou 7ᵉ siècle. Il se trouve actuellement à la Biblioteca Ambrosiana de Milan.

<u>APOCALYPSES LATINE D'ESDRAS</u>

Le Codex Sangermanensis (Latin 11505, f. 11v) est daté de 822. Il se trouve actuellement à la Bibliothèque nationale de France à Paris.

<u>APOCALYPSE GRECQUE D'ESDRAS</u>

BnF Gr. 929 est daté du 15ᵉ siècle. Il se trouve actuellement à la Bibliothèque nationale de France à Paris.

MANUSCRITS

VISION D'ESDRAS

AI/6 (Hs 1) est daté du 11ᵉ siècle. Il se trouve actuellement à la Bibliothek des Priestseminars à Linz.

APOCALYPSE SYRIAQUE D'ESDRAS

Le BL 28,875 (Ms. Wright 922) est daté de 1709. Il se trouve actuellement à la British Library (Add. 25,875) à Londres.

La BnF 326 est datée du 19ᵉ siècle. Elle se trouve actuellement à la Bibliothèque nationale de France (Ms. 326) à Paris.

Mingana 11 est daté de 1702. Il se trouve actuellement à l'Université de Birmingham (Mingana Syriac 11) à Birmingham, et est disponible en ligne auprès de l'Institute of Textual Scholarship and Electronic Editing (ITSEE).

Sachau 131 est daté de 1862. Il se trouve actuellement à la Staatsbibliothek (Ms. 73) à Berlin.

UTS 23 (Ms. Clemons 307) est daté de 1884. Il se trouve actuellement à l'Union Theological Seminary (Syriac 23) à New York.

APOCALYPSE ARABE DE DANIEL

La BnF Arabe 150 est datée de 1606. Il se trouve actuellement à la Bibliothèque nationale de France (Ms. Arabe 150) à Paris.

Livres disponibles

Apocalypses d'Esdras

Enseignement d'Amenemopet

Roman d'Ahiqar

Souvenirs du Nouvel Empire